고급 고용관계이론

김동원 지음

박영사

서문

　　대학원 수준의 고용관계론 혹은 노사관계론을 소화하기 위해서는 경영학, 경제학, 법학, 사회학, 정치학, 인류학, 사학, 심리학, 철학 등 다양한 분야에 걸친 영어 논문을 읽고 이해해야 한다. 그 때문인지 대학원생들이 이 과목을 경영관리 분야의 다른 과목보다 낯설게 생각하는 경우가 많았다. 10여 년 전부터 고려대학교 경영관리분야의 석박사과정의 학생들이 편한 자리에서 한글로 된 대학원 수준의 교과서를 집필해달라는 비공식적인 바람을 이야기해왔지만 그동안 방대한 작업을 할 엄두를 내지 못하여 망설였었다. 다행히 2019년 봄부터 용기를 내어 원고를 쓰기 시작하였고 그로부터 약 1년 만에 집필을 마친 셈이다. 원래의 계획으로는 2020년 여름경 마칠 것으로 보았는데 2019년 말부터 코로나 바이러스 사태로 사회적 간격을 두게 되면서 사회활동이 줄면서 연구할 시간에 좀 더 여유가 생겨 예정보다 6개월 일찍 집필을 마치게 되었다.

　　외국에는 한두 명의 저자가 일관된 이론적인 시각으로 저술한 고용관계분야의 대학원생 수준의 교과서들이 다수 발간되었다. 하지만, 한국에는 아직 고용관계 분야의 대학원 수준 교과서가 발간된 적이 없었다. 경영학의 경영관리 분야나 경제학의 노동경제학, 혹은 법학의 노동법학 분야의 대학원생들이 고용관계에 대한 이론서를 공부해야 할 필요가 있다는 점은 너무나 당연한 사실이기에 저자는 항상 우리 학계의 이러한 학문적 공백을 아쉽게 느껴왔었다. 앞으로는, 이 책이 발단이 되어 많은 저술들이 이어지기를 바란다.

　　이 책의 목적과 주제에 부합하는 글들을 이미 저자가 여러 기회에 한글과 영어로 써둔 것이 있어서 가능한 빠뜨리지 않고 인용을 하며 수정보완하고 업데이트한 version을 이 책에 포함하였음을 밝혀둔다. 본서의 한계점 중 하나는 고용관계론이 가장 발달한 영어권 중심의 문헌들을 주로 소개, 요약, 종합한 점일 것이다. 저자의 어학능력의 한계로 일본어, 프랑스어, 스페인어나 독일어로 된 저술들을 거의 망라하지 못하여 아쉽게 생각한다.

이 글은 고용관계의 현상이나 통계보다는 대학원생의 수준에 맞추어 이론의 설명에 중점을 두었다. 고용관계의 현상과 통계는 저자 등이 저술한 학부수준의 교과서인 『고용관계론』(제2판, 2019년, 박영사)에서 다루었으므로 참고하기 바란다.

본서에서는 고용관계와 노사관계라는 용어가 혼용되어 쓰이는데, 과거의 현상이나 이론은 주로 노사관계로 표현하였고 최근의 내용은 대부분 고용관계라는 용어를 사용하였다. 직원, 노동자, 피고용인의 용어도 특별히 구별하지 않고 경우에 따라 적절하게 사용하였다. 본서에서는 각 장의 말미에 "Recommended Readings and Annotated Bibliography"란을 만들어 중요한 논문들을 열거하고 논문마다 4~7줄 정도 간략한 해설을 달아두었다. 대학원생들이(특히, 어려운) 원서를 직접 읽기 전 한글로 된 사전지식이 있으면 이해하기에 쉬울 듯하여 reader-friendly한 해설을 달아둔 셈이다.

너무나 당연한 이야기이지만 이 책을 쓰면서 저자도 과거의 기억을 되살리고 새로운 논문을 찾는 과정에서 많은 공부를 하였다. 아직 부족한 점이 많은 책을 출판하게 되었는데 학계의 많은 지적과 비판이 있기를 바란다. 앞으로 2~3년에 한 번씩 수정판을 내며 계속 보완해 나갈 계획임을 밝힌다.

이 글의 집필과정에 많은 도움을 준 연구실의 석박사 학생들에게 감사한다. 박사과정의 신민주, 최종석, 김경연, 김정훈, 박관성 학생과 석사과정의 김미송, 이재은, 김선재, 이혜수, 황인희 학생의 조력에 감사한다. 또한, 이 책의 출판을 맡아준 박영사 임직원에게 사의를 표한다.

2020년 7월
안암동 연구실에서
저자 **김 동 원** 올림

목차

1장

고용관계론에 대하여

01 일(work)에 대하여

(1) 일의 변천

일의 역사는 인류의 역사와 함께 시작되었다. 원시 인류가 생존을 위하여 일을 하기 시작한 후로 일은 인류 생활의 일부가 되었다. 일의 형태는 인류역사의 변천과 함께 다양한 모습을 띠며 진화해왔다. 원시시대에는 생존을 위한 수렵과 채취가 일의 주된 형태로 자리 잡았었다. 일정한 정착지를 가지지 않았던 유목민들은 거주지를 옮기며 목축을 하여 생계를 유지하였다. 그 후 농업이 발달하면서 정착민이 증가하여, 식량재배를 위한 노동이 인류의 노동 중 상당부분을 차지하였다.

이후 정치적으로는 중앙 집중적인 국가가 성립되면서 직업도 다양하게 분화되는 현상이 벌어지고 가내수공업을 중심으로 한 소규모의 공업도 함께 발달하게 된다. 강력한 중앙 집중국가가 등장하는 중세시대를 거치면서 목수, 기계공 등 숙련공들을 중심으로 장인과 도제로 이루어진 도제제도가 도입되었다. 18세기 산업혁명이 일어나고 19세기 전기의 도입으로 컨베이어를 통한 자동화의 거대 기업이 등장하고 대량생산의 물꼬가 터지면서 조직이 비대해지기 시작하였다.

20세기 초 일을 체계적으로 연구한 최초의 시도인 테일러리즘이 등장하게 된다. 테일러리즘은 미국의 F. W. Taylor가 주장한 과학적 경영 관리법으로 두뇌와 작업을 분리하고 시간 연구와 동작 연구, 그리고 차별적인 성과급 제도를 채택하며 극히 세분화된 노동의 분화를 통하여 기능별 전문화를 도입한 관리방식이다(Taylor, 1911). 테일러시스템은 생산성을 획기적으로 향상시키고 작업 전문화를 촉발하는 등 많은 공헌이 있었으나 기계론적 인간과 인간노동의 비인간화, 노동조합의 부정, 직무만족도의 저하 등의 문제점을 안고 있었다. 20세기 내내 테일러리즘의 문제를 보완하기 위하여 경영참가, 인체공학 등 다양한 방안을 모색하였다.

21세기 들어서는 로봇과 인공지능의 등장으로, 그간 인류가 수행하던 노동을 기계가 대신하는 4차산업혁명이 벌어지게 된다. 인간노동과 기계노동과의 관계는 한편으로는 기계가 인간노동을 대체하는 관계이지만, 또 다른 측면에서는 인간의 육체적, 인지적으로 부족한 부분을 기계가 보완하는 상호보완적인 관계를 함께 보여주고 있다. 기계가 인간을 대체하여 총고용이 줄어든다는 우려가 있지만 실제로 1차(1700년대), 2차(1910년대), 3차(1980년대) 산업혁명 당시의 국가단위 실업률을 보면 기술의 급격한 진보가 실업에는 거의 영향을 미치지 않는다는 점을 보여준다(김동원, 2019). 즉, 기술의 진보로 인하여 많은 일자리가 없어지지만 동시에 새로운 기술에 연관된 새로운 일자리가 생겨나면서 총고용은 대체로 비슷한 수준으로 유지되어 왔던 것이다. 4차산업혁명의 경우에도 급속한 자동화로 인간의 노동이 기계와 로봇으로 대체되는 대신 4차산업혁명 진전에 따른 새로운 일자리가 생겨나고 있어서 고용이 급격히 줄어드는 일은 발생하지 않을 것으로 예측되고 있다.

(2) 인간 활동의 중심으로서의 일의 성격

일이 인류의 삶에 근원적이고 중심적인 위치에 있었다는 주장은 많은 철학자(예를 들면, Martin Heidegger, 1927), 종교지도자(Pope John Paul II, 1981), 사상가(Marx, 1867)들에 의하여 전개되어 왔다. Maslow의 욕구 5단계설에 의하면, 인간의 대부분의 욕구는 일을 수행함에 의하여 충족된다고 한다(Maslow, 1943). Budd(2011)에 의하면, 일은 인간에게 저주(curse), 자유(freedom), 상품(commodity), 직업적 시민권(occupational citizenship), 비효용(disutility), 자기완성(personal fulfillment), 사회적인 관계(social relation), 남에 대한 돌봄(caring for others), 자기정체성(identity), 그리고 봉사(service) 등 모두 10가지의 의미를 지니고 있다고 한다. 이러한 일의 의미들은 일이 인간의 삶의 대부분을 차지한다는 뜻과 다름 없다. William Faulkner가 말한 "인간이 하루 8시간씩 평생을 할 수 있는 것은 일(work) 뿐이다"라는 명제가 나타내듯이(Budd, 2011: 11) 일과 고용은 인간 활동의 핵심적인 요소였으며, 앞으로도 일이 인간의 삶과 활동의 중심이 되는 현상은 지속될 것으로 보인다.

02 고용관계에 대하여

　　로빈슨 크루소의 예에서 보듯이 인간은 혼자서는 살기 어려운 사회적인 동물이며, 원시시대 때부터 일은 집단적으로 수행되어 왔다. 집단 작업에서는 일의 계획과 수행이 분리되어 집행되는 것이 더 효율적이다. 고용관계는 일을 수행함에 있어서 일을 하도록 계획하고 지시하는 사람(order-giver)과 명령을 받아 일을 수행하는 사람(order-taker)과의 관계를 의미하는 용어이다. 즉, 고용관계는 일을 수행함에 있어서 인간 간의 관계를 다루는 학문으로 볼 수 있다.

　　고용관계와 이로 파생하는 여러 문제들은 기원전부터 존재했던 것으로 보인다. 고대 이집트 피라미드 축조과정에서 노동자들이 근로조건의 열악함에 항의하여 조업을 중단하였다는 기록이 파피루스에 상형문자로 남아 있다. 이는 기록에 남아있는 최초의 파업인 것으로 간주된다. 일반적으로 파업 등 노동문제는 산업화와 자본주의의 산물인 것으로 오해하는 경우가 있다. 그러나 이는 사실이 아니다. 또한, 공산권국가였던 소련에서도 파업은 공공연하게 발생하였고, 현재 공산권국가인 중국과 베트남에서도 파업이 자주 발생하여 큰 사회문제가 되고 있다. 이러한 사실은 파업 등의 노동문제는 자본주의나 산업화, 혹은 노동조합의 존재와 무관하게 발생한다는 것을 보여준다. 즉, 노동문제는 왕정, 자본주의, 공산주의 등 어떠한 사회체제이든 간에 작업명령을 내리는 사용자와 그 명령을 받아 일을 하는 노동자 간의 고용관계가 존재하는 상황에서는 항상 발생 가능한 현상인 것이다(김동원 외, 2019).

　　그러나 노동자들이 체계적으로 노동조합을 조직하여 집단적인 권리를 주장하기 시작한 것은 산업혁명이 잉태되던 시기인 17세기에 이르러서였다. 산업혁명에 의해 시작된 산업화는 경제의 급속한 발전 및 취업구조의 중대한 변화를 촉발했다. 가내수공업 단계에 머물러 있던 제조업은 산업혁명 이후 대규모 공장제 공업으로 발달하게 되었다. 따라서 대규모 공장에서 많은 노동자를 고용하게 되고, 고용된 노동자들은 노동을 제공하고 반대급부로서 임금을 지급받는 새로운 취업형태가 나타나게 된다. 그에 따라 노동력의 대부분이 가족경영적인 농업에 종사하고 있었던 산업혁명 이전의 상태로부터 제조업 등의 산업에 종사하는 임금노동자의 비율이 점차 증대하는 변화가 산업화 초기부터 나타나게 된다. 이러한 임금노동자의 증가는 노사 간의 분배를 둘러싼 갈등을 촉발했고, 노동조합의 결성과 노동운동을 촉발하게 된다.

상시적인 임금노동자의 숫자가 증가하고 있던 17세기에 영국에서 생겨난 원시적인 형태의 노동조합이 최초의 근대적 형태의 노동조합이다. 당시의 노동조합은 주로 비밀결사의 형태였고 우애조합, 공제조합의 성격이 강해서 주요 활동은 일정한 조합비를 걷었다가 사고가 발생했을 때 지급하는 일종의 상호부조였다. 영국에서는 산업혁명이 본격적으로 시작되는 18세기 말에 랭카셔의 면방적공들을 중심으로 체계적인 노동조합운동과 사용자와 임금과 근로조건을 집단으로 협상하는 단체협상이 시작되었다. 이러한 노동조합운동은 임금노동자가 급증한 미국, 프랑스, 독일, 이탈리아 등 산업화가 진행 중이던 인접 국가로 빠르게 전파되었고, 노사갈등의 발생도 가속화되어 노동조합운동은 이 당시 대표적인 사회운동으로 자리를 잡게 된다. 자본가와 노동자 계층의 계급투쟁은 갈수록 첨예해져서, 1919년 러시아혁명을 통하여 로마노프왕조가 무너지고 노동자계급이 중심이 된 공산주의국가가 출현하기에 이르게 된다.

그 후 제1차 세계대전(1914~1918년)과 대공황(1929~1933년), 그리고 제2차 세계대전(1939~1945년)을 겪으면서 자본주의는 스스로를 수정하면서 계속 번성하게 되고 노동조합은 자본가를 견제하고 경제양극화를 방지하여 시장경제가 유지되도록 하는 중요한 균형의 한 축으로 자리 잡게 된다. 17세기 노동조합이 출현한 이후 노동조합은 대부분 민간 제조업의 생산직 노동자를 중심으로 조직되었지만, 1960년대 들어 공공부문과 서비스업이 주요 산업으로 대두되고 인권운동의 영향으로 공무원, 교사 등 공공부문 노동자의 기본권 보호를 주장하는 목소리가 커지면서 노동조합은 서비스산업과 공공부문으로 확대되었다. 결국 20세기 중반부터 사무관리 직종의 화이트칼라 노동운동, 서비스직종의 핑크칼라 노동운동으로 노동조합운동은 더욱 확대하게 된다.

20세기 들어 임금노동이 보편화되면서 역사상 최초로 대부분 성인의 노동활동이 고용(employment)을 통하여 이루어지게 되면서 생애 대부분을 피고용인으로 보내는 장기고용과 직장인이라는 개념이 대두되었다. 동시에 산업의 발달로 기업의 규모가 커지면서 기업의 인사제도가 체계화, 관료화되었다.

20세기 중반 이후부터 자본주의 사회의 탈산업화현상이 일어나고 그 결과, 농림어업과 제조업의 비중이 서서히 줄어들고 서비스업의 비중이 커지는 경향이 대부분의 선진국에서 진행되고 있다. 즉, 국가별로 경제발전의 단계에 따라 제1차 산업과 2차 산업에 종사하는 사람들의 비중은 줄어드는 반면, 제3차 산업에 종사하는 사람들의 비중은 증가하고 있는 것이다.

21세기에 들어와서는 기업이 수송수단의 발달과 정보화의 진전에 따라 급속한 세계화가 이루어지고 이에 따른 무한 경쟁에 대처하기 위하여 고용유연성을 중시하면서 정규직의 고용안정보다는 단기계약직, 파견직, 용역직 등 기업과의 밀착도가 낮은 비정규직의 숫자가 큰 폭으로 증가하게 되었다. 결국 인간과 조직에 대한 고용밀착도가 다시 감소하는 100여 년 전의 상황으로 되돌아가는 경향을 보이게 된 것이다.

21세기 들어 고용관계는 전례 없는 변혁기를 맞고 있다. 모든 국가들의 정책입안자와 학자들이 산적한 고용문제에 당면하여 해법을 구하고 있는 실정이다. 특히, 최근의 심각한 고용문제를 나열하면 정규직의 감소와 비정규직과 유사자영업자(dependent self-employed), 균열일터(fissured workplace)의 증가, 경제양극화로 인한 실업률의 증가와 실질임금의 정체, 선진국을 중심으로 한 노동조합과 단체교섭의 위축, 개발도상국에서의 노사분규의 폭발적 증가, 대부분 선진국에서 보이듯 노동력의 노령화현상으로 인한 경제 활력의 상실, 지역분쟁으로 인한 이민자의 급증과 이로 인한 갈등, 인공지능의 등장과 로봇의 등장으로 인한 고용관계의 질적인 변화 등이 있다. 인류 노동의 역사를 보면 인류가 당면한 노동문제는 항상 시대의 흐름에 따라 새로운 형태를 띠며 변천해왔고, 현재 상황도 예외는 아니다. 새로운 시대는 항상 새로운 노동문제를 잉태해 왔으며 이러한 경향은 앞으로도 계속될 것으로 보인다.

학문으로서의 고용관계론에 대하여

(1) 고용관계론의 특징

일(work)은 인간 행위의 대부분을 다루는 큰 범위의 활동이어서 일만을 연구하는 학문(예를 들면, workology)은 존재하지 않는다. 한 분야에서 다루기에는 학문의 범위가 너무 넓기 때문일 것이다. 대신, 각 학문분야에서 일에 대한 주제를 다루고 있다. 예를 들면, 고용관계, 노동법, 노동경제, 산업공학, 산업사회, 노동역사학, 산업심리학, 인적자원관리, 산업재해 등에서 일의 다양한 측면에 대한 연구를 하고 있다. 고용관계가 일을 수행함에 있어서 일을 하도록 계획하고 지시하는 사람(order−giver)과 명령을 받아 일을 수행하는 사람(order−taker)과의 관계를 의미하는 용어이듯, 고용관계론은 일을 수행함에 있어서 인간 간의 관계를 다루는 학문이며 고용관계에서 발생하는 갈등과 협력에 대하여 연구하는 학문이다.

고용관계론의 특징은 ① 집단을 주된 연구대상으로 하는 점, ② 국제비교노사관계가 중시되는 점, ③ 현실문제의 해결을 위한 응용과학의 성격이 강하다는 점, ④ 강한 학제적(interdisciplinary) 성격을 띠고 있다는 점의 네 가지로 요약할수 있다.[1]

첫째, 고용관계론은 기업이나 노동조합 등 집단을 연구대상으로 한다. 집단을 분석단위로 하는 고용관계론의 이러한 특징은 인접학문들과 다른 점이다. 고용관계론의 인접학문인 노동경제학은 개인을 연구의 대상으로 하며, 사회학이나 정치학에서는 사회나 국가를 주된 연구의 대상으로 하고 있다. 연구의 분석단위 차원에서 보면 고용관계론은 노동경제학과 사회학이나, 정치학의 중간에 위치한다고 볼 수 있다.

둘째, 고용관계를 연구함에 있어서는 외국의 경우를 연구하고 국가 간의 비

---

1) 이 부분은 김동원 외(2019)의 설명을 수정·보완한 것임을 밝혀둔다.

교를 중시하는 경향이 있는데, 이러한 국제비교고용관계의 분야가 발전한 데는 다음과 같은 이유가 있다. 우선, 국제비교고용관계를 연구함으로써 각국의 고용관계 형태를 결정하는 데 영향을 미치는 기술, 경제정책, 법 그리고 문화와 같은 다양한 요인의 상대적 중요성을 이해할 수 있게 되고, 국가별 차이점을 분석·설명함으로써 고용관계의 보편적인 원칙을 찾기 위해서이다. 또한 무역 및 산업의 국가 간 연계가 증대하고 있기 때문에 정부, 사용자 및 노동조합은 외국 노동시장의 형태와 특징을 이해하여야 할 필요성이 증가하였고, 외국의 고용관계 정책과 관행을 연구하는 것은 자국제도의 개선을 위한 기초를 마련해 주어 정부 정책의 결정에도 중요한 시사점을 갖기 때문이다.

셋째, 고용관계론은 이론개발을 위한 순수학문이 아니고, 사회에 존재하는 현실적인 문제를 해결하기 위한 응용과학의 성격이 강하다. 즉, 경제학, 심리학, 법학, 사학, 사회학, 정치학의 이론을 고용문제에 응용하여 사회가 당면한 문제를 해결하려는 시도로서 고용관계론이 발전하여 온 것이다.

마지막으로 고용관계론은 실용적인 학문으로서 급속한 산업화과정에서 발생하는 여러 문제를 해결하기 위하여 다양한 학문으로부터 파생된 이론들을 적극 활용하는 성격을 띠고 있다. 따라서 고용관계론은 강한 학제적(interdisciplinary) 성격을 띠고 있으며, 고용관계의 연구를 위해서는 필연적으로 인적자원관리, 노동경제학, 산업사회학, 산업심리학, 노동법학, 노동역사에 대한 어느 정도의 이해가 필요하다.

(2) 고용관계의 용어에 대하여[2]

1) 외국의 경우

고용관계론이 학문으로 처음 정립된 영미권국가(특히, 미국과 영국)에서는 '노동문제(labor problems)'라는 용어를 가장 먼저 사용하였다. 임금노동자의 숫자가 많아지면서 생겨나는 노동조합의 결성, 단체협상, 파업 등의 현상을 통칭 '노동문제'라고 부른 것이다. 노동에 대한 대학교과목이 처음 생겨난 미국의 위스콘신대학교에서는 '노동문제'라는 명칭으로 과목이 개설되었다(Kaufman, 1993).

---

2) 이 부분은 김동원 외(2019)의 설명을 수정·보완한 것임을 밝혀둔다.

그 후 노사 간의 문제를 산업화와 더불어 발생한 문제로 파악하여 '산업관계(industrial relations)'라는 용어를 사용하였다. 미국이나 유럽에서는 '노사관계(labor-management relations)', '노동관계(labor relations)' 등도 비슷한 의미로 쓰였으나, Industrial relations가 가장 일반화된 용어였다. Industrial relations는 제조업, 생산직 및 육체노동자(blue collar worker)와 노동조합을 중심으로 한 단결권과 단체교섭권 및 단체행동권 등의 노동3권을 상징하는 강한 이미지를 가지고 있다.

1980년 이후 산업관계를 대체하여 고용관계(employment relations)라는 용어가 확산되고 있다. 이는 고용관계 시스템의 당사자라고 할 수 있는 피고용인의 성격변화에서 그 이유를 찾을 수 있다. 즉, 사무직, 관리직, 전문직, 교사와 공무원 등 공공부문 피고용인, 비정규직, 노조 없는 무노조기업의 노사관계가 갈수록 중요해지고 있다. 따라서 육체노동자와 노동조합의 이미지가 강한 명칭인 노사관계라는 용어보다는 사무직, 공공부문, 비노조부문을 모두 포괄하는 의미를 지닌 고용관계라는 용어의 사용이 늘어나는 추세이다. 이미, 서양권에서는 대부분의 학문명칭과 교과서의 제목이 과거의 노사관계 혹은 산업관계에서 고용관계로 바뀌고 있다(김동원 외, 2019).

이러한 추세는 학회의 명칭에도 반영되고 있다. 국가단위의 고용관계학회 중 최대 규모인 미국의 산업관계연구학회(Industrial Relations Research Association, IRRA)도 2005년 노동고용관계학회(Labor and Employment Relations Association, LERA)로 명칭을 바꾸었다. 전세계 학자들의 모임인 국제산업관계학회(International Industrial Relations Association, IIRA)도 2010년 국제노동고용관계학회(International Labor and Employment Relations Association, ILERA)로 명칭이 바뀌었다.

2) 한국의 경우

우리나라에서 사용자와 노동자 간의 관계를 처음 나타낸 용어는 '노자관계(labor-capital relations)'이다. 노동의 '勞'와 자본의 '資'를 사용한 용어이다. 우리나라의 경우 노자관계라는 용어는 특히 일제강점시기(1910~1945년)의 노동운동을 기술한 문헌에 주로 나타난다. 일제강점기에는 한국의 노동운동가 상당수가 마르크스주의자였고, 이러한 용어는 자본주의를 자본가계급과 무산자계급 간의 갈등으로 보는 마르크스주의의 영향이 있었기 때문이다. 마르크스주의자들은 자본주의하에서의 노자관계를 자본가와 노동자 간의 적대관계로 파악하기 때문에 노자관계라는 용어가 노동자계급과 자본가계급의 계급적 대립을 정확히 보여준다는 것이다. 그러나 계급대립이라는 관점만으로는 복잡다단한 현대의 고용관계를 설명할 수 없다는 견지에서 노자관계라는 용어는 최근에 와서는 자주 사용되지 않고 있다.

노사관계라는 용어는 1950년대 이후부터 점차 일반화되었는데, 이때의 '使'는 사용자를 의미하는 것이다. 현대의 기업은 자본과 경영이 분리되고 규모가 거대화되고 복잡성을 갖게 되는 한편, 급변하는 경영환경에 전문경영자의 역할이 날로 증대된다는 점을 고려하여 노자관계 대신 노사관계라는 용어를 사용하게 된 것이다. 노사관계는 최근까지도 이 분야를 대표하는 표현으로 널리 쓰이고 있다.

최근에 와서 LG, 포스코, KT 등 일부 기업에서는 자본과 경영의 분리를 더욱 강조하고 노사화합의 뉘앙스를 주기 위하여 노경관계라는 용어를 쓰기도 한다. 경영자는 회사를 운영하는 책임을 지는 점에서 노동자와 다르지만, 노동자와 함께 기업에서 급여를 받는 신분이므로 노사 간의 공통 이해관계를 강조하는 용어로 간주되고 있다.

전술한 바와 같이 영미권국가의 경우 학문의 명칭이 노조, 제조업, 생산직, 정규직의 이미지가 강한 산업관계(industrial relations)에서 무노조, 서비스업, 사무관리직, 비정규직, 공공부문을 모두 포괄하는 고용관계(employment relations)로 바뀌고 있다. 우리나라의 경우도 1990년대 후반부터 이러한 조류를 받아들여 비슷한 추세를 보이고 있다. 즉, 대학의 학과과목의 명칭이 과거의 노사관계에서 고용관계로 바뀌고 있고 또한, 이 분야의 주요 교과서의 제목도 과거의 노사관계론(예를 들면, 최종태, 1998, 이준범, 1997)에서 고용관계론(신수식 외, 2002, 김동원 외, 2019, 이영면, 2012)으로 바뀌고 있다. 또한, 한국노사관계학회(Korea Industrial Relations Association)도 2012년 한국고용노사관계학회(Korea Labor and Employment Relations Association)로 명칭을 변경하였다.

(3) 고용관계론의 연구방법론[3]

고용관계론의 연구방법론은 지난 100년간 큰 변화를 보여주고 있다. 19세기 말과 20세기 초반 고용관계론이 학문으로 처음 시작할 때는 당시의 시대적인 문제였던 노동문제(labor problems)를 해결하기 위한 실용적인 학문으로서 귀납적, 질적, 정책중심의 사례연구나 이론연구가 중심이었다. 이러한 경향은 사례연구에 치중했던 독일 역사학파의 영향을 받은 바가 컸었다.

하지만 1970년대 이후부터는 고용분야 연구의 방법론이 연역적, 양적, 학문분야중심의 가설검증식의 연구로 전환되는 추세가 뚜렷하다. Cappelli(1985: 108)는 이러한 경향을 "방법론상의 대전환(transformation of methodology)"이라고 부르기도 한다. 이러한 전환의 이유는 ① 경제학, 심리학, 경영학 등 계량연구를 중시하는 인접학문의 영향을 받은 점과 ② 계량연구를 손쉽게 만드는 개인용 컴퓨터 프로그램의 발달과 ③ 고용관계 분야에서 대규모 데이터 확보가 보다 용이해진 점을 들 수 있다(Whitfield and Strauss, 1998 and 2000). 예를 들면, 1980년대부터 시작된 영국의 WIRS(Workplace Industrial Relations Survey), 호주의 AWIRS (Australian Workplace Industrial Relations Survey), 한국 노동연구원의 사업체 패널데이터 등은 기업수준의 고용관계 패널데이터를 국가차원에서 수집하여 연구자들이 활용하도록 제공하는 대표적인 예이다.

이러한 방법론적인 변화에 대하여 두 가지 상반된 시각이 있다. 한편에서는 Kaufman(1993: 127)이 주장하듯 고용관계연구가 그간의 "정책중심의 연구에서 과학중심의 연구의 승리(a triumph for the scientific approach over policy−oriented research)"라고 주장하며 고용관계론이 더욱 과학적인 학문분야로 발전하는 바람직한 현상으로 평가하고 있다. 반면, Whitfield and Strauss(2000)는 이러한 긍정적인 측면을 인정하면서도 고용관계론의 학문으로서의 전통적인 장점이 약화되는 것을 우려하고 있다. 즉, Webbs와 Commons 이래 고용관계학자들은 현실로 뛰어들어 현장의 실질적인 문제를 파악하고 효과적인 정책적인 함의를 제공해왔었는데, 최근의 연구방법론상 전환은 고용관계 연구자들이 현장을 등한시한 채 연구실에서 컴퓨터로 데이터만을 분석하여 현실과 거리가 있는 '학문을 위한

---

3) 고용관계론의 연구방법론에 대한 보다 폭넓은 논의는 Whitfield and Strauss(1998)를 참고하기 바란다.

학문'에 몰두하게 될 가능성이 있다는 것이다. 최근 ILRR, BJIR 등 고용관계 분야의 각 학술지에서는 이러한 계량연구의 한계점들을 인식하여 국제비교연구와 질적인 연구를 권장하는 경향은 이러한 우려를 반영하는 것으로 보인다.

(4) 고용관계연구의 국가별 차이

고용관계는 통일된 일반적인 규칙이 국가들에 공통적으로 적용되기도 하지만 한 국가의 문화, 역사, 법제도가 고용관계에 큰 영향을 미쳐서 개별 국가의 배태성(embeddedness)과 다양성이 강하게 드러나는 분야이다. 각 국가별 고용관계 학문의 전개도 국가별로 현저히 다른 고용관계 현상의 영향을 받아서 다양한 형태와 전개방식을 보여준다. 이하에서는 고용관계론을 연구하는 대표적인 국가로서 미국, 영국, 독일을 살펴보기로 한다.[4]

1) 미국의 고용관계론 연구경향

미국의 고용관계연구는 20세기 초 Richard Ely, John R. Commons, Selig Perlman을 중심으로 실용적 문제해결을 위한 연구를 중시하는 위스콘신대학(University of Wisconsin-Madison)의 위스콘신스쿨에서 시작되었다. 당시 심각한 사회문제였던 노동문제에 대처하기 위한 실용적인 문제해결을 위한 응용과학으로 출발한 것이다. 초기 미국의 연구들은 독일 경제학의 역사학파의 영향을 받아 역사적인 사례를 연구하는 경향이 강하였다(Frege, 2008).

당시 미국의 경제학계는 시장경제학파와 제도경제학파로 나뉘어 있었는데, 대부분의 노동경제학자들이 시장경제학으로 치중하게 됨에 따라 제도경제학을 하는 학자들이 별도로 노사관계학회를 결성하게 된다. 지금까지도 미국의 고용관계 연구는 노동경제학의 영향을 많이 받아왔다. 1920년 이후 심리학을 배경으로 행동과학을 연구하는 학자들은 제도경제학자들과 분리되어 인적자원관리(human resource management)와 조직행동론(organizational behavior) 분야로 진출하였다(Kaufman, 1993). 미국의 고용관계론은 초기 역사적 사례연구 등 질적인 연구경향이 강하였으나, 1970년대부터 계량경제학의 영향을 받아

---

4) 이 분야의 서술은 주로 Frege(2008)과 Kaufman(2004a)의 설명을 참고하였다.

수학적 모델을 구축하고 연역적인 논리로 설정된 가설을 검증하는 계량적 방법론에 치중하게 된다.

　　미국과 영국은 시장을 중시하는 앵글로색슨국가의 전통대로 노사문제도 개인 간의 계약의 문제로 파악하고 작은 정부를 지향하는 경향이 있다. 고용문제에 있어서도 정부의 개입을 극소화하는 노사자율주의(voluntarism)와 노와 사가 상호 견제와 균형을 통한 자율조정을 중시하는 다원주의(pluralism)의 전통이 있다. 사용자를 견제하기 위하여 노동조합의 존재를 중시하고 노사 간 집단적인 계약으로서 단체협상이 중심이 된 연구를 수행하는 경향이 강하다.

　　미국에서 발행되는 대표적인 학술지로는 <u>Industrial and Labor Relations Review(ILRR)</u>, <u>Industrial Relations(IR)</u>가 있다. 미국의 고용관계학회인 LERA (Labor and Employment Relations Association)은 전세계에서 가장 많은 고용관계학자들을 회원으로 두고 있어서 고용관계학문 연구의 중심지로 간주된다. 고용관계를 연구하는 대표적인 대학으로는 MIT(Massachusetts Institute of Technology), Cornell University, University of Pennsylvania, University of Illinois－Urbana－Champaign, University of California－Berkeley, University of Wisconsin－Madison, University of California－Los Angeles, Michigan State University, Georgia State University 등이 있다.

2) 영국의 고용관계론 연구경향

　　영국은 미국보다 먼저 고용관계연구를 시작한 국가이다. 19세기 말 부부인 Sydney Webb과 Beatrice Webb으로부터 고용관계연구가 시작되었다. Webb 부부는 역사적인 사례연구를 수행하여 고용관계연구의 틀을 처음으로 정립한 학자들로서, 단체협상(collective bargaining)이라는 용어를 처음 사용하였고 산업민주주의(industrial democracy)의 개념을 구축하였다. 그 후, 1930년대 노벨경제학상 수상자인 John Hicks가 런던정경대학(London School of Economics)에서 노동시장과 파업 등 고용관계에 대한 강의를 시작하였다.

　　영국의 고용관계론은 미국보다 경제학의 영향을 적게 받았고, 따라서 고용관계와 인적자원관리가 분리되지 않고 함께 공존하는 학문적인 특징을 지니고 있다. 1960년대 이후 Fox, Clegg 등 Oxford스쿨로 대표되는 다원주의가 강한 학문의 전통을 이루고 있었다. 하지만, 1970년대부터는 마르크시즘의 영향도 많이 받아서 아직도 마르크시즘의 영향이 고용관계론 연구에 강하게 남아있다(Frege, 2008). 미국에는 고용관계연구에 마르크시즘적인 요소가 거의 없는 데 반하여 영국에서는 Hyman, Kelly 등 마르크시즘을 고용관계에 적용하는 목소리가 아직도 뚜렷이 남아있다는 점이 큰 특징이다.

미국과 유사하게 노사자율주의(voluntarism)와 다원주의(pluralism)의 전통이 강하고 노동조합과 단체협상이 중심이 된 연구를 수행하고 있다. 영국 고용관계의 연구방법론은 이론연구와 귀납적인 사례연구가 많고 일부 수학적 모델로 연역적인 가설을 검증하는 계량적 방법론을 사용하는 경우도 있다. 영국에서 발행되는 대표적인 학술지로는 British Journal of Industrial Relations(BJIR)가 있다. 영국의 고용관계학자들의 모임으로는 BUIRA(British Universities Industrial Relations Association)가 있는데 미국 다음으로 가장 많은 고용관계학자들을 회원으로 두고 있다. 고용관계를 연구하는 대표적인 대학으로는 London School of Economics, Oxford University, University of Warwick 등이 있다.

3) 독일의 고용관계론 연구경향

독일은 미국이나 영국에 비하여 산업혁명이 늦게 시작된 후발공업국이지만, 노사문제에 대한 학자로는 19세기 중반부터 Karl Marx, Max Weber, Lujo Brentano를 배출한 오랜 전통을 가지고 있다. 독일에서는 고용관계론이 독립적인 분야로 설립되어 있지 않고 산업사회학(industrial sociology)의 분야에서 주로 다루어지고 있다. 대학 학과 간의 구분이 뚜렷하고 학과 간의 벽이 높은 미국, 영국과는 달리, 독일은 학과 간의 자별성을 중요시하지 않고 학문에 대한 개개 교수의 독립성과 재량권이 강한 특징을 지니고 있어서 학과를 불문하고 개개 교수의 선택으로 고용관계론을 연구하는 경향을 보인다.

독일 경제학의 역사학파의 영향으로 독일의 고용관계론 연구경향은 이론적이고 철학적인 학문의 성격을 강하게 가지고 있다. 미국이나 영국의 실증적(empirical)인 연구경향과 크게 대비되는 특징이다. 독일에서는 노사관계를 개인 간의 계약으로 보기보다는 준공적인(quasi-public affair) 사회경제(socio-economic) 현상으로 파악하여 단체협상보다는 노사정 간 사회적 대화를 통한 조합주의적

(corporatist) 해결책을 추구하며 산업민주주의를 목표로 하는 점이 큰 특징이다 (Frege, 2008).

독일에서 발행되는 대표적인 고용관계 분야 학술지로는 <u>Industrielle Beziehungen</u>이 있다. 독일의 고용관계학자들의 모임으로는 GIRA(German Industrial Relations Association)가 있다.

Recommended Readings and Annotated Bibliography

Budd, J. 2011. <u>The Thought of Work</u>. Ithaca, NY: Cornell University Press.

일의 성격을 저주, 자유, 상품, 직업적 시민권, 비효용, 개인적 성취, 사회관계, 돌봄, 정체성, 봉사의 10가지로 구분하여 인간에게 일이 얼마나 중요한지를 보여주는 책이다. 일의 성격이 다양함에 따라 고용관계 역시 달라진다는 점을 고전적인 이론들을 이용하여 설명하였다.

Frege, C. M. 2008. "The History of Industrial Relations as a Field of Study," In P. Blyton, N. Bacon, J. Fiorito and E. Heery(Eds.) <u>The Sage Handbook of Industrial Relations</u>. London: SAGE Publication.

노사관계 학문의 역사를 설명한 논문이다. 미국, 영국, 독일의 노사관계 학문이 초창기부터 지금까지 발달한 역사를 기술하였고 3개국의 공통점과 차이점을 분석하였으며, 이러한 차이를 가져온 원인변수들을 규명하려고 노력하였다.

Heery, E., Blyton, P., Bacon, N. and Fiorito, J. 2008. "Introduction: The Field of Industrial Relations," In P. Blyton, N. Bacon, J. Fiorito and E. Heery(Eds.) <u>The Sage Handbook of Industrial Relations</u>. London: SAGE Publication.

학문으로서의 노사관계 분야에 대한 쉬운 소개글이다. 노사관계의 정의, 범주, 주요 이론, 규범적인 지향점 등을 평이하게 설명한 글로서 대학원 노사관계과목의 입문서로 간주된다. 특히, 노사관계의 주류 이론인 다원론을 설명하고 이에 대비하여 마르크시즘, 페미니즘, 신자유주의의 특징과 차이점, 비판을 설명하였다.

Kaufman, B. E. 1993. <u>The Origins and Evolution of the Field of Industrial Relations in the United States</u>. Ithaca, NY: ILR Press.

> 미국 노사관계론의 1910년대부터 1990년대 초반까지 80년간의 역사를 설명한 책이다. 1910년대의 미국 노사관계학의 시작인 위스콘신학파부터 시작하여 1950년대 전성기를 거쳐 1980년대 이후 노사관계론이 미국 학계에서 위축되는 상황을 방대한 자료를 바탕으로 상세하게 설명하였다. 노사관계학이 학문분야로 생존하기 위해서는 근원적인 변혁이 있어야 한다고 주장한 책이다.

Kaufman, B. E. 2004a. <u>The Global Evolution of Industrial Relations: Events, Ideas, and the IIRA</u>. Geneva: International Labour Office.

> 국제노동고용관계학회(International Labour and Employment Relations Association, ILERA)의 전신인 국제산업관계학회(International Industrial Relations Association, IIRA)의 기원과 역사를 기술하고 세계 각국의 노사관계학문의 발전상도 함께 설명한 책이다.

Kaufman, B. E. 2008. "Paradigms in Industrial Relations: Original, Modern and Versions In-between," <u>British Journal of Industrial Relations</u>. 46(2): 314-339.

> 미국과 영국의 노사관계학이 지난 수십 년간 광범위하고 포괄적인 Original Version에서 노조와 단체협상에만 국한된 협소한 Modern Version으로 바뀌었음을 보여주는 논문이다. 저자는 노사관계론이 Original Version으로 되돌아가야 한다고 주장한다.

Whitfield, K. and Strauss, G.(Eds.). 1998. <u>Researching the World of Work</u>. Ithaca, NY: Cornell University Press.

노사관계 연구의 다양한 방법론에 대하여 설명한 책이다. 노사관계 연구에서 쓰여 온 질적, 양적인 연구방법론, 실험방법론, 사례연구, 문화기술방법론(ethnography), 참여관찰, 대규모 국가단위설문, 태도조사 등에 대한 상세한 설명을 담고 있다.

Whitfield, K. and Strauss, G. 2000. "Methods Matter," <u>British Journal of Industrial Relations</u>. 38(1): 141－151.

노사관계론의 연구방법론의 변화상을 분석하고 설명한 논문이다. 1960년대의 질적, 귀납적, 정책중심의 연구에서 1990년대 말에는 계량적, 연역적, 이론중심의 연구로 분야의 성격이 바뀌었음을 실증적인 분석을 통하여 보여주었다.

2장

고용관계의
주요 이론

산업화과정에서 비롯되어 본격적으로 시작된 노동운동은 노동자들의 권익을 보호하고 증진시키기 위한 조직적인 운동을 전개하였으며, 이에 대하여 각 국가의 사용자와 정부는 다양한 대응양식을 보여 왔다. 다양한 형태의 노동운동과 고용관계에 대한 이론을 정립하기 위한 많은 시도가 학문의 여러 분야에서 개별적으로 이루어져 왔다. 그러나 노동운동과 노사관계에 대한 일반적인 이론에 대해서는 다양한 학술분야의 학자들 사이에 합의가 이루어지지 않았을 뿐만 아니라, 노동운동과 노사관계에 있어서 시공을 뛰어넘는 설명력을 가지는 일반적인 이론은 있을 수 없다고 주장하는 학자도 있다(Hyman, 2004). 각각의 이론은 특정 시공간의 고용관계 현상을 잘 설명하고 있으나, 모든 시기와 장소를 망라하여 설명력을 가지는 이론을 찾기는 어렵다는 것이다. 이러한 학자들 사이의 의견 불일치는 이념과 시각, 역사, 문화, 법률 등 지역과 국가별 그리고 시기의 차이에서 기인하기 때문일 것이다. 하지만 각각의 이론이 갖는 설명력의 한계를 인식하면서도 전체 현상을 아우르는 통합적인 시각을 추구하는 것이 고용관계 학자들의 사명일 것이다.

이러한 점을 염두에 두고 본 장에서는 노동운동과 노사관계에 대한 다양한 시작과 주장, 사상들을 살펴봄으로써 노사관계의 근본적인 이슈에 대한 독자의 이해를 높이고자 한다. 먼저 고용관계 및 노동운동을 설명하는 4개의 대표적인 이론들을 급진적 이론, 일원주의 이론, 신고전주의 경제학 이론, 다원주의 이론의 순서로 살펴보기로 한다.[5]

 # 01 급진적 이론

급진적 이론으로는 마르크시즘(marxism)과 생디칼리즘(syndicalism), 그리고 페미니즘(feminism)이 있다. 이 이론들은 모두 현재의 상태를 바람직하지 않은 것으로 간주하고 새로운 체제로 사회를 변혁시키는 것을 목적으로 하는 이론들이다. 이들 이론은 현재의 사회와 제도, 관행의 약점과 문제점을 지적함으로써 다른 이론의 형성에도 지대한 영향을 미쳤다.

---

5) 이 부분의 서술 중 상당부분은 신수식·김동원·이규용(2008)의 내용을 수정·보완하고 업데이트한 것임을 밝혀둔다.

(1) 마르크시즘

마르크시즘은 Marx와 Lenin의 이론, 마르크시즘에 기반한 신좌파운동, 최근의 마르크시즘 연구경향의 세 가지로 나누어 살펴보기로 한다.

1) Karl H. Marx와 Vladimir I. Lenin

Karl Marx와 Friedrich Engels에 의하여 형성된 마르크시즘은 노동운동에 대한 최초의 체계적인 이론이다(Marx, 1867; Marx and Engels, 1848). Marx의 주장에 따르면 자본주의의 발전은 부르주아(유산자계급)와 프롤레타리아(무산자계급) 간의 갈등을 초래하여 무산자계급으로 하여금 계급의식을 잉태하게 하였다는 것이다. 또한, 정부는 자본가계급의 이사회역할을 함으로써 일방적으로 유산자계급을 옹호하는 것으로 주장하였다. 구체적으로, 산업혁명은 봉건체제에서 토지에 예속되었던 농노를 도시의 저임금 단순노동자로 전락하게 만들었으며, 프롤레타리아트(노동자계급)로 하여금 생존을 위하여 자신의 노동력을 자유노동시장에서 저임금으로 매각하도록 강요하였다고 한다.

그의 잉여가치론에 의하면, 오직 노동만이 비용 이상의 잉여가치를 생산하며 여기서 이윤이 발생하는 것이므로 임금지불의 증대는 곧 이윤율의 감소를 일으키게 된다고 한다. 이와 같은 이윤감소를 방지하는 노력으로 부르주아지(자본가계급)는 임금을 삭감하고, 작업속도를 빠르게 하며, 노동시간을 연장하고, 성인남자 대신에 부녀자와 청소년을 고용함으로써 노동자를 착취한 것으로 Marx는 주장하였으며, 이러한 진전은 결과적으로 실업과 산업공황을 수반하게 되었다고 강조하였다. Marx와 Engels에 의하면 노동자들은 이러한 억압적인 노동조건에 대항하여 노조를 결성한 것이며, 노조의 역할은 열악한 근로조건으로부터 노동자를 보호하는 데 있다고 한다. 즉, 노조를 공산주의의 학교로서 공산주의 혁명을 준비하고 주도하는 혁명을 위한 전위조직인 것으로 본 것이다. Marx와 Engels는 혁명을 위한 긍정적인 세력으로 노동조합을 바라본 것이다.

한편, 마르크시즘을 현실에 적용하여 러시아의 볼셰비키혁명을 일으킨 Lenin은 혁명을 수행하는 과정에서 노동조합의 한계를 비판하고 혁명적 정당의 적극적인 역할을 주창하였다(Lenin, 1901). 즉, Marx가 혁명의 수행에 있어서 노동조합의 역할을 긍정적으로 본 데에 비하여 Lenin은 노동조합의 역할을 부정적으로 평가한 것이다. Lenin에 의하면, 노동자들이 스스로를 보호하기 위하여 자발적으로 조직한 직업별 노동조합은 공산주의 혁명이라는 큰 그림을 보지 못하고, 자본주의 체제 내에서의 즉흥적인 눈앞의 이해관계(spontaneity)를 달성하는 데에 급급하여 자본주의에 안주함으로써 오히려 공산주의 혁명을 저해하는 존재라고 공격하였다. 즉, 노동조합이 자본주의 사회 내에서 경제적 향상(economic betterment)에만 주력하게 되면서 방어적이고 제한적인 자세를 갖게 됨에 따라, 자본주의 체제 내에서의 당장의 경제적 이익을 포기해야 하는 공산주의 혁명에는 소극적으로 되는 약점을 지닌다고 주장하였다. 혁명적 정당은 노동조합이 이러한 소극적인 경향에서 벗어나 전체사회의 혁명을 위하여 지속적으로 발전하도록 지도하여야 한다고 Lenin은 주장하였다.

Marx와 Lenin은 자본주의하에서 노자 간의 문제를 궁극적으로 해결할 수 있는 방안은 없기 때문에 노동자해방을 위해서는 자본가계급의 타파를 종용하는 급진적·혁명적 노동운동이 불가피함을 주장하였다. 이들에 의하면, 자본주의 사회에서 노사 간의 갈등은 근원적이어서 치유가 불가능하며, 자본가의 존재 이유가 부정된다. 이와 같은 Marx와 Lenin의 주장은 노동조합이 사용자의 존재를 인정하지 않고 타도의 대상으로 봄으로써 전투적·투쟁적 고용관계만을 인정하고 다른 형태의 고용관계(예를 들면, 상호공존하는 대립적 관계나 협조적이면서 참여적인 관계)의 존재를 인정하지 않는다는 비판을 받고 있으며, 현실적으로 현재의 시장경제하에서 노사가 공존하고 협상을 하는 다원적인 고용관계의 지속적인 발전을 설명할 수 없다는 지적을 받고 있다.

2) 마르크시즘에 기반한 신좌파운동(new left perspectives)

서구산업사회의 발전과 더불어 자본주의 사회가 붕괴되지 않고 계속 발전, 변천됨에 따라 풍요로운 노동자계급(affluent workers)의 출현이 예견되면서 (Goldthorpe et al., 1968) 물질적인 결핍을 강조해 온 전통적인 Marx이론이 점차 설득력을 갖지 못하게 되었다. 따라서 20세기 중반부터 기존의 이론과 주장에 대해서 비판하고 새로운 대안을 제시하는 흐름이 발생하였는데, 이를 신좌파운동이라고 한다. 신좌파운동에서는 자본주의가 노동자에게도 점차 풍요로운 삶을 제공하게 됨에 따라 노동운동은 노동자의 새로운 욕구를 충족시켜야 한다고 주장하였다. 즉, 노동운동의 원인이 과거에는 물질의 결핍이었지만, 이제는 자본주의가 충족시켜 주지 못하는 새로운 욕구를 충족시키기 위하여 노동운동을 벌여야 한다는 것이다. 예를 들면, Aronowitz(1973)은 20세기 중반 자본주의 국가에서 노동운동의 무기력함과 노동조합이 사실상 제도권 내에서 순치되어 혁명적인 사고를 하지 못하고 있음을 비판하고 자본주의 모순을 직시한 현장에서의 투쟁을 강조하였다. 또한, Gorz(1967)는 노동운동이 삶의 질 향상, 작업에 대한 노동자의 통제권 확대, 경영참가, 자본주의자들과의 세력균형 등을 지향하여야 한다고 주장하였다.

3) 최근의 마르크시즘 연구경향

Marx의 이론은 20세기 후반 소비에트공화국, 동독, 유고슬라비아 등 여러 공산주의국가들이 붕괴됨에 따라 그 영향력이 현저히 감소하는 것으로 보였다. 그러나, 자본주의의 약점을 적시하는 마르크시즘의 학문적인 위치는 공산권의 붕괴에도 불구하고 여전히 공고하게 유지되어 오고 있으며, 마르크시즘도 후대 학자들에 의하여 지속적으로 연구되고 발전하여 왔다. 21세기에 들어온 지금 고용관계에 대한 Marx의 사상은 ① 정치경제학적인 시각, ② 노동과정론, ③ 조절이론의 세 유파로 연구경향이 나뉘어 전개되고 있다(Muller-Jentsch, 2004).

① 정치경제학의 시각에서 본 노사관계(political economy of industrial relations)
Marx의 계급갈등이론을 노사관계에 접목시킨 연구로서 영국의 Richard Hyman이 주요 주창자이다. 그는 대부분의 주류 노사관계학자들이 자본주의 사회에서 노사 간의 힘의 균형을 바탕으로 제도화를 통한 갈등의 해소가 노사관계의 중요한 기능으로 인식하고 있으나 이는 갈등의 폭발성을 간과하고 제도화의 효과를 과신한 잘못된 판단이라고 주장한다. Hyman은 자본주의 사회에서 갈등은 근원적이고 심대한 성격을 지니고 있어서 언제라도 폭발할 잠재력을 지니고 있고, 갈등의 제도화로는 자본주의의 모순을 막기에는 역부족이라고 보았다. 노사관계는 착취를 통한 자본가의 부의 축적과 계급 간의 갈등구조의 시각에서 다루어져야 하며, 계급갈등으로 인한 불안정과 무질서가 노사관계의 중요한 측면

으로 다루어져야 한다고 주장하였다(Hyman, 1989).

John Kelley는 유사한 논거에 근거하여 장기파동이론을 주장하였다. 켈리는 노동자들에 대한 사용자들의 착취와 억압은 노동자들로 하여금 '정의롭지 못함(injustice)'을 인식하게 하고 이를 해소하려는 움직임으로 자본가에 항거하면서 동료들과의 연대를 모색하게 한다고 주장하였다. 특히, 이 과정에서 소수의 급진적인 성향을 가진 노동자들의 역할이 중요한데 이들은 노동자들의 항거운동에 촉매로서의 역할을 하기 때문이라고 한다. Kelley는 사용자가 노동자들이 연대하는 것을 억제하고 방해하는 역할을 한다고 보았다. 즉, 노동자의 항거운동과 사용자의 억제노력은 계급투쟁의 형태로 나타나는데 노동자의 항거운동이 피크에 달했을 때 다수의 파업이 일어나는 시기가 오지만, 이는 또한 사용자의 억제노력을 촉발시켜 파업의 수가 줄어드는 시기가 다시 나타나게 된다는 것이다. 즉, 노동자의 항거운동과 사용자의 억제노력은 투쟁과 억제가 장기간을 두고 반복되어 파업의 물결이 장기적으로 반복되는 '장기 파동(long wave theory)'으로 나타나게 된다고 주장한다(Kelly, 1998). Hyman과 Kelly는 모두 Marx의 이론을 정치경제학적인 시각에서 본 학자이며 Marx의 계급갈등이론을 노사관계에 접목시켰다는 점이 공통점이다.

Hyman과 Kelly는 자본주의 사회에서 갈등과 착취의 역할을 정확히 분석한 이론을 제시한 것으로 평가받고 있지만, 한편으로는 사용자에 대하여 편협한 인식을 하고 있으며 갈등의 영향을 과대평가하고 자본주의의 회복력과 견고성을 간과했다는 비판을 받고 있다.

② 노동과정론(labor process debate)

Marx의 이론 중 작업이 이루어지는 과정에서 착취가 발생하는 현상을 분석한 연구의 흐름이 노동과정론이다. Harry Braverman(1974)은 자본가의 핵심 과업은 노동력을 생산성과로 변환하는 과정에서 잉여가치를 극대화하기 위하여 노동과정을 완벽히 통제하는 것이라고 주장한다. 즉, Frederick Taylor의 과학적 관리법과 선진화된 산업기술로 무장한 관리자들은 노동력을 작업성과로 변환시키는 노동과정을 최적의 방법과 수단으로 완벽하게 통제한다는 것이다.

Braverman에 의하면 자본가들은 Taylor의 과학적 관리기법을 따라서 계획기능과 실행기능을 분리하므로 노동자들은 아주 단순하게 분화된 극히 간단한 업무만을 수행하게 된다고 주장한다. 따라서, 노동인력의 기술수준이 질적저하현상(de−skilling, degradation)을 겪게 된다는 것이다. 즉, 노동자가 가진 기술의 퇴보과정은 공장은 물론 사무실에서도 가속화되는데 이것이 독점자본주의의 일반적인 경향이라고 주장한다. Braverman의 노동과정이론은 이후 Michael Buroway 등에 의하여 연구가 진행되고 있다.

브레이버만의 연구는 자본주의 생산양식의 본질을 정확히 묘사한 이론으로 평가받고 있지만, 한편으로는 Taylor의 과학적 관리기법을 자본주의와 동일시한 점과 단순한 논리전개가 이 이론의 약점으로 비판받고 있다.

③ 조절이론(regulation theory)

조절이론가들은 노사관계가 자본주의 사회를 조절하고 통제하는 구체적인 양식(mode)을 결정하는 핵심요소로 이해하였다. 이들의 주된 관심 분야는 자본주의 사회의 재생산구조를 형성하는 생산양식에 대한 연구이다. Marx는 자본주의의 재생산을 자본가의 형성과 계급구조를 영구하게 재확립하는 과정으로 이해하였는데, 조절이론가들은 Marx의 "재생산(reproduction)"이라는 용어대신 "조절(regulation)"이라는 용어를 사용하고 있다. 여기서 "조절"은 자본주의 사회의 생산구조가 재확립되어 지속되는 방법과 양식을 의미하는 개념이다. 조절이론가들은 특히 장기간에 걸친 자본주의 경제와 사회양식의 변화에 관심을 두었다. 조절이론가들은 자본주의를 조절양식에 따라 몇 개의 기간으로 나뉘어 구분하고 있다.

조절이론가들이 언급하는 대표적인 조절양식으로는 포디즘(fordism), 후기 포디즘(post−fordism) 등이 있다. 조절이론가들은 포디즘을 ① 테일러리즘(taylorism)과 기계화된 작업조직, ② 대량생산, 대량소비의 거시경제체제 및 ③ 노사 간의 타협(예를 들면, 사용자는 고용안정, 규칙적인 임금인상, 사회보장 등을 노동자에게 보장해 주고, 노동조합은 사용자의 경영전권 및 노동과정의 조직권을 수용) 등으로 규정하였다. 포디즘은 1950~1960년대 생산성의 향상에 기반하여 눈부신 경제성장을 거듭하였다. 그러나 1970년대 이후 포디즘의 경직성이 유연함을 추구하는 시장상황의 변화에 적응하지 못하면서 한계에 부딪히게 된다.

1970년대 이후 새로운 시장형태인 다품종 소량생산체제에 적합한 보다 유연한 새로운 조절양식을 추구하게 되었는데 이를 'post-fordism'이라고 한다. 후기 포디즘은 외부노동시장의 유연성과 저임금에 기초한 neo-taylorism, 스웨덴식의 사회적 연대와 경영참여를 통하여 기업경쟁력과 노동생활의 질향상을 동시에 추구하는 kalmarism, 일본에서 나타난 자본주의 형태인 사용자주도로 노사협조와 품질향상을 중시하는 한편 대기업과 중소기업의 피고용인이 처우상 뚜렷이 구분되는 이중적 노동시장구조를 유지하는 toyotism 등이 있다.

(2) 생디칼리즘

마르크시즘과는 뿌리를 달리하지만, 자본주의를 부정한다는 공통점을 지닌 또 하나의 고용관계 사상으로 무정부 생디칼리즘을 들 수 있다. 무정부 생디칼리즘은 프랑스에서 발생한 일종의 무정부주의적 주장으로 스페인, 이탈리아 등지로 전파되었으며 미국에서는 세계산업노동자연맹(Industrial Workers of the World, IWW)[6]으로 발전하게 되었다. 생디칼리즘은 임금노동을 기반으로 한 체제의 불공정성과 부도덕성을 자본주의체제의 문제점으로 지적하고 있다. 이들은 생산수단과 배분의 사적 소유를 폐지함으로써 노동자계급의 해방이 이루어진다고 주장한다. 또한, 갈등의 원인은 경제적 문제에서 야기되기 때문에 노동자계급의 해방은 반드시 경제적 투쟁을 통하여 해결이 이루어져야 하고 정치적 활동은 이차적이고 부수적인 활동이라고 간주하며, 경제적인 투쟁의 가장 강력한 수단이 총파업(general strike)이라고 주장하였다.

생디칼리즘은 Marx 또는 다른 혁명적 사회주의자들의 주장과 비교할 때, 계급혁명이나 자본주의 사회의 혁명적 전환 등에서 유사한 특징을 갖고 있다. 그러나 다음과 같은 측면에서 차이점이 있다. 첫째, Marx주의자들이 경제적 수단과 정치적 투쟁을 함께 주장한 반면에 생디칼리즘의 주장자들은 경제적 활동에만 치중하여야 하고 정치적 활동을 노동자들이 속지 말아야 될 함정으로 주장함으로써 이를 부정한다. 둘째, 혁명 이후의 사회에 대한 관점에서도 차이가 있

---

6) 세계산업노동자연맹(IWW)은 1905년 시카고에서 조직된 무정부주의 산업노동단체로서 노동자가 스스로 관리자를 선출하는 노동자경영관리를 주장하였다. 1949년 미국에서 불법화되었다. Wobbly라고도 불리었다(Wikipedia, 10/15/2019).

다. Marx주의자들은 혁명 이후에는 공공소유에 의한 무계급, 무강제적인 풍요로운 사회가 도래할 것을 주장하고 있다. 그러나 생디칼리즘을 주장하는 자들은 자율적 생산조합과 분배조합에 근거한 무정부상태의 산업적 사회가 이루어져야 한다고 주장한다. 이러한 이유에서 생디칼리스트들은 마르크시즘이 추구하는 혁명 이후의 사회는 특권계급에 의한 또 다른 형태의 억압에 불과하다고 폄하하고 있으며, Marx주의자들은 생디칼리즘을 희망 없는 유토피아를 추구한다고 비판하고 있다(Larson and Nissen, 1987).

(3) 페미니즘[7]

페미니즘은 과거 고용관계에서 거의 다루지 않았으나 1960년대 이후 여성운동의 성장과 함께 주요한 이슈로 대두되어 최근에는 고용관계이론의 한 축으로 자리잡았다. Heery et al.(2008)은 다원주의에 대한 주요 비판그룹으로 마르크시즘, 페미니즘, neo-liberalism을 거론하였고, Budd and Bhave(2008)는 고용관계의 이론을 에고이스트(egoist), 일원주의(unitarist), 다원주의(pluralsit) 그리고 비판적(critical) 접근법 4가지로 분류하였고, 페미니즘을 비판적 접근법의 하나로 설명하였다. 페미니즘은 1968년 여성해방운동을 시작으로 1970년대 가사노동 논쟁을 통해 발전되어 왔다. 페미니즘은 마르크시즘과 같이 사회학 이론에서 도출되었으며, 자본주의에서 여성의 억압과 종속, 차별의 근원이 가부장제 가족 구조에서 안에서 여성이 수행하는 무급 가사노동에 있다는 인식에서 발전되었다(Brown, 2012; Fine, 1992; Vogel, 2000).

페미니즘은 사용자와 노동자 간의 관계를 연구하는 기존의 노사관계이론들이 '노동자'를 성 중립적 관점에서 보고 있는 것이 문제점이라고 지적한다. 페미니즘에서 가부장제에 대한 정의는 마르크시스트의 계급관계에 대한 정의와 유사한 구조를 가진다. 가부장제는 남성이 여성을 지배하고 억압하고 착취하는 사회구조와 관습의 체계로 이해된다(Walby, 2002). 페미니스트들은 사회에 존재하는 불평등한 권력 관계가 고용관계에도 그대로 투영되어 있다고 주장한다. 페미니즘에서는 남녀 간의 불평등한 권력 관계가 존재하고 힘의 불균형한 차이로 인

---

7) 이 부분은 고려대학교 경영대학 김경연연구원의 초고를 수정한 것임을 밝혀둔다.

해 남성들이 여성들을 지배한다고 보고 있다. 따라서, 노사관계는 성 차별적이고, 남성과 여성 노동자의 경험이 상이하며, 이들의 이해관계는 상충되는 것으로 본다(Heery et al., 2008).

페미니스트 노사관계 학자들이 다원주의 주류 학자들과 공유하는 특징은 법과 단체교섭을 통해 사용자 측의 행동을 규제할 필요가 있다고 인정하는 것이다(Heery et al., 2008). 이들은 현재 널리 사용되는 사용자의 정책들(예를 들면, 다양성 관리 프로그램)만으로 성 불평등의 문제를 해결하는 것은 어렵다고 보며, 여성 및 소수자 집단의 노동운동을 통한 외부 압력과 법·제도적 규제가 필요하다고 본다. 즉, 사용자들은 성 불평등을 통해서 이익을 보고 있기 때문에, 고용주에게 보다 강력한 평등의 의무를 부과하도록 법을 개정하고, 직장에서 여성과 소수자가 차별당하지 않도록 권리를 더욱 강화해야 한다고 주장하며 정부와 국제기구를 압박하고 있다(Kirton and Greene, 2015). Dickens(1994)는 계속되는 여성의 임금과 고용의 불평등에 대해 문제를 제기하였고, 기회의 균등을 위해, 우수한 사례를 장려하는 당근 정책과 법적 미준수를 엄격히 처벌하는 채찍 정책을 활용하여 기업 수준에서의 문제해결을 촉구해야 한다고 주장하였다.

노사관계에서 젠더에 대한 관심이 높아지면서, 관련 학술연구도 증가하였다. Heery et al.(2008)에 의하면, 페미니즘 연구는 크게 세 가지 흐름으로 발전되어왔다. 첫째, 직장(workplace) 내에서의 불평등 패턴을 설명하는 연구이다. 숙련된 일은 주로 남성에 의해 독점되었고, 여성 노동자들에게는 저숙련, 시간제 일자리가 주어지는 현상을 지적한다. 또한, 남성 중심적인 노동조합은 남성 노동자들을 대변하며 남성에게 유리한 전통적인 단체협상 의제를 우선시한다는 것을 비판한다(Beechey and Perkins, 1987; Young, 2010). 둘째, 고용관계의 주제와 연구 범위를 가정과 사회문제의 영역으로 확장하는 것이다. 이러한 흐름에서는 주로 일과 생활의 균형, 가정과 직장 간의 상호관계, 직장 내 성폭력, 성희롱 등을 다루는 연구가 수행되었다(Gregory and Milner, 2009; Toffoletti and Starr, 2016; Wajcman, 2000). 셋째, 여성 노동운동과 노조 내 민주주의에 대한 역사적 연구이다. 남성 중심적인 학문에서 역사적으로 잊혀졌거나 저평가되었던 여성 노동운동가, 여성 노동조합 등 여성의 활동을 재발견하는 연구이다(Brigden, 2012; Colgan and Ledwith, 2002; Pocock, 1997).

최근 페미니스트 학자들은 남녀 간의 차이라는 이분법적 관점보다, 여성이라는 범주 내에서도 다양한 정체성인 복수의 여성이 존재한다고 주장하고 있다(Holgate et al., 2006). 더 나아가, Ledwith(2006)는 노동조합에서 여성, 흑인, 장애인, 레즈비언, 게이 조합원들이 증가하고 있으며, 이들 모두 고용관계 안에서 정당한 권리를 인정받아야 하고, 이들의 이해 대변을 위한 노동조합 내부의 민주주의와 다양성 관리가 중요해지고 있다고 주장하였다. 성별에 대한 이해관계의 차이를 인정하고 차별을 시정하라는 요구로 시작된 페미니즘은 최근 인종, 민족, 종교, 나이, 장애 및 성 정체성에 기반한 다양한 소수자 집단의 이해를 포괄하는 방향으로 확대되는 과정에 있다.

배제되고 차별받는 노동자들을 대변하고 보호한다는 점에서 페미니즘도 기존의 주류 고용관계이론과 같이 형평성을 강조하는 특징을 지니고 있다. 하지만, 만일 고용관계 학문분야가 가사노동 등 가정 내의 문제와 남녀 성 역할 관계 등의 범위까지 넓게 다루게 된다면, 학문의 정체성이 불명확해질 수 있다는 지적도 있다(Edwards, 2003). 이러한 비판에도 불구하고 고용관계이론에서 페미니즘의 대두는 고용관계의 이론적 논의를 더욱 풍부하게 하고 이론의 스펙트럼을 더욱 다양하게 넓힐 것으로 보인다(Freedman, 2001; Kirton and Greene, 2015; Ledwith, 2006; Munro, 2001).

02 일원주의 이론

일원주의(unitarism)는 노사 간 갈등이 존재하지 않으므로 노동조합의 존재가 불필요하다고 믿는 이론이다. 일원주의를 묵시적으로 인정하는 대표적인 학파는 인적자원관리학파(human resource management)이다. 인적자원관리학파에서는 노동문제의 발생은 인적자원의 부실한 관리에서 기인한다고 주장한다. 대표적인 학자로는 과학적 관리기법을 고안한 Frederick Taylor(1911)와 인간관계학파를 창시한 Elton Mayo(1933)와 그의 동료들이다. 이들은 노조의 발생은 부실경영에서 발생하며 경영자가 올바른 경영을 한다면 노동조합이 생길 이유가 없다고 본다. 이들은 한 기업 내에 노사 등 서로 다른 이해관계를 가진 집단이 존재하는 것을 인정하는 다원주의(pluralism)를 믿지 않는 반면, 한 기업 내에서 노사 간의 이해관계는 완전히 일치하며 서로 간의 갈등이 생기는 것은 오직 경영자의 그릇된 경영방식에서 비롯될 뿐이라는 주장을 한다.

일원주의(unitarism)에는 갈등을 관리하는 수단으로서 과업관리와 금전욕구충족을 중시하는 Taylor 등의 과학적 관리기법학파와 인간관계관리를 중시하는 Mayo 등의 인간관계학파로 구분할 수 있다. 즉, Taylor는 노사 간의 갈등은 작업의 전문화, 기계화 및 표준화 등을 근간으로 정교한 과업관리 및 차별성과급을 도입함으로써 노사 간의 갈등을 제거할 수 있다고 보았다. 한편, Mayo는 비공식집단을 통한 인간관계관리를 통하여 피고용인의 사회적인 욕구와 성장욕구를 충족시킴으로써 노사 간의 갈등을 미연에 방지할 수 있다고 주장하였다.

Taylor와 Mayo의 영향을 받은 인적자원관리학파에 의하면, 인적자원의 부실한 관리에서 노동문제가 발생하였기 때문에 노동문제를 해결하기 위해서는 인적자원의 효과적인 관리가 중요하다고 강조한다. 즉, 피고용인들의 금전욕구와 사회적욕구, 그리고 성장욕구를 충족시킬 수 있는 방안을 사전에 마련하고, 피고용인이 동기부여되어 작업을 효율적으로 수행할 수 있는 여건, 특히 보다 우수한 인적자원관리활동(예를 들면, 선발절차, 교육훈련, 성과평가 및 성과보상, 승진

관리 등)을 수립하고 실행하여야 한다고 주장한다. 특히, 집단보다는 개인차원의 인적자원관리방안인 동기유발과 직무만족도, 조직몰입도의 향상에 큰 관심을 기울이고 있다. 이러한 주장에 의하면, 노동조합은 피고용인과 사용자 간의 밀접하고 협력적인 관계를 방해하고 반대하는 불필요한 '제3자'라고 보는 것이다. 인적자원관리학파의 주장은 무노조경영을 실시하는 기업들에게 이론적인 근거를 제공하고 있다.

한편, 인적자원관리학파에서는 노동조합의 존재를 인정하지 않지만 사용자와 노동자 간의 의사소통수단으로서 비노조 직원대표조직의 필요성은 인정하고 있다. 예를 들면, Kaufman and Taras(2000) 등은 노조는 아니더라도 피고용인들의 의견을 대변할 수 있는 노사협의회 등의 비노조 직원 대표조직(Nonunion Employee Representation, NER)을 결성함으로써 피고용인에게 자신들이 존중받고 있다는 인식을 심어줄 수 있으며, 피고용인 집단과 사용자 간의 협력적이고 건설적 관계를 만들고, 개개 직원의 조직에 대한 충성심을 유발하는 데 도움이 된다고 주장한다. 비노조 직원대표조직은 사용자와 우호적인 관계를 유지하면서 상호공동관심사를 논의한다는 점이 특징이다. 미국의 Google, Apple, IBM, Motorola, HP, FedEx 등과 한국의 삼성그룹 계열사가 이러한 비노조대표조직을 활발히 운영하고 있다.

인적자원관리학파는 고용관계에서의 갈등의 존재를 과소평가하여 인적자원관리가 허술한 편인 중소기업보다 인적자원관리를 정교하게 운영하는 대기업에 상대적으로 노조가 많이 조직되고, 사용자가 경영을 잘하는 경우에도 노조가 조직되고 노사갈등이 발생하는 많은 사례들을 설명하지 못한다는 비판을 받고 있다. 하지만, 개인차원에서의 동기유발과 직무만족도 향상 등 피고용인 관리에 효과적인 수단으로 간주된다.

⬡ 03 신고전주의 경제학이론

　　노동조합에 대한 가장 부정적, 적대적인 이론은 노동경제학의 시장경제학자들로부터 시작되었다. 1940년대부터 시카고대학 경제학교수였던 Henry Simons는 노동조합은 시장의 정당한 기능을 방해하여 사회에 해악을 끼치는 가장 위험한 종류의 독점체(独占体)라고 주장하였다. 그에 의하면 노동력의 공급을 독점한 노동조합은 부당하게 노동력의 공급을 제한함으로써 임금을 인상하는 반면 산출량을 제한하고 제품의 가격을 증대시켜 결국 소비자(일반 대중)가 최종 산출물에 대하여 불합리하게 높은 가격을 지불하게 한다는 것이다. 따라서, 독점적 성격을 지닌 노동조합은 민주주의체제 내에서 공존할 수 없는 존재이므로, 노조는 소멸되어야 한다고 주장하였다(Simons, 1944).

　　Simons의 제자인 Milton Friedman 역시 노동조합이 소비자 및 다른 비노조 노동자에게 유해한 독점체(独占体)의 성격을 갖고 있다고 주장하였다. Friedman에 의하면 노동조합은 노동조합원의 임금을 인상하기 위하여 노동조합부문에서 노동력의 공급을 제한함에 따라, 잉여노동자들은 비노조부문으로 옮기게 되고 비노조부문에서는 노동력 공급과잉이 되어 임금이 하락한다는 것이다. 즉, 노조원에 대한 임금인상이라는 노동조합의 목적달성은 비노조원의 임금하락과 소비자에 대한 제품가격인상이라는 주변 사람들의 희생을 대가로 가능하다는 것이다. 이들에 의하면 노동조합은 노동공급독섬에 의하여 소비자의 희생하에 높은 봉급을 받는 미국의사협회(American Medical Association)와 같은 독점체에 불과하다고 노동조합을 비판하였다(Friedman and Friedman, 1980).

　　Simons와 Friedman의 주장에 대한 비판으로는 노동시장이 반드시 이들이 예측한 대로 움직이지 않는다는 것이 후대의 실증연구에 의하여 밝혀진 점과, 이들의 주장은 노동조합의 부정적인 기능만을 지나치게 강조하고 긍정적인 기능을 묵살하였기 때문에 노동조합의 역할에 대한 전체 측면을 보지 못하여 현실성이 결여되었다는 점이 있다.

Simons와 Friedman에 비하여 보다 중도적 입장을 취하고 있는 노동경제학자들로는 하버드대학의 경제학교수들인 Richard B. Freeman과 James L. Medoff를 들 수 있다. 이들의 주장에 따르면 노동조합은 이중적 측면, 즉, 독점적 측면(monopoly face)과 집단의사대변 측면(collective voice/institutional response)을 동시에 갖고 있다고 한다(Freeman and Medoff, 1984). 우선, 노동조합의 독점적 측면이란 노동조합이 노동의 공급을 독점하고 사회전체보다는 노동조합원의 이익만을 옹호함으로써 완전경쟁을 교란하고 시장질서를 파괴한다는 것이다. 나아가 기업경영에 불필요한 업무를 조합원으로 하여금 수행하게 함으로써 기업이 적정인원보다 많은 수의 조합원을 보유하게 하여(featherbedding) 기업의 효율성을 저해시킨다는 것이다. 이들에 의하면 노동조합은 단체협상을 통하여 노동자들의 임금을 노동시장의 적정임금 이상으로 인상하고 비탄력적인 작업규칙을 기업에 강요하여 기업으로 하여금 인력의 효율적인 활용을 방해함은 물론 신기술의 도입에 부정적인 영향을 준다는 것이다. 이상에서 보듯이, Freeman과 Medoff가 주장한 노동조합의 독점적 측면은 전술한 Simons와 Friedman의 주장과 상당히 유사하다.

그러나, Freeman과 Medoff는 노동조합의 긍정적인 측면도 같은 비중으로 언급하였다. 즉, 노동조합의 집단의사대변 측면이란 노동조합이 조합원들의 의사대변기구로서 그들의 정당한 요구사항을 기업경영에 반영하여 기업의 경영을 보다 바람직한 방향으로 유도한다는 것이다. 그 결과 조합원들은 기업의 경영방식에 불만을 느낄 경우 다른 직장으로 옮기기보다는(exit option) 노조를 통하여 불만을 표출하고 이를 시정할 수 있는 기회를 활용함으로써(voice option) 그 직장에 근속하는 경향이 강하다는 것이다. 즉, 노동조합은 직원들로 하여금 직장에 대하여 불만이 있을 때 퇴직(exit option)보다는 의견표출(voice option)을 선택하게 함으로써 이직률은 낮추고 근속기간을 연장하여 직원들의 기술수준을 높여서 결국은 생산성 향상을 가져온다는 것이다.

이들은 노동조합의 독점적 측면의 폐해를 인정하는 한편, 집단의사대변이라는 노동조합의 긍정적인 측면도 동시에 인정함으로써 노동조합의 이중역할이론(two face model of unions)을 수립하였다. Freeman과 Medoff의 주장은 노동조합에 대한 보다 균형잡힌 경제학 이론으로서 광범위한 지지를 받는 편이다.

1980년대 이후 시장을 중시하는 신고전주의가 경제학의 주류를 이루게 되면서 노동조합이나 정부의 개입을 불필요하게 보는 시각이 더욱 주목을 받게 되었다. 대표적으로 Hirshman(1991)은 노동시장에 대한 노동조합이나 정부의 개입이 불필요한 것은 다음의 4가지 이유 때문이라고 주장하였다. 첫째, 노동시장의 작동을 시장에 맡겨 두어서 생기는 문제는 시장개입을 통해서 해결할 만큼 심각하지 않다는 것이다("question the severity of the social problems"). 즉, 시장기능에만 맡겨두면 경제양극화가 발생하여 저임금노동자가 많이 발생한다는 주장이 있지만, 대부분의 저임금노동자들은 한 가구 내에 여러 명의 임금소득자가 있는 가정에 거주하므로 실제로 저임금의 경제사회적인 문제는 심각하지 않다는 것이다.

　　둘째, 시장에의 개입이 장기적으로 노동시장의 문제해결에 큰 효과가 없다는 것이다("futility thesis"). 예를 들면, 노동조합이 노동조합원들에 대한 임금을 과도하게 인상하면 장기적으로는 사용자의 전략적인 선택에 의하여 노조부문의 고용이 줄어들고 임금이 저렴한 무노조부문의 고용이 늘어나는 결과가 발생하여 대부분의 노동자들은 노동조합의 존재에도 불구하고 무노조상태로 남게 된다는 것이다.

　　셋째, 시장에의 개입은 노동시장의 작용과 반작용을 통하여 보호하려고 의도한 집단에게 오히려 해를 끼치는 효과를 가져온다는 것이다("perversity thesis"). 예를 들면, 정부가 최저임금을 크게 인상하면 최저임금의 적용을 받는 부문의 사용자가 인건비를 절감하기 위하여 효율을 높이거나 자동화를 통하여 직원을 해고하고 결국에는 고용이 줄어들어 최저임금도 받지 못하는 실업자로 전락하는 경우가 많다는 것이다.

　　마지막으로, 시장에의 개입은 시장을 균형(equilibrium)상태에서 벗어나게 하여 사회전체의 경쟁력을 떨어뜨려서 사회전체에 부정적인 영향을 미치게 된다고 한다("jeopardy thesis"). 예를 들면, 노동조합은 노동비용을 비합리적인 수준으로 높여서 수출상품의 가격경쟁력을 떨어뜨려 국가의 경쟁력에 부정적인 영향을 끼치게 된다는 것이다. Hirshman(1991)의 주장은 신자유주의자들이 정부나 노동조합의 노동시장 개입을 반대하는 주요한 논거로 인용되고 있다.

04 다원주의 이론[8]

다원주의(pluralism)는 지난 100여 년간 서구 선진국, 특히 영미권국가들의 노사관계 패러다임의 근간을 이루어 왔다. 이 이론들은 노사가 교섭력의 균형(bargaining power parity)을 전제로 자본주의 체제 내에서 상호 이해집단의 공존을 통해 교섭의 활성화를 추구할 수 있는 이론적 토대를 제공하여 왔다. 다원주의학파는 고용관계를 연구하는 학자들의 주류를 구성하여 왔으므로 개별 학자들을 보다 상세히 고찰해보기로 한다. 구체적으로 본 장에서는 다원주의의 대표적인 이론가들을 Webbs, Commons, Perlman, KDHM, Oxford스쿨의 순서대로 차례로 살펴보고 다원주의에 대한 최근의 비판도 함께 논의하기로 한다.

(1) Webbs

Sidney Webb과 Beatrice Webb은 노동운동에 대한 가장 체계적이고 권위 있는 이론의 하나를 발전시켰다. Webb 부부는 단체교섭(collective bargaining), 산업민주주의(industrial democracy) 등의 단어를 처음 사용하며 노사관계론의 이론적인 기초를 세운 학자로서 유명하다. 이들의 이론은 노동운동의 기원을 노동계급의 형성에서 찾았다는 점에서 Marx와 의견을 같이하지만, Marx의 급진적·혁명적 노동운동을 비판하고 점진적인 사회민주적(Social Democratic) 체제로의 전환을 주장하였다. 노동조합은 혁명을 위한 전위대가 아니라 임금노동자가 자신의 작업조건을 유지하고, 향상시킬 목적으로 단결한 항구적 단체라고 주장하였다. 노동조합은 산업상 불가피하게 제기되는 경쟁으로부터 노동자를 보호하고 민주주의의 원칙을 작업장에 도입함은 물론 궁극적으로는 산업민주주의를 전 경제에 확대시키는 매개수단임을 강조하였다(Webb and Webb, 1897 and 1898).

---

8) 이 부분은 김동원 외(2013)의 설명을 일부 수정·보완하고 업데이트한 것임을 밝혀둔다.

Webb부부는 영국 노동운동사와 노동조합에 대한 세밀한 조사와 연구를 통해 노동운동은 몇 가지의 단계를 거쳐 발전한다고 주장하였다. Webb부부에 따르면 각 발전단계에 따라 노동조합은 달성하고자 하는 주제(doctrine)를 설정하고 이를 구체적인 방안(device)과 실현방법(regulation)을 통해 달성하고자 하였다고 한다. 즉, Webb부부는 노동운동의 주된 방법이 18세기에는 상호보험, 19세기에는 단체교섭이었고, 20세기에는 최저근로조건의 입법화가 될 것으로 보았다.

Webb부부에 의하면 18세기의 노동자들은 직업에 대한 '법적 권리나 기득권(legal right or vested interest)'을 스스로 가지고 있다고 믿었으며, 노동자 간의 단결과 상호부조를 통하여 자신들의 권리를 보호하고자 하였다. 구체적으로, 노동조합은 조합원들의 상호부조와 재난으로부터의 보호를 위하여 상호보험(mutual insurance)과 같은 실현방안을 강구하였으며, 특정 직업에 종사할 수 있는 노동력의 수를 제한함으로써 조합원의 근로조건 및 임금수준을 유지·향상시켰다는 것이다.

이들에 의하면 19세기는 수요와 공급의 원리에 입각한 자본주의가 발전함에 따라 노동력의 가격이나 고용조건 등은 거래 당사자 간의 수요·공급에 의해 결정되었고, 노동운동 역시 이를 인정하지 않을 수 없었다고 한다. 그러나 노동력의 매입자 또는 매각자에 대한 불공정한 경쟁을 방지하기 위해서 노동조합은 특정 직업이나 산업의 고용조건이나 표준임금률의 설정과 같은 공통규칙(common rule)을 제정하고자 하였다고 주장하였다. 그 구체적인 실현방법은 결국 단체교섭이었으며 노동자들에게 산업민주주의의 길을 터주는 데 유익한 역할을 하였다고 주장한다.

Webb부부는 20세기에 들어서면서 개인에 대한 사회의 책임이라는 개념이 등장하였다고 주장한다. Webb부부는 모든 국민이 의식주 그리고 의료와 교육을 포함한 생존의 최저기준 또는 국민 최저기준(national minimum)에 대한 기본권리를 가진다고 주장하였다. 이러한 주제는 생활임금의 원칙(doctrine of living wage)을 낳았으며, 노동운동과 사회개혁에 관심을 가진 여러 집단으로 하여금 이 원칙의 입법화(legal enactment)로 눈을 돌리게 하였다는 것이다(Webb and Webb, 1897).

Webb부부는 노동운동의 주된 방법이 18세기에는 상호보험, 19세기에는 단체교섭이었고, 20세기에는 최저근로조건의 입법화가 될 것으로 예측하였으나 실제로는 이러한 시간순서로 진행되지 않았으며, 20세기에 들어와서도 대부분의 국가에서 여전히 단체교섭이 가장 중요한 노동운동의 역할인 점은 Webb부부의 학설의 한계점이다.

(2) John R. Commons와 Wisconsin School

노동조합은 단체교섭을 통하여 주로 경제적 이슈(bread and butter issues)를 해결하기 때문에 단체협약의 체결이 노동조합의 궁극적 목적이라고 주장하는 학자들이 있다. 이와 같은 이유로 이 학파는 '순수하고 단순한 노동조합주의(pure and simple trade unionism)'라고도 불리며, 미국의 John R. Commons, Selig Perlman이 대표적인 학자들이다. John R. Commons와 Selig Perlman은 노사관계에 있어서 시장보다는 노동조합이나 정부 등 제도의 기능을 강조하였으므로 제도학파(institutionalists)로 불린다.

이들은 노동조합이 노사갈등을 효과적으로 해소할 수 있는 장을 제공하며, 노동자계급을 자본주의 사회에 통합하여 자본주의를 더욱 공고하게 한다고 주장한다. 즉, 노동조합은 자본주의 사회의 이해집단 중의 하나이며 노조의 협상력을 통하여 노조원의 권익향상에 치중하는 것이 주요 역할이라는 것이다. 따라서 노조는 정치적인 수단보다는 경제적인 수단에 치중하게 된다고 본다. 이들은 노사 간의 갈등은 근원적으로 반드시 발생하지만, 협상과 파업 등을 통하여 간헐적으로 갈등이 해소 가능하다고(resolvable) 주장하며, 자본주의 사회에서 서로 대립되어 존재하는 주요 기관(counterveiling power)으로서 노사양측의 존재가치를 인정한다.

미국 '위스콘신 노동사학(Wisconsin school of labor history)'과 제도학파 경제학의 기초를 세운 John R. Commons는 노사관계에서 미국예외주의(american exceptionalism)를 주장하였다. 즉, 유럽과는 달리 미국에서 계급의식이 약한 이유로 미국의 광활하고 거의 무상으로 분배되던 대지(free land), 대중화된 참정권(universal manhood suffrage), 중세적 억압의 부재(absence of feudal obligation) 및 민주적 정치체제(democratic political system) 등과 같은 미국의 독특한 역사적, 환경적 특성을 제시하였다. 이는 유럽의 노동운동이 계급의식에 기초하여 발달한 반면에 미국의 노동운동은 직업의식에서 발달하였다는 주장을 뒷받침하는 기반인 것이다.

Commons는 노동운동의 출발점이 노동계급의 출현과 그들의 독특한 관심사로부터 발생한다고 주장한다. 그러나 노동자의 연대는 계급의식의 자각에서 비롯되는 것이 아니라 일반적 직업의식(job consciousness)에서 출발된다고 한다. 미국과 같이 다원주의 사회에서 노동자들의 계급의식은 유럽의 노동자들에 비하여 희박하기 때문에 계급투쟁의 수단으로 노조가 활용되는 것이 아니라 노동자의 직업안정을 도모하고 또한 시장의 확대에 따른 생산자의 노동비 절감방안에 대응하기 위하여 직업의식에 근거하여 노동조합이 생성된다는 것이다.

Commons는 노동조합은 노동자의 근로조건을 향상시키는 도구이며 노동조합의 성장과 진화를 유도하는 힘은 노사 간의 계급투쟁이 아닌 시장의 확장(market expansion)으로 보았다. 즉, 자본주의의 발전은 시장의 확대를 초래하며, 이에 의한 경쟁의 격화가 노동조건의 악화를 불러오며, 이러한 상황에서 노동자보호를 위하여 노동조합이 결성된다는 것이다. 극단적으로 이야기하면 노동자의 적은 자본가가 아닌 시장의 폐해라고 주장하는 것이다.

구체적으로 Commons는 미국 제화공들을 대상으로 한 연구에서 고용관계의 발전과정에 영향을 주는 것이 바로 시장확대의 현상이라고 주장한다(Commons, 1909). 그에 의하면, 시장이 확대됨에 따라 자본기능, 도매기능, 소매기능, 제조기능 및 노동기능 등이 각각의 산업계급으로 세분화되고, 확대된 제품시장 내에서 시장의 경쟁위협은 산업계급들에게 보다 나은 경제적 지위를 확보하기 위한 보호조직으로 노동조합을 결성하도록 한다는 것이다. 예를 들어, 제조업자는 시장에서 생존하기 위해 노동비를 절감하려고 작업조건과 임금수준을 저하시키는 반면에 노동자는 작업조건과 임금수준을 보호·향상시키기 위해 노동조합을 결성하게 된다는 것이다. Commons에 의하면 이처럼 시장구조가 변화함에 따라 노동운동도 변화하게 되므로 노동자 또는 노동조합의 진정한 敵은 사용자가 아니라 시장이며 시장의 경쟁위협이라고 한다. 따라서 노동투쟁은 계급투쟁에 집중하지 말고 기술의 보호, 임금의 유지 및 노동시장의 질서를 깨뜨리는 저임금 미숙련공의 취업을 금지하는 것에 집중되어야 한다고 주장하였다.

Commons의 이론은 자본주의체제 내에서 노동조합의 존립근거를 이론적으로 밝히고 미국노동조합총연맹(American Federation of Labor, AFL)로 대변되는 온건한 경제적 조합주의의 이론적인 근거를 제공한 점에서 주요한 가치가 있다. Commons의 경제적, 실용주의적 이론에 대한 비판으로는, Commons의 주장이 자본주의 사회 내에서 '가진 자'와 '가지지 못한 자' 간의 구조적 권력차이를 설명하지 못하는 점을 들 수 있다.

(3) Dunlop의 시스템이론

Dunlop은 노사관계 시스템이론을 도입하여 다원주의의 토대가 되는 게임의 룰의 중요성을 강조하였다. 당시의 다원주의는 노사협상에서 이익집단들의 양보를 전제로 성립하는 것인데 그 배경에는 먼저, 경제성장으로 인해 각 집단이 양보할 수 있는 여유가 생겼기 때문이고, 둘째, 정부나 이익집단 스스로가 합리적인 범위 내에서 게임의 룰을 발전시켜 왔기에 가능하였다고 보았다. Dunlop(1958)은 "노사관계는 경영자, 노동자 및 정부기관들 사이의 상호관계의 복합체"라고 설명하면서 시스템의 개념을 노사관계에 적용하였다. 노사관계 시스템이라는 개념에는 시스템 내의 통일성, 상호의존성 및 내적 균형 등이 존재함을 뜻하며, 이는 상당한 수준의 지속성을 가지는 것으로 파악하고 있다. Dunlop의 노사관계 시스템에서는 종속변수가 노사관계의 규칙(a web of rules)이며, 독립변수로는 노사정 삼자 간의 상호작용(interactions among actors), 환경적인 요소인 기술(technology), 시장(market), 노사 간의 세력분포(power distribution), 그리고 사회의 이데올로기(ideology)가 있다. 즉, 수식으로 나타내면 다음과 같다.

$$R(Rule) = f(A, T, M, P, I)$$

Dunlop은 산업사회를 가능하게 하는 기술발전의 역할을 특히 중요하게 생각하였고, 자본주의의 핵심인 시장의 역할과 노사 간 힘의 배분이 규칙의 형성에 큰 영향을 미친다고 보았다. 또한, 이데올로기는 당사자들 간에 공유된 양해(shared understanding)와 신념의 체계로서 노사관계 시스템의 안정성을 유지하기 위하여 공유된 이데올로기의 중요성을 강조하였다.

Dunlop의 시스템이론은 후대에 와서 Kochan, Katz, McKersie(1986)가 더욱 발전시키게 된다. 이들의 이론적인 틀은 기존의 노사관계 시스템이론에 경영자의 전략적 선택을 통합시킨 특징을 갖고 있다. 이들은 Dunlop의 이론이 환경에 지나치게 많은 중요성을 부여한 환경결정론(environmental determinism)이라고 비판하며 노사정 간의 상호작용은 단순히 환경에 반응한 것이 아니고 노와 사의 전략적 선택의 결과라고 주장하였다.

(4) 영국의 옥스퍼드학파

영국의 대표적인 다원주의에 관한 논의는 옥스퍼드학파인 Fox(1966)와 Flanders(1966), Fox and Flanders(1969), Clegg(1975)에서 찾아볼 수 있다. 이들은 영국 옥스퍼드학파를 형성하며 다원주의 관점의 기초를 이루게 된다. Fox(1966) 등의 초기연구에서는 다원주의에 입각하여 단체교섭이 노사관계에서 갈등을 해결하는 근본적인 방법이라고 주장하였다. 그는 일원주의적인 관점은 현실적인 이데올로기가 아니라고 주장하며 다원주의적 관점을 받아들인 것이다.[9] 이들은 자본주의 사회에서 기업 역시 다양한 이해관계가 존재하는 다원주의 사회이며(Flanders, 1966; Fox, 1966), 노사관계는 사용자가 주로 추구하는 효율성(efficiency)과 노조와 노동자들이 주로 추구하는 형평성(equity)의 균형을 추구하는 것을 목적으로 하여야 한다고 주장하였다(Fox, 1974). 노사관계 연구는 단체교섭과 직무규제의 제도에 관한 연구이고(Flanders, 1966), 단체교섭은 쌍방적 성격의 규범 창조의 과정이며, 이를 통해 노사관계의 질서가 유지된다고 설명하고 있다(Fox and Flanders, 1969). 따라서, 다원주의는 노사관계가 노동자들이 집단적으로 사용자와 단체교섭을 할 때, 노사 간 교섭력은 균형을 이루게 된다는 것이다.

---

9) Fox(1975)는 이후에 자신의 견해를 수정하여 다원주의에 대한 비판을 하게 되는데, 현실에서는 노사 간 힘의 균형을 이루기 어렵기 때문에 다원주의의 근본적인 가정인 힘의 균형이 불가능하다면 다원주의는 거부되어야 한다고 주장하며 급진적인 견해로 기울게 된다.

Clegg(1975)는 힘의 균형에 대한 다원주의에 대한 비판을 방어하면서 다원주의에 대한 논의를 본격적으로 서술하고 있다. 그는 파벌주의(sectionalism)가 강한 사회에서는 갈등이나 다툼이 계속되지만, 다원주의 사회에서는 양보와 타협이 지속되는 메커니즘이 존재하며, 다원주의는 안정적(stable)이지만 고정적(static)이지는 않다고 주장하였다. 그에 따르면, 다원주의 사회에서는 지주·농부·금융인·사업가·노동자·교회·군대·기타 이익단체들 중에서 최종적 권위를 갖는 집단이 확정되어 있지 않으며 힘의 균형과는 무관하게 이들 간의 대화와 타협으로 사회는 존속된다고 본다.

(5) 갈등의 제도화론

다원주의 이론의 또 하나의 축은 갈등의 제도화론이다. 갈등의 제도화론은 Dahrendorf(1959)에서 출발한다. 그는 산업 갈등이 폭력성을 줄이는 이유는 갈등의 존재가 수용되고 그 표현이 사회적으로 조절되기 때문이라고 주장하였다. 이러한 시각을 노사관계에 반영한 학자인 Kerr(1954)는 단체교섭을 통해 노사갈등이 간헐적으로 해소될 수 있다고 주장하였고, Lipset(1959)은 이익집단의 갈등이 합법화될 때 사회 통합과 안정성에 기여한다고 주장한다. 이러한 논의는 극단적으로 발전하여 Ross and Hartman(1960)에 와서는 파업의 소멸론(withering away of strike)을 주장하기에 이른다. 즉, Ross and Hartman(1960)은 15개 국가의 파업을 비교 분석한 결과, 산업사회에서 갈등은 제도화로 인하여 순화되고 점차 소멸될 것으로 예측하였다.[10]

(6) 최근의 다원주의 연구경향

사회와 경제의 양극화가 심화되면서 노사 간 힘의 균형을 강조하고 다원주의 중요성을 다시 한번 확인하는 연구경향도 있다. 전통적으로 다원주의는 두 개의 상반되면서도 보완적인 효율성(efficiency)과 형평성(equity)의 균형을 추구

10) Ross and Hartman(1960)의 가설은 후대에 와서도 제도화로 인한 파업의 소멸의 증거가 나타나지 않음으로 인하여 제도화의 효과를 과장하여 오판한 대표적인 연구로 비판받고 있다.

하는 것으로 이해되어 왔는데(Barbash, 1984; Fox, 1974), Budd(2003, 2004)는 형평성의 개념 중 의견개진(voice) 부분을 따로 떼어 내어 다원주의는 효율성, 형평성, 그리고 의견개진의 세 요소로 이루어진다고 주장하였다. Budd에 의하면 의견개진(voice)은 절차적인 공정성을 의미하고 협의로서의 형평성(efficiency)은 결과의 공정성을 의미하므로 서로 분리되어야 한다는 것이다.

(7) 다원주의에 대한 비판

서구사회를 비롯하여 대다수의 노사관계 학자들은 노사자율주의와 다원주의를 노사관계의 지향점으로 삼으면서 아무런 의문 없이 받아들여 왔다. 하지만 그동안 다원주의 이론에 대한 다양한 비판들이 제기되어 왔다.

먼저, 다원주의의 기본적인 가정 중의 하나는 힘(power)이 산업사회와 산업조직에 동등하게 분배되어 균형을 이룬다는 것이다. 하지만, Hyman(1989)은 마르크시즘적인 시각에서 보아 자본주의 사회에서 대부분의 생산 시스템이 사적으로 소유되기 때문에 근본적으로 노사 간의 힘의 균형이 이루어질 수 없다고 주장한다. 더욱이, 1980년대 이후 경쟁 격화, 비정규직 증가 등 급격한 경제·사회적 환경 변화로 인한 노조의 쇠퇴와 사용자의 영향력 강화 현상은 대다수의 선진국에서 보편적으로 발견되어 왔다. 따라서, 단체교섭은 대기업의 소수 노동자에게만 적용되고 기업의 대부분을 차지하는 무노조기업은 일원론에 기반한 인적자원관리를 활용하고 있다(김동원 외, 2013). 따라서 노사 간 힘의 균형은 더 이상 주장하기 어려운 가정이 되었다.

둘째, 다원주의가 제시하는 노사갈등의 제도화론에 대한 비판도 있다. Hyman(1989)은 단체교섭 제도화로는 노사갈등을 근본적으로 해소할 수 없다고 주장하는데, 그 이유는 단체교섭이 임금 및 근로조건 개선 등에 국한된 주제만 다루고 자본주의 사회의 총체적인 모순을 다루지 못하기 때문이라고 한다. 실증적으로도 갈등이 제도화된다고 해서 공식적 파업이 줄어들지도 않을뿐더러 표출되지 않는 갈등인 태업, 결근, 이직 등 침묵의 파업(silent strikes)은 오히려 증가하고 있다는 것이다(Gall and Hebdon, 2008).

마지막으로, 2000년대 들어 다원주의는 현대 조직을 설명하는 데 필요한 가치(value)와 정체성(identity) 등 다양한 개념을 포괄하지 못한다는 비판을 받고 있다. 다원주의는 가치보다 협소한 개념인 이해관계에 기반한 조직만 관심대상으로 삼기 때문이다. 또한, 현대 사회에서는 이해관계에 기반한 노사단체와 더불어 인종, 문화, 성 정체성에 기반한 집단이 중요해지고 있는데(Piore and Safford, 2006), 이 또한 전통적인 다원주의 이론에서 감안하지 않은 현상이다. 이에 따라서 노사갈등에 중점을 둔 구다원주의(old-pluralism)의 한계를 지적하며 다양한 정체성집단을 포괄하는 신다원주의(neo-pluralism)로의 전환이 필요하다는 주장도 있다(Ackers, 2002). 결론적으로, 급격한 노사관계 환경 변화로 인해 전통적인 다원주의 이론의 타당성이 흔들리는 상황이어서 현대 고용관계의 환경에 맞도록 다원주의 이론을 새로이 정립할 필요성이 높아졌다고 할 수 있다(김동원 외, 2013).

05 고용관계의 주요 이론에 대한 종합적 고찰

위의 네 가지 이론을 종합적으로 살펴보면 다음과 같은 결론을 얻을 수 있다. 첫째, 위의 이론들은 노조에 극히 부정적인 이론으로부터 극히 긍정적인 이론에까지 광범위한 스펙트럼을 보여주고 있다. 이렇듯 노동운동에 대한 시각이 극단적으로 엇갈리는 것은 그만큼 노동운동의 성격이 시대와 사회상에 따라서 큰 차이를 보이고 있으며, 이론가의 입장에 따라서도 큰 격차를 보이고 있음을 의미한다.

둘째, 어느 한 이론이 노사관계의 현상들을 모두 설명할 수는 없지만, 각각의 이론들이 노사관계의 현상을 일부나마 설명을 하고 있다는 점이다. 예를 들면, 마르크시즘은 러시아의 노동자혁명을 설명하는 도구가 될 수 있고, 경제적 조합주의는 미국의 실리적인 노동운동의 이념적인 토대를 보여준다. 이러한 점은 고용관계가 아주 복잡하고 다원적이어서 어느 한 이론에 절대적으로 의존할 수는 없다는 점을 의미한다. 이러한 점들은 현대의 고용관계론이 다양한 사상을 아우르는 종합학문적인 성격을 띨 수밖에 없는 이유이기도 하다.

셋째, 모든 분야가 그렇듯이 고용관계이론도 시대의 변천에 따라 과거의 이론의 타당성이 서서히 줄고(예를 들면, 마르크시즘, 생디칼리즘, 다원주의 이론), 새로운 환경에 맞는 새로운 이론이 등장하는(예를 들면, 페미니즘) 추세를 보이고 있다. 새로운 시대에는 항상 새로운 일(work)의 양식이 등장하고 새로운 고용문제를 잉태하게 되면서 고용관계이론도 변화하는 일의 세계(world of work)를 반영하게 되는 것이다. 특히, 4차산업혁명 등 급격한 기술의 진보가 일과 고용에 큰 변혁을 가져올 것으로 예상됨에 따라 기술과 사람의 문제를 아우르는 새로운 이론들이 미래에 등장할 것으로 보인다.

Recommended Readings and Annotated Bibliography

Blyton, P., Bacon, N., Fiorito, J., and Heery, E.(Eds.) 2008. The SAGE Handbook of Industrial Relations. London: SAGE Publications.

고용관계의 이론과 실증연구들을 4개의 큰 파트로 나누고 30여개 분야별 전문가로 하여금 세부 분야의 문헌들을 요약하고 종합하게 하여 한권에 담은 책이다. 2000년대 초반까지 주로 영어권에서 쓰여진 연구를 집대성한 책으로서 그 시점까지의 고용관계 연구의 패턴을 파악하기에 적합하다.

Hyman, R. 1989. Strikes. London: Macmillan.

자본주의 사회에서의 파업을 마르크시즘의 정치경제학적인 입장에서 분석한 책이다. 다원주의자들이 제도화의 영향을 과대평가하고 갈등의 역할을 과소평가하였음을 실증적인 데이터를 동원하여 주장한 저술이다.

Kochan, T. A., Katz, H., and McKersie, R. 1986. The Transformation of American Industrial Relations. New York: Basic Books.

1930년대 이래 노동조합과 단체협상이 주류를 이루던 미국의 고용관계가 1970년대부터 경영자의 전략적인 선택에 의하여 노조와 단체협상이 약화되고 비노조로 변화해 온 점을 다수의 사례를 통하여 주장하였다. 미국의 고용관계가 다원주의에서 일원주의로 변하는 과정을 보여주었다.

Larson, S. and Nissen, B.(Eds.) 1987. Theories of the Labor Movement. Detroit, MI: Wayne State University Press.

고용관계의 고전문헌들을 이론적인 흐름에 따라 7가지의 그룹으로 구분하여 정리한 서술이다. Marx, Webbs, Commons, Dunlop, Kerr, Freeman and Medoff 등 고용관계의 대표적인 사상가들의 원문의 중요 부분을 발췌하여 싣고, 간단한 해설을 덧붙여서 이해를 돕고 있다.

Muller−Jentsch, W. 2004. "Theoretical Approaches to Industrial Relations," In B. E. Kaufman, (Eds.) <u>Theoretical Perspectives on Work and the Employment Relationship</u>. Champaign, IL: Industrial Relations Research Association.

고용관계 연구에 사용되는 이론들을 조망하고 구체적으로는 5가지의 큰 분류로 나누어(예를 들면, 마르크시즘, 시스템이론, 제도이론 등) 각각의 이론들을 저자별로 설명한 논문이다.

Piore, M. J. and Safford, S. 2006. "Changing Regimes of Workplace Governance, Shifting Axes of Social Mobilization, and the Challenge to Industrial Relations Theory," <u>Industrial Relations</u>. 45(3): 299−325.

과거에는 고용관계를 노동과 자본(혹은 제도와 시장)이 서로 경쟁한 결과물로 보아왔으나 이 논문에서는 노동과 자본의 상호작용보다는 인권운동과 정체성 그룹의 등장으로 인하여 노사관계의 Actors가 훨씬 다양해지고 있으며 그 결과로 노동조합과 단체협상이 위축되고 있다는 새로운 관점을 제시하였다.

3장

고용관계의 주체:
노동조합과
노동이해대변의
새로운 행위자

노동자들을 대변하고 보호하는 조직으로서의 노동자조직 중 대표적인 것은 노동조합(trade union, labor union)이다. 근대사회에서 시장경제와 자본주의가 도입되면서 개별 노동자의 협상력이 사용자에 비하여 현저히 떨어지므로 노동자들이 단결하여 이익을 추구하기 위하여 노동조합이 시작되었다. 역사상 다양한 형태의 노동조직이 있었을 것으로 추정되지만 근대적인 형태의 노동조합은 산업혁명이 처음 일어난 17세기경 영국에서 우애조직이나 공제조직의 형태로 처음 조직되었다. 노동조합은 노동자가 집단적으로 단결하여 요구조건을 달성하고자 자주적으로 조직한 항구적인 단체이다.

 # 노동조합의 분류

노동조합은 국가의 역사, 법률, 경제, 사회적 특징에 따라 다양한 형태로 발전해왔다. 노동조합은 이데올로기, 조직형태, 활동과 기능에 따라 구분이 가능하다. 이하에서는 노동조합의 다양한 분류에 대하여 설명하고자 한다.

(1) 이데올로기에 따른 분류

노동조합은 이러한 공통적인 특징을 가지고 있지만, 역사상 다양한 이데올로기에 따라 노동조합의 역할과 기능은 차이를 보여왔다. 각 국가가 처한 역사적 상황과 지배적인 사상에 따라 노동조합의 이데올로기는 차이를 보이게 된다. 노동조합의 이데올로기는 대체로 혁명적 노동조합주의, 사회주의적 노동조합주의, 경제적 노동조합주의의 세 가지로 구분이 가능하다(김동원 외, 2019).

혁명적 노동조합주의(revolutionary unionism)는 노동조합운동이 정부와 자본주의체제를 전복시키고 공산주의나 무정부주의 등 새로운 사회를 건설하는 것을 목표로 한다고 주장한다. 부의 재분배, 체제변화 등 극단적인 구호와 정치적인 주장을 내세우고 자본주의 체제 내에서 피고용자들의 지위와 대우가 향상되는 것을 거부하는 특징을 지닌다.

사회주의적 노동조합주의(social unionism)는 정치체제로는 자본주의보다는 사회민주주의를 선호하며 선거 등의 정치적 수단을 통하여 사회체제의 점진적 변혁을 기도한다. 노동조합은 단체협상과 같은 경제적 수단과 의회를 통한 로비와 입법과 같은 정치적인 수단을 병행한다. 노동조합원뿐만 아니라 노동계층 전부를 위한 노동운동으로서 무덤에서 요람까지를 정부가 책임지는 사회전체의 복지체제 구축과 인간다운 삶과 양질의 일자리 창출을 목표로 한다.

경제적 노동조합주의(business unionism)는 자본주의 체제를 인정하고 시장경제체제하에서 노동조합원의 임금이나 노동조건의 개선을 가장 직접적이며 중요한 목표로 삼는다. 입법을 통한 정치적인 수단보다는 단체협상 등의 순수한 경제적인 수단을 중시한다. 노동계층전부를 위하기보다는 노동조합원들만의 경제적인 지위향상에 전력을 기울이는 특징이 있다.

(2) 조직형태에 따른 분류

노동조합은 조합원의 범주와 특징에 따라 직업별 노동조합(craft union), 산업별 노동조합(industrial union), 일반노동조합(general union) 등으로 나누어 볼 수 있다(김동원 외, 2019). 먼저, 직업별 조합(craft union)은 동일한 직능을 갖는 숙련노동자들이 자신들의 경제적 이익을 확보하기 위하여 만든 조직체로서 가장 일찍 발달한 노동조합형태이다. 이것은 직능별 또는 직종별 조합이라고도 불린다. 일반조합(general union 또는 omnibus union)은 숙련이나 직능, 산업과는 관계없이 모든 피고용인들이 가입자격을 가지고 있으며, 지역이나 전국에 걸쳐 조직하는 단일노동조합을 말한다. 산업별 조합(industrial union)은 직종과 계층에 관계없이 동일산업에 종사하는 모든 노동자가 하나의 노동조합을 구성하는 조직형태이다. 기업별 조합(enterprise union)은 동일한 기업에 종사하는 피고용인으로서 조직되는 노동조합을 의미한다.

(3) 활동과 기능에 따른 분류

노동조합의 주된 활동과 기능에 따라 나타나는 유형은 다음과 같이 5가지로 구분이 가능하다. 이 분류는 특히, 국가별로 다양한 역사적, 지역적인 특성, 경제발전단계, 경제체제에 따라 노동조합의 성격이 달라지는 점이 주목할 만하다.

첫째, 노동조합이 경제적인 활동에 집중하여 단체교섭을 주로 수행하는 경우는 미국과 영국 등 앵글로색슨국가에서 주로 나타난다. 이는 경제적 조합주의(economic unionism)로 불린다. 노동조합은 자본주의 시장경제에 잘 밀착되어 정치적 투쟁보다는 협상을 통하여 노동조합원의 이익을 옹호하려는 행동패턴을 보인다. 특히, 미국의 경우는 이러한 경향이 강하여 'pure and simple business unionism', 혹은 'bread and butter unionism'이라고 불린다.

둘째, 노동조합이 자본주의 체제변혁에 관심을 두고 정당과 밀접한 관련이 있고 정치적인 활동에 치중하는 경우이다. 주로 프랑스, 이탈리아, 스페인 등 남유럽국가에서 관찰된다. 이들 국가의 노동조합은 종교단체(특히 카톨릭)와 연계하는 경우가 많다. 노동조합들은 조직의 유지와 운영보다는 선동과 동원에 더 큰 관심을 가져서 주요 이슈가 있을 때마다 잦은 총파업을 통해서 노동조합의 주장을 관철하는 특징을 지니고 있다. 이러한 형태의 조합주의는 정치적 조합주의(political unionism)로 불린다.

셋째, 노동조합이 사회적 대화의 한 파트너로서 국가전체의 거시경제정책의 수립에 참여하는 노사정대화에 집중하는 경우이다. 노사정대화에서는 주로 실업률, 임금인상률, 경제성장률, 연금개혁, 근로시간단축 등의 이슈를 다루게 된다. 노동조합이 자발적인 의사로 노사정대화에 참가하고 거시경제정책에 참가하는 권리를 갖는 동시에 조합원들에게 합의사항을 준수하도록 독려하는 의무를 갖는다(represent and control 역할). 이는 북유럽의 스웨덴, 독일, 오스트리아의 경우에 주로 나타나며[11] corporatist labor movement로 지칭된다.

넷째, 개발도상국의 경우, 노동조합이 정부에 종속되어 정부의 인정을 받은 노조만이 법적으로 활동이 가능하고 노조가 조합원의 이해를 대변하기보다는 정부의 정책을 지지하는 행태를 보이는 경우이다. 주로, 과거 무솔리니 시절의

---

11) 이상 세 가지 유형은 Edwards et al.(1986)의 분류를 따른 것이다.

이탈리아, 군부독재시절의 한국, 남미나 아시아 등 정부의 힘이 막강한 개발도상국의 경우에 주로 나타나는 유형이며 종속된 노동조합주의(subordinated unionism)로 불린다(Kim, 2006; Kuruvilla and Erickson, 2002).

　마지막으로, 공산권국가의 노동조합에서 보이는 특징으로 leninist unionism 혹은 stalinist unionism으로 불리는 유형이다. 노조가 당의 한 기구로서 존재하며, 국가에서 기업으로 하여금 노조를 설립하도록 강제하는 법률체계를 가지고 있다. 노동조합은 당의 우위를 인정하고 당의 지도를 받는다. 노조는 노동자의 대변기구라기보다는 정부의 지시에 충실한 생산독려자의 역할을 수행하는 것이다(Clarke, 2005). 현재로서는 중국, 베트남, 러시아 등이 대표적인 예인데 이들 국가들은 계획경제에서 시장경제로 전환하는 과정에 있지만, 고용관계에서는 아직도 공산국가의 고용관계 특징을 그대로 유지하고 있다.

02 노동조합의 성장(union growth)에 대한 이론

노동조합의 성장에 대한 수많은 연구들은 대체로 환경적인 요인과 조직적인 요인이 노동조합의 성장에 영향을 미치는 것으로 결론짓고 있다(Kochan and Katz, 1988).[12]

(1) 환경요인이론

환경적인 요인으로는 경제적인 요인과 정치사회적인 요인으로 구분된다. 먼저, 경제적인 요인에 대한 가장 이론은 미국의 John R. Commons(1911)로부터 시작되었다. Commons는 19세기 후반의 미국의 노동조합역사를 분석하여 경제적인 호황기에 노동조합은 성장하고 불황기에 쇠퇴한다고 주장하였다. 즉, 실업률이 낮고 일자리를 찾기 쉬운 호황기에는 노동자들이 보다 공격적으로 노동조합 설립, 단체교섭의 요구 등 자신의 주장을 관철하려고 노력하고 사용자는 호황기의 늘어난 이익과 지불능력 탓에 노동자의 주장에 쉽게 동의하게 되는 반면, 불황기에는 실업의 위험 때문에 노동자들은 과격한 주장을 하지 않게 되고 사용자들이 줄어든 이익 때문에 노동조합에 대해서도 강경한 태도를 취하게 된다는 것이다. 이후의 연구들도 대부분 경기순환과 노동조합의 성장은 대체로 긍정적인 관계가 있다는 것을 발견하였다. 미국의 데이터를 사용한 대표적인 연구로는 Ashenfelter and Pencavel(1969)이 있다.

하지만 미국 이외의 지역을 연구한 논문들에 의하면 경기순환이 노동조합의 성장에 별다른 영향을 미치지 못한 것을 발견한 연구들이 많다. 이러한 연구 흐름을 뒷받침하는 대표적인 연구는 Ebbinghaus and Visser(1999)이다. 결국,

---

12) 이하의 설명은 Kochan and Katz(1988)의 연구에 주로 의존하였다.

경제적인 노동조합주의를 취하는 미국의 노동운동이 다른 지역의 노동운동에 비하여 경제적인 요인에 강한 영향을 받는다고 볼 수 있다.

경제적인 변수 외에 정치사회적인 변수도 중요하다는 점이 정치학과 사회학 분야의 후속 연구들에 의하여 밝혀지게 된다. 이 이론에 의하면 큰 사회변동이 있는 시기에 노조에 우호적인 정치사회적인 분위기가 작용하여 노동조합의 성장이 이루어진다는 것이다. 예를 들면, 미국의 경우 경제적인 요인과는 상관없이 노동조합이 크게 성장한 몇 번의 시기가 있었다. 즉, 대공황이 끝나고 뉴딜정책이 시작되는 1930년대 말과 1940년대 초에 노동조합이 크게 성장하였고, 교사, 공무원 등 공공부문의 경우에는 인권운동이 활발하던 1960년대부터 대폭 성장하였다. 이외에도, 노조에 우호적인 법률이나 정책이 시행되는 시기도 노조의 성장에 긍정적인 영향을 미치는 것으로 나타난다(Kochan and Katz, 1988).

한국의 경우에도 노조가 크게 성장한 시기는 대체로 노조에 우호적인 정치사회적인 환경이 조성된 경우였다. 예를 들면, 1987년 노동자대투쟁 이후 정치민주화와 더불어 산업민주화가 이루어지면서 1987~1989년 기간 동안 노조가 큰 폭으로 성장하였다. 또한, 노동친화적인 정부를 표방하는 문재인정부하에서도 2016년 말 10.3%에 불과하던 노동조합 조직률이 2018년 말에는 11.8%로 증가하였다. 결국, 노동조합의 성장에 있어서 경제적인 요인들은 경기상황에 따라 장기적으로 점진적인 성장을 가져오는 반면, 정치적인 요인들은 정치사회적인 분위기와 정책의 영향으로 단기적인 시기에 급격한 성장을 가져온다는 것이다.

(2) 내부 조직적인 요인

노조 내부의 조직적인 요인도 노조의 성장에 영향을 미치게 된다. 노동조합이 자원을 배분할 때 기존의 노동조합원을 위하여 단체협상 등에 자원을 투입할지 아니면 새로운 조합원 모집을 위하여 모집활동에 자원을 투입할지에 대한 결정이 노조의 성장에 영향을 미치게 된다. 예를 들어, 다수의 조합원으로부터 강력한 지지를 받는 노조의 지도자들은 굳이 새로운 노조원을 모집하여 현상의 변화를 꾀할 필요가 없고 이러한 결정은 노조의 성장을 저해한다는 것이다. Voos(1983)는 실증연구를 통하여 1970년대 당시 미국의 노동조합 조직률이 정체하거나 하락한 것은 노동조합 내부에서 새로운 조합원의 모집에 충분한 자원을 투입하지 않았기 때문임을 밝혀내었다. 최근 연구들에 의하면 노동조합의 쇠퇴의 여러 원인들이 노동조합의 자원투입과 밀접한 관련이 있음을 보여준다 (Bryson et al., 2011).

　　2010년 이후 한국의 비정규직 노동자들이 열악한 근로조건에 시달리지만, 이들에 대한 노동조합의 보호가 부족하다는 사회적인 여론에도 불구하고 비정규직 노동자의 노조화가 지지부진한 것은 정규직 중심으로 조직된 기존의 노조가 비정규직을 조직할 필요를 절실히 느끼지 못하여 대규모 자원투자가 이루어지지 않기 때문이라고 분석할 수 있다.

03 개별 노동자들의 노조가입에 대한 이론[13]

노조가 처음 설립될 때는 개별 노동자의 집단적인 의사가 발현되어 노조결성 혹은 가입의 단계에 이르게 된다. 즉, 유노조기업은 대체로 무노조기업의 직원들이 노조를 결성하거나 노조에 가입함으로써 발생하게 되는 것이다. 그러면 무엇이 무노조기업의 직원들로 하여금 노조에 가입하거나 노조를 결성하게 하는 것일까? 기존의 연구들은 개별 노동자들의 노조화 움직임에 대한 다음과 같은 이론을 제시하고 있다. 즉, 노조화는 ① 직무불만족과 ② 노조의 수단성, 그리고 ③ 노조에 대한 믿음의 함수라는 것이다(Kochan and Katz, 1988; Godard, 2008). 이를 수식의 형태로 정리하면 다음과 같다.

노조화 = f(직무불만족, 노조의 수단성, 노조에 대한 일반적인 믿음)

직원이 기업에 느끼는 직무불만족 정도가 높을수록 노조화 가능성은 커지게 된다. 예를 들어, 고용안정, 임금, 승진, 상급자, 근로조건에 대한 불만이 많은 경우 직원들은 이직(exit option)과 노조결성(voice option)의 두 가지 선택에 직면하게 될 것이다. 불만이 많은 직원들이 이직보다는 노조결성을 택하게 되는 원인은 직원들이 노조를 통하여 자신들의 직무불만족을 해소할 수 있을 것이라고 믿는 노조의 수단성(union instrumentality) 때문이다. 즉, 직원들의 직무불만족이 높고 노동조합이 이를 해소할 수 있다고 믿을 때 노조화의 가능성이 높아지게 된다는 것이다. 반면, 불만이 많은 직원들이 노조결성보다는 이직을 택하게 되는 것은 직원들이 노조의 수단성을 약하게 느끼기 때문일 것이다. 마지막으로, 노조에 대한 일반적인 믿음은 노조에 대한 긍정적인 태도와 밀접한 관련이

---

13) 이 부분은 김동원 외(2019)의 설명을 수정·보완하고 업데이트한 것임을 밝혀둔다.

있다. 대체로 노조에 대한 부정적인 여론이 강한 사회에서 노조에 대한 개인적인 태도가 우호적이어야 노조에 가입하거나 결성할 가능성이 더 커질 것이다.

⬡ 04 노동조합의 생애주기

일반적인 조직들과 같이 노동조합도 생애주기를 가진다. 구체적으로 노동조합의 생애주기는 발아단계(organic phase), 성숙단계(mature phase), 재활성화단계(renewal phase)로 나누어 볼 수 있다(Boxall, 2008).

발아단계에서의 노동조합은 대체로 사회운동조직(social movement organization)으로 시작한다. 노동조건에 대한 불만을 바탕으로 근로현장을 기반으로 한 노동자들의 집단적인 움직임이 노동조합의 결성과 사용자에 대한 투쟁으로 시작되는 것이다. 이 시기의 노동조합의 운동논리는 현장조직에 의한 선동과 동원(agitation and mobilization)으로 표현될 수 있다. 미국의 대공황 이후 뉴딜시절의 신규 노조의 결성이나 한국의 1987년 노동자대투쟁 이후 노조가 우후죽순처럼 생겨나던 현상은 대부분 이러한 경향을 보여주었다.

발아단계를 성공적으로 거친 노동조합은 성숙단계로 접어들게 된다. 성숙단계의 노동조합은 발아단계의 선동과 동원에서 벗어나 조직을 안정되게 유지할 수 있는 항구적인 조직과 경영체계를 갖추는 것이 중요해진다. 선동(agitation)에서 관리(management)로 조직논리가 바뀌는 것이다. 이 시기에는 노조가 조직의 안정성과 효율성을 중시하는 관료주의적인 조직으로 바뀌게 되면서 노조원의 민의와 요구를 노조의 운영에 반영하는 노조민주주의(union democracy)가 중요한 화두로 등장하게 된다.

이 시기의 노동조합은 노조민주화의 정도에 따라 다양한 유형으로 분화될 수 있는데 ① 조합원은 노조의 운영에 소극적으로만 참여하는 반면 조합비를 지불하고 관료적인 노조 집행부로부터 단체협상, 고충처리 등의 서비스를 제공받는 서비스형 노조(servicing model)가 되기도 하고, ② 집행부가 풀뿌리 조합원들의 참여를 전면 허용하여 일선 조합원들의 목소리가 노조의 의사결정과 운영에 적극적으로 반영되는 조합원 참여형 노조(empowering model)가 되기도 한다.

다른 조직과 마찬가지로 노조들도 언젠가는 쇠퇴할 수밖에 없으므로 노조의 종국적인 해산을 막기 위한 노조의 재활성화 단계를 마지막 단계로 볼 수 있다. 특히, 대부분의 선진국(특히, 앵글로색슨국가)에서 1980년대 이후 노조가 쇠퇴하면서 노조의 재활성화가 중요한 이슈로 대두되고 있고 이 주제에 대한 수많은 연구들이 이루어지고 있다. 노조의 재활성화단계에서는 다양한 전략들을 모색하고 있다. 노조쇠퇴의 주된 원인이 변화하는 고용패턴에 노조가 적응하지 못하여 새로운 그룹의 노동자들에게 적절한 서비스를 제공하지 못한 것이므로 노조가 관료주의에서 탈피하여 변화하는 현장의 요구에 더 민감하게 대응하는 전략을 수립하여야 할 것이다.

05 노동조합의 유형과 전략

(1) 노동조합의 행동논리에 따른 유형

노동조합의 행동논리는 선동(agitation)과 관리(management)로 구분할 수 있다. 선동은 노동자들의 불만을 찾아내고 자극하여 불만세력을 동원하고 정부나 사용자를 대상으로 투쟁하여 노동운동을 활성화하는 것을 중점적으로 도모하는 행동논리이다. 반면, 관리는 노동조합의 조합원과 내부 조직을 잘 관리하고 조합비와 자산관리에 관심을 가져서 노동조합의 재정을 충실히 하는 한편, 노동조합의 내부 구성원의 복지에 관심을 가지고 노동조합이 조직으로 영속할 수 있는 기틀을 마련하는 데에 주안점을 두는 행동논리이다.

지나치게 선동에만 치중하는 노동조합은 감성적인 대중동원을 통한 총파업 등 대외적인 투쟁에는 강하지만 평상시 조직의 관리에 소홀하여 조직률이 낮고 재정이 부실한 특징을 갖게 된다. 선동의 행동논리를 보여주는 대표적인 노동조합은 프랑스의 좌익계열 노동조합연맹인 CGT(프랑스노동총동맹)이다. 관리활동에 치중하는 노동조합은 노조의 유지와 생존, 노조원이나 노조직원(union staff)의 복지에 집중하고 관료적인 조직을 갖기 쉽다. 반면, 소외된 노동자를 위한 대중조직으로서의 투쟁 활력이 덜하고 어용시비에 시달릴 수 있다. 관리의 행동논리를 보여주는 대표적인 노동조합은 일본의 노조총연맹인 Rengo를 들 수 있다.

대체로 처음 시작하는 노동조합은 선동의 행동논리로 시작하다가 노동조합이 성숙기로 접어들면 관리의 행동논리로 바뀌는 경향이 있다. 선동과 관리의 행동논리는 둘 다 장단점이 있으며 어느 한편으로 치우치는 것보다는 중용의 가치를 지켜서 선동과 관리의 행동논리를 겸비한 노조가 소외계층을 위한 투쟁과 노조원의 복지와 노조의 지속가능성을 극대화한다는 점에서 가장 이상적이다.

그림 3-1에서 보듯이 선동의 행동논리와 관리의 행동논리를 기준으로 2 by 2의 4가지 유형으로 구분이 가능하다. 즉, 강한 선동의 행동논리와 약한 관

리의 행동논리를 가진 노조는 선동형 노조이고(H-L), 약한 선동의 논리와 강한 관리의 논리를 가진 노조는 관리형 노조이고(L-H), 둘 다 약한 노조는 휴면형 노조이며(L-L), 가장 바람직한 노조는 선동논리와 관리논리가 모두 강한 노조이다(L-L).

그림 3-1. 선동과 관리의 행동논리로 구분한 노동조합의 유형

(2) 노동조합의 이해관계 대변에 따른 유형

노사관계는 협력과 대립의 논리가 동전의 양면처럼 함께 공존하는 관계이다. 이러한 이율배반적인 노사관계의 특징은 노동조합의 성격에도 함께 드러난다. 즉, 노동조합은 기본적으로 노조원의 권리를 대변하고 옹호하는 조직이지만, 지나친 투쟁으로 협상상대인 사용자의 경쟁력이 약해지고 기업이 생존이 위협을 받으면 노조원의 복지와 생계도 위태로워진다. 즉, 노동조합은 노조원의 이해관계를 주로 고려하지만, 사용자의 이해관계를 염두에 두지 않을 수 없는 조직인 것이다. 또한, 현실적으로 일부 노조는 설립과 운영에서 사용자의 영향을 지나치게 받는 경우도 있다. 이러한 어용노조[14]는 주로 노사 간의 힘의 격차가 큰 중소영세기업의 경우에 더 자주 나타난다.

노동조합이 조합원의 이해관계와 사용자의 이해관계를 반영하는 정도에 따라, 그림 3-2에서 보듯이 2 by 2의 4가지 유형으로 구분이 가능하다. 즉, 노조원의 이해관계를 주로 반영하고 사용자의 이해관계에 무관심한 노조는 대립형 노조이고(H-L), 사용자의 이해관계를 주로 반영하고 노조원의 이해관계에 상대

---

14) 영어로는 company union으로 불린다.

적으로 무관심한 노조는 어용 노조(L-H)라고 할 수 있다. 둘 다 약한 노조는 휴면형 노조이며(L-L), 노조원의 이해관계와 사용자의 이해관계를 동시에 고려하는 노조는 참여협력형 노조이다(H-H)이다. 이 네 가지 유형 중 가장 바람직하지 않은 유형은 노조의 본질적 의무를 수행하지 못하는 어용 노조와 휴면형 노조이다. 자주적이고 활성화된 노조는 장단기적인 전략과 노사관계의 성격에 따라 대립과 참여협력의 유형으로 분화될 것이다.

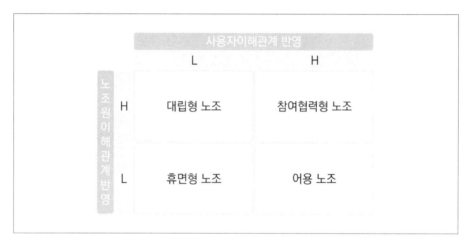

그림 3-2. 노조원과 사용자의 이해관계를 반영하는 정도로 구분한 노동조합의 유형

(3) 혁신과 구조조정에 대한 노동조합의 전략

노동조합은 사용자가 혁신이나 구조조정을 시도할 때 다양한 전략을 선택할 수 있는데, 이를 다음의 절대반대, 불개입, 소극적 개입, 적극적 개입 전략의 네 가지 유형으로 구분할 수 있다(Voos and Eaton, 1989).

첫째, 절대반대(just say no) 전략은 경영혁신이나 구조조정의 도입이 노조나 노조원들에게 부정적인 영향을 미칠 것으로 예상되는 경우, 노조 지도부에서는 이의 시행에 반대하여 경영층의 실시의지를 약화시키는 전략을 펴는 것을 의미한다. 예를 들면, 혁신이나 구조조정이 노조를 약화시키는 수단으로 채택되었다고 의심할 소지가 있거나, 실시의 결과가 노조원들의 이익을 옹호하기보다는 오히려 노동강도의 증가 등으로 노조원들의 근무환경을 악화시킬 것으로 판단될 때, 노조에서는 적극적인 반대전략을 펴게 되는 것이다.

노조가 이러한 전략을 펴게 되는 경우는 대부분 제품시장에서 회사의 경쟁력이 유지되고 있다고 보아 현상을 유지하여도 노조원들의 이익을 충분히 보호할 수 있다고 판단되는 경우이다. 노조가 절대반대를 할 경우, 혁신과 구조조정의 실시과정에서 많은 갈등이 예상되므로 사측에서도 이의 시행을 보류하게 될 가능성이 크고, 시행을 강행하더라도 긍정적인 효과를 거두지 못할 가능성이 크다.

둘째, 불개입(sit tight/wait and see) 전략은 혁신이나 구조조정이 노동조합이나 노조원들에게 바람직한 결과를 가져올지에 대한 확신이 서지 않는 경우, 대부분의 노동조합 지도부에서 이에 대하여 반대도 찬성도 하지 않는 불개입의 태도를 취하게 되는 것을 의미한다. 특히, 동종업계나 인근지역에서 이를 시도한 전례가 없어서 이 제도의 실시결과에 대한 예측이 곤란한 경우가 이에 해당된다. 노조가 불개입의 태도를 취할 경우, 혁신이나 구조조정은 사용자의 주도하에 개개 종업원의 차원에서 결정되게 된다. 이 경우, 만약 혁신이나 구조조정이 조직에 큰 영향을 미치지 않고 종료되는 경우 노조에는 별 영향이 없지만, 혁신이나 구조조정이 조직과 노조원에 큰 영향을 미치게 될 경우 노동조합은 그 위상에 타격을 입게 된다. 노조는 노조원들의 주요 이해관계가 걸린 제도의 실시에 아무런 기여를 하지 못하기 때문이다.

셋째, 소극적 개입(protective involvement) 전략은 혁신이나 구조조정의 실시에 따라 노조나 노조원들이 불이익을 당하지 않도록 노동조합 지도부에서 소극적인 개입을 하게 되는 경우를 말한다. 이 경우 노조에서는 사측과의 협상을 통하여, 혁신이나 구조조정의 실시가 이미 단체협약에 규정된 사항을 변경하지 못하도록 하거나, 작업조직과 근무환경에 영향을 미치게 될 경우 사전에 노조와 협의하도록 하는 합의를 할 수 있다. 노조가 소극적 개입을 하는 경우에는 제도 도입이 노동조합과 노조원에 미치는 부정적인 영향을 극소화하는 것이 그 목적이라고 할 수 있다. 노조의 이러한 전략은 구조조정이 성공하든 실패하든 노조의 위상을 지켜줄 수 있는 전략으로 인식되어 많은 수의 노동조합들이 실제로 채택하는 전략 중의 하나이다. 그러나 기업의 경쟁력이 한계에 달하여 구조조정의 성패가 기업과 노조원의 장래에 중요한 의미를 가질 때에 노동조합의 소극적인 전략만으로는 기업의 경쟁력 회복에 기여하지 못한다는 것이 이 전략의 약점이라고 할 수 있다.

넷째, 적극적 참여(participation) 전략은 회사의 경쟁력이 위기에 달하여 기존의 경영방식을 유지하기보다는 적극적인 혁신과 구조조정이 필요하다고 인식되는 경우, 노조에서는 이의 도입과 운영에 적극 참여하는 전략이다. 기존의 전통적·대립적 노사관계에서 협조적 노사관계로 이행하기 위해서는, 노사 양측이 위기상황으로 인식할 수 있는 외부로부터의 자극이 필요하다. 즉, 회사가 존립의 위기를 맞는 경우 노조는 다수 조합원들의 생계를 보호하는 현실적인 방안으로써 구조조정과 혁신에의 동참으로 전환하는 것을 적극적으로 고려하게 된다는 것이다. 다만, 그간의 노사관계가 적대적인 성향을 강하게 띠고 있는 경우와 노사 간에 불신의 장벽이 높을 때 현실적으로 노조가 이러한 참여적 전략을 채택하기가 어렵다.

노조가 참여적 전략을 택하여 구조조정과 혁신이 궁극적으로 성공할 경우, 노동조합은 조합원들의 이익을 적극적인 수단을 통하여 보호하는 것이며, 노조원들의 지지를 확충하는 계기가 된다. 그러나 노동조합이 협조를 선택할 경우, 일부 노조원들로부터 회사 측에 영합하였다는 어용시비가 제기될 수도 있다. 또한 구조조정이나 혁신이 실패로 돌아가거나 그 결과가 노조원들의 기대수준에 미치지 못할 경우, 노동조합지도부는 조합원들의 불신을 사게 되어 차기 선거에서 불신임을 당할 수도 있다. 미국의 경우, 일부 노조 지도부가 참여전략을 사용하다가 재선에 실패하는 사례도 발생한다. 그러나 날로 격심해지는 경쟁시대에서 조합원의 고용안정과 생계를 극적으로 보호하기 위하여 노조가 취할 수 있는 수단으로 인정된다.

06 노동조합의 경제적 효과[15]

노동조합의 활동은 기업경영뿐 아니라 노동시장과 국민경제에도 적잖은 영향을 미칠 수 있기 때문에 노동조합의 경제적 효과에 대한 분석은 오래전부터 이루어져 왔으며, 이 중 노동조합의 임금효과, 생산성효과, 직무만족효과 등은 주요한 연구주제들이었다. 노동조합의 경제적 효과를 파악하는 시각은 노동조합의 기능을 노동시장에서의 독점행위자(labor market monopoly)로 보는 입장과 기업 내에서 피고용인의 집단의사대변기구(collective voice institution)로 보는 입장으로 크게 나누어져 있다(Freeman and Medoff, 1984).

전자는 노동조합이 독점적인 노동공급 규제를 통해 임금을 경쟁시장에서의 임금 이상으로 인상함으로써 노동시장의 비정상적 작동과 그에 따른 자원배분의 왜곡을 초래한다고 주장한다. 반면 후자는 노동조합이 기업 내의 이해갈등과 피고용인의 불만을 제도적으로 표출시키고 해결책을 모색하는 집단적 발언 메커니즘으로 기능함으로써 노동생산성의 향상에 기여한다는 주장을 펴고 있다. 즉, 노동조합의 경제적인 효과는 긍정적인 측면과 부정적인 측면이 함께 있는 것으로 알려져 있다. 이하에서는 노동조합의 경제적인 효과를 임금, 생산성, 이익, 직무만족도 등으로 나누어 살펴보기로 한다.

(1) 노동조합의 임금효과

노동조합의 임금효과에 대한 이론적 설명은 노동조합을 노동공급 독점자로 보는 시각에서 많이 연구되어 온 주제이다. 이에 대해 간단히 설명하면 다음과 같다.

---

15) 이 부분은 신수식 · 김동원 · 이규용(2008)의 내용을 업데이트한 것임을 밝혀둔다. 이 부분의 서술에는 고려대학교 경영대학 김영두, 박관성연구원의 도움이 컸음을 알려둔다.

1) 노조부문의 임금인상과 실업증가효과(unemployment effect)

한 산업의 노동공급이 노동조합에 의해 독점되어 있고, 노동조합이 경쟁적 시장에서 결정된 임금보다 높은 임금을 요구할 경우, 피고용인들은 노동조합에 의해 책정된 임금 이하로 노동을 공급하려 하지 않을 것이기 때문에 다른 조건의 변화가 없는 한 임금은 경쟁임금 이상으로 올라갈 것이다. 또한, 경쟁임금 이상으로 임금이 상승하면 기업들은 인건비의 상승을 막기 위하여 고용을 감축시키려고 할 것이다. 따라서 노동조합에 의한 임금인상은 산업 전체의 실업을 증대시킬 수 있다.

2) 파급효과(spillover effect)와 비노조부문의 임금하락

노동조합의 임금인상으로 유노조 산업의 고용이 감축되어 실업상태에 놓이게 된 피고용인들은 취업을 위해 노동조합이 없는 다른 무노조산업으로 이동함으로써 그 산업의 노동공급을 증대시킨다. 상품에 대한 수요가 일정한 가운데 노동공급이 증대될 경우 이 무노조산업의 임금은 하락하게 될 것이다. 이를 노동조합의 파급효과라고 한다. 이렇게 노동조합을 노동공급 독점자로 보는 시각에서는 노동시장의 기능을 왜곡하는 역기능을 강조하고 있다. 특히 미국에서 시카고대학을 중심으로 신고전주의 노동경제학자들이 이런 시각에서의 연구를 많이 수행해 왔으며, 이런 연구의 실증적 결과물들은 노동조합을 비판하는 데에 빈번히 활용되었다.

3) 노동조합의 임금효과에 대한 실증분석 결과

노동조합의 임금효과에 대한 실증분석 결과는 연구마다 많은 차이를 보이고 있다. 그 중요한 이유는 방법론과 연구대상 차이 때문이다. 예를 들어, 시계열적(longitudinal)으로 비노조원이 노조원이 됨으로써 얻는 임금프리미엄이나, 노조원이 비노조원이 됨으로써 나타나는 임금손실을 측정하는 방식이 있는가 하면, 횡단적(cross-sectional)으로 노조원이 받는 임금의 평균값과 무노조원이 받는 임금의 평균값을 대조하여 임금효과를 추정하기도 한다.16) 이러한 측정방

---

16) 특히, 노동조합 임금효과를 집단별로 비교하여 분석한 연구에서는 국가별로 비교분석 대상에 차이가 있다. 미국은 인종, 영국은 산업별, 한국은 종사상 지위에 따른 비교분석이 주를

법과 연구대상의 차이가 임금효과에 대한 측정결과의 차이를 상당부분 설명한다.

표 3-1에서 보듯이, 임금효과에 대한 실증적 분석이 많이 이루어진 미국에서 노동조합의 임금프리미엄은 대체로 평균 15% 수준으로 알려져 있다. 최근의 연구를 보면 최저 4.5%에서 최고 35.2%의 분포를 보이며(성재민, 2010; Blanchflower and Bryson, 2004; Hirsch, 2004; Bahrami et al., 2009; Rosenfeld and Kleykamp, 2012) 다른 나라보다 높은 수준이다.

미국 이외의 국가에선 이보다 낮은 노조 임금효과를 보인다. 예를 들어, 영국의 노동조합 임금효과는 평균 10% 정도이고 최근 연구들은 최저 0.4%에서 최고 17.7%의 분포를 보인다(Bryson, 2002; Forth and Millward, 2002; Blanchflower and Bryson, 2004). 일본의 노동조합 임금효과는 이보다 더 낮아서 5~10% 정도로 알려져 있고 최근의 한 연구는 7% 정도로 보고하고 있다(Hara and Kawaguchi, 2008). 한국의 경우도 일본과 비슷하게 미국보다는 상당히 낮은 수준으로 나타난다. 최근의 실증연구들에서 한국 노동조합의 평균 임금효과를 계산해 보면 대략 1.2~22.6% 정도로 볼 수 있고(김기승·김명환, 2013; 류재우, 2005; 성재민, 2010; 홍장표 외, 2016; 황선웅, 2017), 평균적으로는 5~10% 정도로 간주된다.

미국이 다른 국가보다 노조의 임금효과가 큰 것은 미국의 강력한 직무통제 노조주의(job control unionism)와 조합원의 경제적 이익을 최우선으로 하는 경제적 조합주의(business unionism) 때문인 것으로 알려져 있다. 즉, 미국의 노조가 기업이나 사업장 단위에서 분권화된 협상을 하면서 직무에 대한 통제를 무기로 노조원의 경제적 이익 극대화를 위하여 사용자를 강하게 압박하기 때문인 것이다. 반면 산별협상을 하는 영국 등의 국가에서는 노동자 계층 전체의 처우개선을 목적으로 하다 보니 노조원과 비노조원의 차이를 크게 나지 않게 된다. 또한, 기업별 노조나 기업별 협상이 중심인 한국, 일본 등의 경우에는 무노조기업이 노조화되는 것을 막기 위하여 무노조 프리미엄을 지급하기 때문에(예를 들면, 한국의 삼성그룹) 노조기업과 비노조기업의 임금 격차가 적다는 것으로 설명이 된다.

지금까지 언급한 것은 유노조기업과 평균적인 무노조기업 간의 임금격차에 관한 것이다. 무노조기업을 ① 대기업인 우량 무노조기업과 ② 영세 무노조기업으로 구분하여 ③ 노조기업과 임금을 각각 비교해 보면, 대기업인 우량 무노조

이룬다.

기업의 임금이 가장 높고, 노조기업이 두 번째이며 영세 무노조기업이 가장 낮은 것으로 나타난다. 그 이유는 대기업인 우량 무노조기업의 경우 노조를 회피하기 위하여 노조기업보다 높은 임금(무노조 프리미엄)을 지급하기 때문이다. 그럼에도 불구하고 평균적으로 유노조기업이 무노조기업보다 임금이 높게 나타나는 것은 영세 무노조기업에 종사하는 노동자의 숫자가 우량 무노조기업에 종사하는 노동자의 수보다 압도적으로 많기 때문이다.

▼ 표 3-1. 국가별 노동조합의 임금 효과

국가	저자	비노조(원·기업) 대비 노조(원·기업) 임금격차
한국	홍장표 외(2016)	• 전산업: 비하청기업 21.7% / 하청기업 8.0% • 제조업: 비하청기업 22.6% / 하청기업 15.5% • 비제조업: 비하청기업 21.7% / 하청기업 0(영향 없음)
	류재우(2005)	1.26%~8.27%
	황선웅(2017)	지역 내 노조조직률 10%p 상승 시, 지역비조합원 임금 약 5% 증가
	성재민(2010)	1분위 2.8% → 10분위 23.7%
	김기승·김명환(2013)	4.77%(유노조 사업장 정규직/비정규직 임금격차 42.7% / 무노조 사업장 정규직/비정규직 임금격차 37.93%)
미국	Bahrami et al.(2009)	공공분야 9.5% ~ 35.2%
	Blanchflower and Bryson(2004)	전산업 17.1% / 민간분야 17.2%~22.4%
	Hirsch(2004)	민간분야 15%
	Rosenfeld and Kleykamp(2012)	흑인−백인 여성 간 임금불평등 13%~30% 감소 노동조합 존재 시 흑인남성 임금 $49 증가
	성재민(2010)	1분위 4.5% → 10분위 13.8%
영국	Blanchflower and Bryson(2004)	전산업 3.5%~17.7%
	Bryson(2002)	민간분야 3%~6%
	Forth and Millward(2002)	제조업 분야 4.3% / 비제조업 분야 차이 없음
일본	Hara and Kawaguchi(2008)	7%

(2) 노동조합의 생산성효과와 이익효과

1) 노동조합의 생산성효과

노동조합은 생산성에도 영향을 미친다. 노동조합의 생산성효과는 부정적 효과와 긍정적 효과로 구분할 수 있다. 부정적인 생산성효과는 단체교섭에 의해 경직적인 노동규칙이 제정되어 무노조기업보다 많은 양의 노동이 고용되는 과잉고용(featherbedding)의 경우에 발생한다.17) 통상 사용자는 생산성을 올리기 위해 신기술 혹은 신생산방법을 채용하거나 노동강도를 높이는 방법을 사용하는데, 노동조합은 이에 대해 신기술을 도입하더라도 직무당 인원수를 더 이상 줄이지 못하도록 규정하거나 신기술 도입 자체를 막으려고 하며, 노동강도를 높이지 못하도록 사용자를 압박한다. 따라서 유노조기업에서는 적정 이상의 인원이 고용되고 이는 생산성의 저하를 가져오는 측면이 있다.

반면, 노동조합은 생산성에 두 가지 측면에서 긍정적인 효과를 가져오기도 한다. 그 첫 번째 방식은 충격효과(shock effect)를 통해서이다. 이는 노동조합이 조직됨에 따라 사용자가 노동조합의 비판을 의식해서 전근대적인 생산방법이나 관리방법을 지양하게 되고 보다 전문적인 경영방식으로 바꿈으로써 생산성이 올라가는 결과가 야기된다. 즉, 노동조합의 존재가 경영을 보다 전문적으로 경쟁력 있게 하도록 하는 파수꾼의 역할을 하는 것이다.

또 다른 긍정적 효과는 의견개진효과(voice effect)로서 노조원의 낮은 이직과 숙련의 축적에 의해 생산성 향상이 이루어진다. 노동조합이 없는 경우 회사에 불만이 생기면 이직(exit option)으로 이를 해소했을 피고용인들이 노동조합으로 인해 높아진 발언권(voice option)을 통해 회사의 경영관행을 바꿈으로써 불만을 해소하고 이직보다는 직장잔류를 선택하는 데 따른 것이다. 불만의 해소와 발언은 사기의 진작과 관리방법의 개선을 촉진할 수 있고, 기업에 장기적으로

---

17) 노동조합이 노동조합원수를 유지 또는 확대하기 위하여 실제로 필요한 인원보다 많은 노동자를 사용자로 하여금 고용하게 하여 작업 능률을 제한시키는 행위를 의미하는 용어이다. 예를 들어, 미국의 경우 증기기관차를 운행하기 위하여 기관차 내에서 석탄을 취급하는 화부(fireman)가 필요하였지만, 그 이후 기술이 진보하여 디젤기관차가 도입된 이후에는 화부가 필요하지 않으나 노조가 사용자를 압박하여 노조원인 화부를 디젤기관차 도입 이후에도 수십 년 동안 고용하도록 한 사례가 과잉고용(featherbedding)의 대표적인 경우로 인용된다.

근속하게 되면 기술숙련이 이루어져 노동생산성이 높아지게 된다. 실제로 다수의 연구에서 유노동조합이 무노조기업보다 이직률이 낮음을 보고하고 있다.

이상과 같이 노동조합의 생산성효과에 대한 긍정적·부정적 가설이 모두 공존한다. 외국의 경우 노동조합의 생산성효과를 검증하기 위한 많은 연구(Tachibanaki and Noda, 2000; Black and Lynch, 2001; Guthrie, 2001; Batt and Welbourne, 2002; Conyon and Freeman, 2002)들이 이루어졌고 이들 연구에서도 긍정적 효과와 부정적 효과는 섞여서 나타나고 있으며 양측의 효과가 서로 상쇄되어 평균적으로는 노조의 존재가 생산성에 중립적인 효과를 나타내고 있다. 다만, 한국의 경우는 몇몇 실증연구가 부정적인 효과(류재우, 2007; 이제민·조준모, 2011; 이명기·김진산, 2018)를 보고하고 있는데, 이는 아마도 한국의 노사관계가 다른 국가들보다 상대적으로 더 대립적이기 때문인 것으로 볼 수 있다. 표 3-2는 영국과 뉴질랜드, 일본의 최근 실증연구의 결과도 보여주고 있다.

▼ 표 3-2. 국가별 노동조합의 생산성효과

국가	저자	노동조합 존재 기업의 생산성 향상 여부
한국	이명기·김진산(2018)	−12.5%
	남성일·전재식(2013)	+17%~18%
	유경준·강창희(2014)	전체: 2.7~7.2% / 30인 미만 사업체: 효과 없음 / 30~99인 사업체: 일관성 없음 / 100인 이상: 3.5%~6.3%
	류재우(2007)	−20%~−40%
	이제민·조준모(2011)	−2.7%~−4.7% 하락
미국	Batt and Welbourne(2002)	Tobin's q by 15% earnings per share by 10% stock price by 17%
	Black and Lynch(2001)	−12%
영국	Conyon and Freeman(2002)	−4%
뉴질랜드	Guthrie(2001)	13%
일본	Tachibanaki and Noda(2000)	−50%

위에서 보듯이 노동조합의 생산성효과에 대해서는 기업 규모별, 생산성지 표별, 나라별로 다른 결과가 보고되고 있다. 이는 생산성효과가 환경(context)의 영향을 받고 있음을 의미하는 것이다. 이 중에서도 특히 노사관계가 좋은 경우 에는 노동조합이 긍정적인 생산성효과를 낳는 데에 중요한 영향을 미친다는 연 구결과가 있다. 즉, 유노조기업 중 노사관계가 좋은 기업, 유노조기업 중 노사관 계가 나쁜 기업, 무노조기업의 세 집단으로 나누어 생산성을 비교하였을 때 유 노조기업 중 노사관계가 좋은 기업, 무노조기업, 유노조기업 중 노사관계가 나 쁜 기업의 순서가 된다는 것이다. 이는 생산성에 관한 한 노조의 유무보다는 노 사가 상대방을 다루는 방식이 더 중요하다는 점을 일깨워 주는 결과이다.

2) 기업이익에 대한 노동조합의 효과

노동조합은 생산성에는 긍정적·부정적 영향을 함께 주지만, 기업의 이익에 는 대체로 부정적 영향을 준다. 즉, 노조가 생산성을 대체로 저하시키면서(특히, 우리나라의 경우) 임금(피용자의 몫)을 상승시킨다면, 이익(주주의 몫)에 미치는 영 향은 당연히 부정적으로 나타날 것으로 추정할 수 있다. 실제로, 미국에서는 많 은 실증연구들이 투자수익률(ROI), 주식가격, 현금흐름 등 다양한 이익지표들에 대한 노동조합의 이익효과를 측정하였는데, 대부분 유노조기업들이 무노조기업 들보다 이익률이 낮다는 점을 보고하고 있다(Freeman and Medoff, 1984). 이 점이 사용자들이 노동조합에 반대하는 가장 중요한 이유 중의 하나이다.

또한 노동조합의 이익효과는 시장이 경쟁적인가 독과점 형태인가에 의해 크게 달라진다. 즉, 노동조합은 경제력이 집중된 산업에서는 이윤을 감소시키지 만, 경쟁적인 산업에서는 그렇지 않은 경향이 있다. 전자의 경우 기업의 독점력 이 강하므로 노동조합의 이윤을 감소시켜도 기업의 생존에는 큰 지장이 없지만, 후자는 시장의 치열한 경쟁상황(market force)이 노동조합의 지나친 요구를 제어 하는 기능을 갖게 되어 기업의 이익이 감소하지 않는 선에서 노조의 요구가 제 한된다는 것이다(Karier, 1985). 한국의 경우에도 대체로 노조의 존재가 이익의 규모와 부정적인 상관관계가 있는 것으로 나온다.

노동조합의 경제적 효과에 대한 분석들은 노동조합이 경제의 안정과 발전 에 중요한 영향을 미칠 수 있는 사회적 조직임을 일깨워주고 있다. 이 때문에 임금이나 생산성, 이익에 대한 효과뿐 아니라 그 이외의 경제적 효과들에 대한 연구도 심화될 필요가 있다. 지나친 노동조합의 요구나 행동이 기업 내에서나 경제 전체적으로 부정적인 영향을 미칠 가능성이 있지만, 다른 한편에서는 노사관계의 개선이나 노동조합의 활성화가 생산성을 제고하고 경제적 형평성을 개선하는 효과도 있다는 점을 유념해야 한다. 이는 노동조합의 행위가 발생시킬 수 있는 긍정적이거나 부정적인 효과 중 어느 하나에만 주목하는 방식으로 노동조합의 경제적 효과를 이해하는 것이 바람직하지 못할 수 있음을 의미한다. 특히 서로 상반된 이해관계를 가지기 쉬운 노사관계의 각 주체들은 부정적 효과와 긍정적 효과에 대한 균형 잡힌 시각에서 노동조합의 경제적 효과를 이해할 필요가 있다.

⬡ 07   노동조합의 침체와 향후 전망

(1) 노동조합의 세계적 침체와 그 원인

　21세기 들어 세계 고용관계의 가장 큰 이슈는 노동조합 조직률의 지속적인 하락이다. 지난 수십 년간 지속되어 온 전 세계적인 노동조합의 쇠퇴가 앞으로도 계속되어 향후 노동조합이 유명무실한 존재로 전락할 것인지, 아니면 재반등의 실마리를 찾게 되어 시장경제사회의 중심세력으로 존속할 것인지를 예측하는 것은 세계고용관계의 장기 전망에 있어 가장 중요한 이슈이다(김동원, 2003a).

　노동조합은 최근 수십 년간 계속 하락세를 보인다. 1950년대에 노동조합 조직률은 역사상 가장 높은 수준에 다다라 정점을 찍고 그 이후 하락하는 경향을 보인다. 특히, 1980년대 이후 가파르게 하락하다가 2010년 이후부터는 대체로 현재의 상태를 유지하고 있는 것으로 보인다. 권역별로 보면, 스웨덴, 노르웨이, 핀란드, 독일 등 조정시장경제(coordinated market economy)의 국가들에 비하여 미국, 영국 등 자유시장경제(liberal market economy)의 국가들이 하락세가 가장 큰 것으로 나타난다. 한국, 일본, 대만 등 동아시아국가나 중국, 브라질, 인도 등 개발도상국의 경우 그 기간 중 조직률이 조금 하락하거나 정체상태를 보인다. 일부 국가의 경우 노동조합 조직률이 지난 수십 년간 지나치게 하락하여 재반등을 할 만한 잠재력 자체를 잃어버린 상황이라는 주장도 있다.

　지난 수십 년간 노동조합 조직률이 하락하는 현상에 대하여 많은 연구들이 그 원인을 밝혀왔다. 이 연구들의 주장을 종합하면 ① 경제구조변화, ② 세계화와 경쟁의 격화, ③ 기술의 발달로 인한 새로운 고용형태의 증가, ④ 다양한 정체성 그룹의 등장, ⑤ 신자유주의와 노조에 대한 부정적인 여론, ⑥ 개별노동법안의 노조대체현상 등 6가지 원인으로 요약될 수 있다. 이러한 원인은 나라마다 정도의 차이는 있지만 공통적으로 인식되는 원인이다.

　첫째, 탈산업화에 따른 경제와 고용의 구조적 변화를 들 수 있다. 전통적으로 노조조직률이 낮았던 서비스산업과 화이트칼라 직종의 확대가 빠르게 진전되었기 때문이다. 예를 들면, 비농취업자 중 제조업 고용이 차지하는 비중은 하락한 반면, 서비스업의 고용비중은 대부분의 국가에서 증가하였다. 또한, 노동조합조직의 전통적인 기반인 블루칼라 노동자 증가현상의 정체와 조직성향이 낮은 화이트칼라 피고용인의 비약적인 증가 역시 노동조합 조직률의 하락을 불러왔다. 즉, 노조조직률이 높은 생산직 노동자의 수는 소규모 증가에 그친 데 비해, 노조조직률이 낮은 행정관리직, 전문직, 판매직은 거의 모든 국가에서 증가한 것이다. 또한 노동력 구성의 변화, 특히 전통적으로 노조조직률이 낮은 여성 노동력, 고령인력, 비정규직, 외국인인력의 증가와 노조를 조직하는 성향이 강한 20세 이상 남성의 경제활동참가율이 감소하는 추세도 노조조직률의 하락을 가져왔다(김동원 외, 2019).

둘째, 통신과 수송수단의 발달로 세계화가 급격히 이루어지고 기업 간 경쟁이 격화된 것도 노조의 하락에 일조하였다. 세계화의 진전에 따라 기업들의 경영활동이 한 국가의 경계에 머무르지 않고 국경을 넘어 여러 국가에서 경영활동을 수행하는 다국적기업이 일반화되었다. 즉, 자본의 손쉬운 이동에 더불어 글로벌 밸류 체인의 형성을 통한 기업경영의 세계화가 이루어진 것이다. 반면, 노동자들은 사회적, 법적, 역사적, 제도적인 이유로 국가 간 이동이 쉽지 않고 노동조합도 해당 국가의 노동법의 규제를 받게 되어 국가의 경계에 얽매인 조직(nation-bound union)으로 남을 수밖에 없게 되었다(Ackers, 2015).

기업들은 노사관계나 노동법이 기업경영에 우호적인 환경을 찾아 투자를 결정하고(regime shopping), 해당 국가는 외국의 투자를 유인하기 위하여 다국적기업의 경영에 유리한 노사관계적인 환경을 조성하게 된다. 이러한 노동환경은 자국의 노동자들에게는 기본적인 노동권의 보호를 약화시키거나 열악한 근로조건을 의미하는 것이다(race to the bottom, social dumping). 예를 들면, 인접국에 비하여 완화된 노동법을 적용하거나 노동법상 특혜를 받는 수출자유구역 등을 설정하는 정책을 취하게 되는 것이다. 결국, 노동조합 조직률이 높은 선진국의 일자리가 노동조합 조직률이 낮은 개발도상국으로 옮겨가게 되고, 또한 세계화에 대한 노조의 취약함이 드러나면서 노조의 매력도가 하락하게 되고 결국 전체적으로는 노동조합 조직률의 위축을 가져오게 된다.

또한, 세계화가 가져온 기업 간의 무한 경쟁에 대처하기 위해 기업이 고용 유연성을 중시하면서 정규직이 줄어들고 단기계약직, 파견직, 용역직 등 비정규직이 급격히 늘어나게 된다. 비정규직은 고용이 안정되지 않아서 적극적인 노동조합활동에 나서기가 쉽지 않고 따라서 대부분의 국가에서 비정규직의 노동조합 가입률은 극히 저조한 편이다. 비정규직의 급격한 증가는 그동안 정규직 피고용인을 중심으로 형성되어온 노동조합이 더욱 위축되는 결과를 가져왔다.

셋째, 4차산업혁명의 급격한 진전에 따른 기술의 발달로 새로운 고용의 형태가 증가하고 있다. 기술의 진보는 단말기에 의존하여 경제활동을 할 수 있게 되어 플랫폼 경제의 활성화를 가져왔고 Uber, Lyft, AirBnB, 한국의 대리기사 등 자영업자와 피고용인의 성격을 동시에 지니는 특수고용직의 수가 거의 모든 국가에서 급격히 늘어나고 있다. 이들은 직장과의 밀착도는 희박하여 피고용인이라기보다는 프리랜서형 노동자로 불리고 있다. 프리랜서형 노동자들은 전통적인 노사관계에서 협상의 대상이 되어야 할 사용자가 불확실하여 이들을 위한 노동조합의 설립이 용이하지 않다. 전통적으로 노동조합은 안정적인 피고용인들을 대상으로 조직되어왔는데, 프리랜서형 노동자의 등장은 노동조합의 위축을 가져오고 있다.

넷째, 과거 노동조합은 자본과 노동의 이분화된 환경에서 노동의 이해를 보호하기 위하여 형성되었었다. 즉, 전통적인 노사관계는 노동과 자본(혹은 제도와 시장)이 서로 경쟁한 결과물로 보았으며 노동조합은 자본에 대응하여 노동자를 대변하는 조직으로 간주되었다. 하지만 1960년대 이후 세계적인 인권운동의 물결과 그 이후 이민자, 여성, 노령인구, 성소수자 등 다양한 정체성그룹의 등장으로 인하여 노사관계의 당사자가 훨씬 다양해지고 있다. 시민들은 스스로를 생산자로 인식하기보다는 소비자로 인식하는 경향이 강해지고 있으며, 노동자로만 인식하기보다는 다양한 정체성 그룹의 일원으로 인식하기 시작한 것이다. 이러한 현상은 자본에 대응하는 전통적인 노동조합의 정체성을 약화시켜서 노동조합과 단체협상의 위축으로 이어지는 현상을 가져오고 있다(Piore and Safford, 2006).

다섯째, 1980년대 이후 세계적으로 유행한 신자유주의적 풍조의 영향으로 정부의 정책이 노조에 적대적으로 기울은 점도 노조조직률의 하락에 기여하였다. 1980년대부터 영국의 대처수상, 미국의 레이건, 부시대통령으로 대표되는 신자유주의적인 경제노동정책이 많은 국가들의 경제노동정책에 기저를 제공함으로써 노조에 적대적이거나 비우호적인 정책과 법안이 집행되고 통과되는 현상이 지속된 점도 노조조직률의 하락을 불러온 것이다. 반노조적인 사회정치적인 분위기를 배경으로 사용자들이 노조회피전략을 적극적으로 활용한 것도 노조조직률의 하락에 기여하였다. 즉, 사용자들도 노골적인 노조회피전략을 사용하여 노동조합이 조직되어 있는 기존 공장의 규모를 줄이거나 아예 폐쇄하고 그 대신 노동조합 조직성향이 낮은 지역과 사업부문으로 사업의 중심을 이전하였다. 이와 동시에 노동조합원을 차별하고 해고하는 등의 탈법적인 행위도 더욱 증가하였다. 한편으로는, 피고용인의 노동조합조직에 대한 유인을 줄이기 위하여 개별적인 인적자원관리제도를 활성화하고, 합리적인 고충처리절차를 제공하며, 피고용인의 경영참여를 확대하는 등 노동조합의 서비스를 대체할 수 있는 제도들을 제공하였다. 노동조합에 대한 사용자의 반대는 세계화와 정보화로 인하여 경쟁이 격화되면서 노조의 존재가 기업의 경쟁력을 약화시킨다는 믿음이 일부 사용자사이에 확산되면서 더욱 강화되었다. 이러한 사용자의 전략은 노동조합의 조직률을 하락시키는 데에 결정적인 영향을 미친 것으로 보인다(김동원 외, 2019).

마지막으로, 고용평등법, 차별금지법, 모성보호법, 장애인고용촉진법, 성희롱금지법 등 정부가 통과시킨 개인차원의 고용관련 보호법안들이 피고용인이 느끼는 집단노사관계(즉, 노동조합과의 관계)에 대한 필요성을 감소시키는 역할을 하여 노조조직률의 하락을 더욱 부추기게 되었다. 즉, 개별노동기본권을 정부가 법으로 보호하는 추세가 강화되면서 노동조합으로 대표되는 집단노사관계의 중요성이 약화된 것이다. 그 결과 일부 국가에서는 고용과 관련된 개별적인 소송이 증가하는 현상을 보인다. 과거에는 개별 직원이 부당한 대우를 받았을 때 노동조합을 통하여 해결하였으나, 이제는 노조가 없어지거나 약해짐에 따라 개별적으로 기업을 상대로 소송을 하는 방식으로 해결되게 된 것이다(김동원 외, 2019).

(2) 노동조합의 미래에 대한 전망

노동조합의 미래에 대한 학자들의 주장은 크게 낙관론과 비관론으로 구분된다. 대표적인 낙관론은 향후 노동조합이 다시 반등할 것으로 보는 시계추이론(pendulum theory) 혹은 사이클이론이다. 이 가설은 지난 백여 년간 노동조합의 조직률은 등락을 거듭해왔다는 역사적인 사실에 기초하고 있다. 이 가설은 노사 간의 세력 균형이 시계추처럼 한쪽 끝(예를 들면, 형평성을 강조하는 진보의 방향)에서 다른쪽 끝(예를 들면, 효율성을 강조하는 보수의 방향)으로 이동하는 현상을 장기간에 걸쳐서 반복한다는 가설이다. 즉, 장기적으로 보면 효율성(efficiency, 기업의 이해)을 강조하는 이데올로기와 형평성(equity, 노동자의 이해)을 강조하는 이데올로기가 번갈아 가며 한 사회의 지배적인 이념으로 떠오르는 시계추현상이 벌어진다. 진보의 방향(좌측)이든 보수의 방향(우측)이든 한 극단으로 기울어졌을 때는 효율성(efficiency)과 형평성(equity) 중 어느 한쪽이 과다하게 강조되어 사회전체적으로 바람직하지 않은 결과가 초래되므로 사회구성원들의 의식적, 무의식적인 선택에 의하여 반대방향으로 이동하게 된다는 것이다. 이러한 선택은 일반 대중의 여론의 모습으로 노동조합에 대한 지지나 반대움직임, 사용자의 이데올로기에 대한 지지나 반대여론, 선거에서의 보수나 진보를 표방하는 특정 정당에 대한 지지 등으로 나타나게 된다.

이 가설에 의하여 20세기 노동운동의 역사를 상황을 재구성한다면, 1920년대까지는 사용자의 힘이 강하였고, 그 이후 대공황이 시작된 1930년부터 1960년까지는 시계추가 반대로 움직여서 노동조합의 힘이 강해진 시기였으며, 1970년 이후는 다시 사용자의 힘이 강화된 시기라는 것이다. 즉, 1920년대에 들어 자본가 힘이 지나치게 강화되어 노조가 약화되고 실업이 만연하였으며 일반대중의 실질구매력이 하락한 결과 대공황이 초래되었으므로 또 다른 경제의 파국을 피하기 위해서는 자본가와 노동조합의 힘이 균형을 이루어야 한다는 가설이 1930년대 루스벨트대통령의 뉴딜 노동정책으로 반영되어 노동조합의 재반등을 가져온 것으로 볼 수 있다. 또한, 1970년대 이후 노동조합운동이 쇠퇴한 것은 당시 노동조합의 힘이 지나치게 강하여 형평성이 과다하게 강조된 나머지 사회전체의 효율성을 해치는 현상(예를 들면, 영국병 즉, 노조가 지나치게 강하여 비효율적인 경영을 강요하여 경쟁력을 감소시킨 경우)이 일어났으며, 이에 대한 반성으로 사회의 구성원이 노조를 억제하고 사용자의 경영권을 강화하는 방향으로 집단적인 선택을 한 결과라는 것이다. 이 가설에 의하면, 21세기 초인 지금은 전세계적인 노동조합쇠퇴가 시작된 지 이미 30~40년이 지나서 효율성(efficiency)만을 지나치게 강조하는 신자유주의적인 이데올로기의 문제점이 드러나고, 억제되지 않은 사용자의 힘이 고용불안과 빈부격차심화, 근로조건저하 등의 사회적 문제점을 가져오는 것을 사회구성원들이 인식하는 시점이라는 것이다. 따라서, 지금부터는 이미 우측(보수)으로 기울은 추가 다시 좌측(진보)으로 옮겨가는 시점이라고 주장한다. 이 가설은 역사적인 사실에 기반하여 노동조합의 반등을 전망한 것이다(김동원·정흥준, 2009).

하지만, 노동조합의 재반등에 대하여 비관적으로 볼 근거도 충분하다. 이미 일부 국가에서는 노동조합의 쇠퇴가 많이 진전되어 재반등이 어려운 수준으로 진행되었다고 볼 수도 있다. 또한, 전술한 노동조합 쇠퇴에 대한 원인으로 꼽히는 ① 경제구조변화, ② 세계화와 경쟁의 격화, ③ 기술의 발달로 인한 새로운 고용형태의 증가, ④ 다양한 정체성 그룹의 등장, ⑤ 신자유주의와 노조에 대한 부정적인 여론, ⑥ 개별노동법안의 노조대체현상 등 6가지 요인들 중 ⑤ 신자유주의에 대한 사항을 제외하면 대부분 불가역적인(irreversible) 성격을 지니고 있어서 시계추이론이 주장하는 바와 같이 다시 노조의 반등을 불러올 가능성이 적다고 보이는 것이다. 현재의 노조침체는 과거와는 다른 환경 요인들로 인한 현상이며 노조결성에 우호적인 환경으로 되돌아갈 가능성이 적은 것이다. 다시 말하면 새로운 환경에서의 노조의 재반등은 노동조합이 새로운 환경에 맞게 구조와 전략을 근원적으로 바꾸어야만 가능하다고 결론내릴 수 있다.[18]

이러한 맥락에서 Verma et al.(2002)는 노조의 미래에 대하여 4가지의 시나리오를 제시하고 있다. 첫 번째 시나리오는 노동조합이 현재의 추세대로 전 부문에서 계속해서 하락하는 것이다. 노조가 획기적인 대응책을 내놓지 못하고 환경이 바뀌지 않는 한 저자들은 단기적으로 가장 가능성이 높은 시나리오로 보고 있다.

두 번째 시나리오는 노동조합이 일부 국가나 산업부문에서만 활성화되고

---

18) 하지만 현재까지 노동조합들은 대체로 새로운 환경변화에 소극적으로 대응하고 있는 것으로 보인다.

다른 분야에서는 지속적으로 침체할 것으로 보는 것이다. 즉, 노조에 대한 기반이 공고한 스웨덴 등 북유럽국가와 각국의 제조업 대기업과 공공부문에서는 노조가 계속 활성화되는 반면 다른 부문에서는 침체하여 Ghetto Unionism의 현상을 보인다는 것이다.

셋째, 과거 역사가 보여주듯이 노동조합은 정치사회적인 대변혁기에 급격한 성장을 보여준 바 있다. 예를 들면, 미국의 대공황, 2차대전 종전 후의 독일, 1987년 노동자대투쟁 이후의 한국 등에서 급격한 노동조합의 성장이 이루어졌었다. 향후에도 새로운 경제위기 등으로 빈부격차와 양극화현상이 더 심해지면 사회의 관심과 이데올로기가 노조에 우호적인 방향으로 바뀌면서 노동조합의 재반등이 가능할 것으로 보고 있다.

넷째, 노동운동이 새로운 환경에 맞는 과감한 변신을 하여 새로운 전략을 펼 때 노동조합이 재반등할 것으로 보는 시나리오이다. 즉, 노동조합이 시민사회운동과의 네트워크를 적극 활용하거나, 노동NGO들과의 연계를 통해 풀뿌리 조직에 많은 투자를 하거나, 청소년기부터 노조에 가입하게 하여 평생동안 직장의 이동에도 불구하고 노조원자격과 혜택을 제공하는 혁신적인 노조운영모델을 도입하는 전략 등이 필요하다는 것이다.

위의 4가지 시나리오는 서로 배타적이지(mutually exclusive) 않으므로 서로 간의 조합도 생각해볼 수 있다. 세 번째의 환경적인 격변과 네 번째의 노조 스스로의 전략의 혁신이 함께 이루어질 때 노조가 재반등할 가능성이 가장 커지게 될 것으로 보인다.

노동조합의 재활성화에 대한 연구

1970년 이후 전 세계적으로 노조운동 침체 현상이 확산되면서, 노조조직률의 지속적인 저하, 노조의 정치·사회적 영향력 감소, 단체교섭의 축소와 분권화 등과 같은 양상이 공통적으로 나타났다. 1990년대부터 각국의 노동운동은 이러한 위기를 극복하기 위한 방법으로 노동운동의 활성화(labor movement vitalization), 노동운동의 재활성화(labor movement revitalization) 혹은 노조리뉴얼(union renewal) 전략이 제시하고 있다. 노동운동의 활성화, 재활성화 혹은 노조리뉴얼은 조직을 둘러싼 내·외부적인 환경에 대응하여 노동조합이 제도적, 정치적, 경제적, 조직적 차원에서 거듭나기(소생, 부활, 갱신) 위한 방안을 모색하는 것을 의미한다(김승호 외, 2007). 이하에서는 노조활성화로 부르기로 한다.

노동운동이 거듭나기 위해서는 내부적으로는 기존의 노동조합이 갖고 있던 자원과 권력을 재분배하여 현재의 노동조합 조직을 혁신하고 노동조합의 효과성을 극대화하는 한편, 외부적으로는 환경의 변화에 맞추어 새로운 유형의 노동운동을 시도하는 것이 바람직하다. 노조의 재활성화 전략은 국가별, 작업장별로 다양하며, 여러 학자들이 다양한 노조활성화 전략들을 제시하였다. 예를 들어, Cornfield and McCammon(2003)은 재활성화 전략으로 노조 리더십 변화, 투입 자원의 확충, 사용자에 대한 보다 공격적인 대응, 조합원들에 대한 서비스 확대, 새로운 노동자 집단의 조직, 결사의 자유를 확대할 정치적 법적 개혁 추구 등을 제시하였다. 노조재활성화 전략에 대하여 Frege and Kelly(2003, 2004)는 조직화 전략, 조직 재구조화 전략, 사회적 파트너십, 정치 행동, 사회운동과 연합 형성, 국제연대의 여섯 가지를 제시하였다. 이상의 전략은 대체로 기존의 노동조합 자원과 권력의 재분배 유형과 새로운 노동운동을 추구하는 유형으로 구분할 수도 있다(김승호 외, 2007).

기존의 연구들을 종합하면 노조활성화 전략은 대체로 아래의 4가지 차원으로 구분이 가능하다. 노조활성화 전략은 아래의 4가지 차원 중 하나의 차원에

초점을 맞추거나 둘 이상의 차원을 조합하여 실시될 수 있다(Behrens et al., 2004).[19]

(1) 조직 차원(membership dimension)

조직 차원에서의 노조활성화는 노조회원 수 증가를 통한 노조조직률(union density) 증가, 조합원 구성의 변경, 노조 간의 합병, 사회운동과 연합 형성 (coalition building) 등 4가지 요소로 구성된다. 먼저, 조합원 수가 늘어나는 것은 조합원 회비가 증가하고 캠페인에 동원될 수 있는 사람들이 늘어나서 전반적인 노조의 자원 증가로 연결된다. 조합원 수 증가는 노조조직률의 증가로 나타나는 데 노조조직률은 조직 내 노조원의 구성비로서 합법성, 대표성, 협상력에 영향을 미치는 노동조합의 몫을 반영하기 때문에 일반적으로 노동조합의 힘을 나타내는 지표다.

둘째, 조합원의 구성을 적절히 변화시키고 노조의 힘을 강화하는 것이다. 과거, 노조의 전통적인 지지층은 안정된 고용을 가진 남성 노동자들이었지만, 대부분 국가에서, 임시 계약직, 여성, 이민자, 시간제 노동자 등 새로운 노동력 공급원의 숫자와 비율이 늘어나면서 노동조합도 생존하기 위해서는 새로운 노동력 공급원을 노조로 흡수하는 것이 중요한 노조활성화 전략이 되었다. 조합원 구성원 변경에 있어서 기존 핵심 조합원의 불만을 예측하고 달래는 것이 중요한 관건이다. 즉, 그간의 경험에 의하면 이러한 조직화 모델이 꼭 성공적인 것만은 아니었다. 내적으로는 자원배분의 우선순위 문제 등에 따른 기존 조합원과 구성원들의 조직화 방침에 대한 저항, 외적으로는 조직 활동에서 타 노동조합과의 경쟁, 미조직 분야의 사용자측 저항 등으로 조직화 모델은 난관에 부딪히는 경우도 흔히 관찰된다(김승호 외, 2007).

셋째, 조직 재구조화는 노조 간의 합병과 내부 조직 개편으로 규모의 경제와 합리화를 통해 노조 조직을 강화시키는 전략이다. 노동조합이 통합을 하는 주요한 이유는 조합원 감소, 노조들 사이의 조직 영역 중복, 규모의 경제 미흡, 노조의 재정적 어려움, 교섭력 강화의 필요성, 공식적인 조직 영역의 확장 등이

---

19) 이하의 내용은 Behrens et al.(2004)의 내용을 저자가 수정·보완한 것이다.

다. 조직 재구조화는 노조 상호 간의 불필요한 경쟁과 분열을 제거함으로써 노조 시장 지배력이나 정치 역량을 증가시킬 수 있고, 규모의 경제를 달성하여 조직효율화에 기여하고, 추가 자원 확보와 세력의 증가로 더 많은 노동자들이 조합에 가입하도록 노조 가입도 촉진할 수 있다(Frege and Kelly, 2003).

마지막으로, 전쟁반대, 환경, 이민자, 성소수자 단체와 같은 다른 사회운동과의 연합 형성은 노동운동에 도움을 줄 수 있는 특정 지역사회(community) 내의 주요 개인과 네트워크에 접근하여 권력 자원(power resources)을 획득하는 데 도움이 될 수 있다. 그러한 연계는 노조가 달성하려고 하는 이해관계와 의제의 범위를 넓히는 데도 도움이 될 수 있다. 이러한 사회운동은 노동조합이 위기에서 탈출하는 과정에서 큰 우군으로 작용할 수 있다.

(2) 경제적 차원(economic dimension)

경제적 차원은 협상력, 임금 및 근로조건의 개선을 달성할 수 있는 노동조합의 능력을 향상시키는 것인데, 사회전체 차원에서 부의 분배에 대한 노동의 영향을 증가시키는 것도 포함된다. 이는 사용자, 정부와의 협상에 있어서 노동조합의 경제적 지렛대를 증가시키기 위한 혁신적인 방법의 사용을 의미한다. 노조는 레버리지 확대를 위해 새로운 기법(예를 들면, corporate campaign)을 사용하거나, 노조에 불리한 협상 구조를 개선하거나, 협상 과정에서 노조 역할을 재정의함으로써 그들의 경제적 영향력을 증대시키는 방법을 모색할 수 있다. 예를 들면, 노조의 단체협상 내용을 협상에 참여하지 않은 지역이나 산업으로 확대적용하는 자동연장규정(extension rules)은 노조조직률이 낮은 경우에도 비조합원들에게 혜택을 제공하여 노조의 영향력을 증가시키는 유력한 수단이 된다.

(3) 정치적 차원(political dimension)

정치적 차원의 노조활성화 활동은 노조가 전통적인 방법이나 혁신적인 방법을 통해 정부의 정책 결정 과정에 영향을 미치려는 노력을 의미한다. 이는 선거, 입법 및 정책 입안과 시행과정에 있어서 중요한 정치, 행정 행위자들과의 연합을 포함한다. 노조는 자신들이 연합한 정당의 승리를 확보하기 위해 노력하거나, 후보 선출과 실제 선거운동에 보다 적극적으로 참여함으로써 선거 후 정책 입안과 실행 과정에서 노조의 레버리지 향상을 도모할 수 있다. 특히, 입법단계에서는 노조가 집단적 노사관계의 큰 틀을 변경하거나, 노조가 소속된 산업과 시장에 영향을 미치거나, 노조와 비조합원 모두를 위한 개별 노동자의 노동조건과 복지를 향상시키는 법안의 추진에 보다 적극적으로 행동할 수 있다. 특히, 최근 4차산업혁명의 진전으로 긱이코노미에 근무하는 새로운 형태의 노동자들이 (예를 들면, 우버기사, 대리운전기사 등 플랫폼 노동자) 노동조직에 가입할 수 있도록 결사의 자유를 확대할 정치적 법적 개혁을 추구하는 것도 포함된다.

(4) 제도적 차원(institutional dimension)

노조활성화를 위하여 노조내부의 내부 역학, 조직 구조, 지배구조, 투입자원의 차원에서 혁신적인 제도를 도입하기도 한다. 새로운 상황에 적응할 수 있는 노조의 능력과 새로운 전략을 수용하려는 내부적 의지를 반영하고 강화하기 위하여 내부 조직에 혁신을 도모하는 것이다. 제도적 차원의 노조활성화는 위의 3가지 차원의 변화를 뒷받침하기 위하여 실시되기도 한다. 예를 들어, 새로운 환경에의 적응을 위하여 노조의 정체성을 근본적으로 바꾸면서 노조의 미션과 비전을 획기적으로 수정할 수도 있다. 이전에 노조에서 소외되었던 집단을 조직하기 위하여 노조의 목표달성을 위한 전략을 재정의하고 새로운 부서(예를 들면, 여성 또는 이민자조직을 위한 부서)를 신설하는 것이다. 기업 캠페인을 보다 효율적으로 실시하기 위하여 조직 내에서 연구와 홍보 기능의 중요성을 더 강조할 수도 있다.

09 노동시장의 새로운 행위자 (new actors in labour market)

　최근 지속적인 노동조합 조직률의 하락, 주변부 및 비정규직 노동자들의 증가에 따라 시민사회단체(civil society organization)와 준노조(準勞組, quasi-union) 등 노동이해대변의 새로운 행위자들이 나타나고 있다. 전통적인 노동조합 조직이 대규모 기업, 전통 제조업, 정규직 중심으로 노동자의 이해 대변을 수행하는 반면, 주변부노동자(영세중소기업, 정보통신(IT) 기업, 저임의 서비스업 종사자, 비정규직, 이민자, 고령자, 연소자)들의 수는 사회양극화, 세계화 등의 영향으로 지속적으로 늘어나고 있지만, 이들은 노동조합에 의해 보호를 받지 못하고 있다. 새로운 행위자들은 기존의 전통적인 노동조합이 대변하지 못하는 소외된 주변부노동자들의 이해를 보다 잘 대변하고 있으며 단체교섭 이외의 방식으로 SNS 등 소통 방법을 통해 상호부조, 사회적압력 제기 및 법률 제·개정 등의 기능을 보다 수행하고 있다.

　이러한 노동시장의 새로운 행위자들은 '노동시장의 고용관계 과정에서 단체협상 이외의 방법에 주로 의존하며 특정 행위를 통해 가시적인 영향을 미치는 조직 혹은 제도'로 정의될 수 있다. 새로운 행위자들은 시민사회단체(civil society organizations), 준노조(quasi-unions), 노동인권단체(labor rights organizations), 노동NGOs(labor NGOs) 등 다양한 명칭으로 불린다. 한국의 경우 새로운 행위자(이하 준노조로 통칭)로는 알바노조, 청년유니온, 청소년유니온, 노년유니온, 여성민우회, 외국인노동자쉼터 등이 있다.

　준노조는 회원 스스로의 권익 대변을 추구하는 회원조직, 특정한 이슈나 계층에 대해 제3자적 입장에서 후원하는 조직, 그리고 회원조직과 후원조직을 겸하는 조직으로 구분된다. 준노조는 기존 노조의 관심이 부족한 영역에 초점을 맞추고 있으며 거리에서의 목격자(witnesses on the street)로서 소수·취약 계층의 불이익이나 피해에 대해 대응하는 역할을 한다. 준노조의 활동은 정치적 압력

행사, 여론조성, 정치적 투쟁 등 주장 지향 활동과 상호부조, 노동교육 및 법률자문 활동 서비스 지향 활동으로 구분된다(김동원 외, 2019).

준노조의 한계점으로는 활동 기간이 단기에 그치는 경향, 재정적으로 취약한 점, 소규모 지역단위 위주로 활동할 경우 영향력이 미약한 점, 본래의 활동목적에서 쉽게 이탈하거나 목적이 변질될 수 있음을 들 수 있다. 준노조의 성공을 위하여 중요한 요인으로는 ① 이해대변 집단의 수요를 효과적으로 반영할 것, ② 계속 참여자나 지원자를 확대하여 재정적으로 안정된 지속가능한 조직으로 유지할 것, ③ 사회적으로 여론의 관심을 집중할 것, ④ 정책 및 제도 개선, 법률 제·개정 등 참여자가 원하는 목표와 성과를 달성할 것 등을 들 수 있다(Heckscher and Carré, 2006; Heery et al., 2012 and 2014).

최근의 문헌들은 준노조를 1970~1980년대 이후 노조가 쇠퇴하면서 등장한 현상으로 보는 경향이 강하지만(Heery and Frege, 2006; Heery et al., 2012; Fine, 2005 and 2015), 실제로 준노조는 과거부터 존속해 온 조직이다. 예를 들면, 한국의 준노조를 역사적으로 분석한 연구에 의하면, 한국에서 준노조는 3단계를 거치게 된다. 먼저, ① 1960년대부터 이름뿐인 노조의 역할을 대체하는 노동자 보호조직으로서 존재하였으며(예를 들면, 카톨릭노동청년회, 도시산업선교회 등), ② 1990년대 민주노조가 들어선 이후에는 활발한 노조의 활동에 가려서 준노조의 활동이 미미하다가, ③ 2000년대 이후 경제양극화가 진행되면서 소외된 계층과 주변부노동자를 위한 조직으로 재등장하면서(예를 들면, 알바노조, 청년유니온, 청소년유니온, 노년유니온, 여성민우회, 외국인노동자쉼터 등) 노조의 보완적인 역할을 하게 되었다(강나빌레라, 2019).

기존 문헌에 의하면 준노조는 개발도상국과 선진국의 경우 서로 다른 특징을 지니게 된다고 한다. 노동조합이 허약하거나 정부에 종속되어 노동자보호라는 본연의 역할에 미흡한 개발도상국의 경우 준노조는 노조를 대체하여 노동자를 보호하는 역할을 하게 된다. 이러한 경향은 중국, 이란, 인도, 인도네시아, 민주화 이전의 한국 등에서 보인다. 반면, 노동조합이 주로 공식부문의 정규직을 대변하는 선진국의 경우 준노조는 노조로부터 소외된 주변부노동자를 대변하여 노조와 보완관계를 보이게 된다. 준노조가 주로 이민자나 사회적인 약자를 대변하는 미국과 영국의 경우가 대표적이다(Kim et al., 2020).

Recommended Readings and Annotated Bibliography

Bean, R. 1994. <u>Comparative Industrial Relations</u>. Ch. 2. Trade Unions, Homewood, IL: Irwin.

비교노사관계적인 관점에서 대륙별로 노동조합의 특징을 이론적으로 비교분석한 글이다. 노동조합의 이데올로기, 노동조합의 구조, 노조조직률, 노조성장, 노조민주주의 등에 대한 비교분석한 이론적인 서술이다.

Boxall, P. 2008. "Trade Union Strategy," In P. Blyton, N. Bacon, J. Fiorito and E. Heery(Eds.) <u>The SAGE Handbook of Industrial Relations</u>. London: SAGE Publications.

노동조합의 전략적인 선택에 대하여 기술한 글이다. 노동조합의 생애주기, 전략적 선택의 환경과 유형, 노동조합의 포트폴리오 등에 대하여 간명하게 설명한 논문이다.

Freeman, R. B. and Medoff, J. L. 1984. <u>What Do Unions Do?</u>. New York: Basic Books.

노동조합의 경제학적인 효과를 분석한 글이다. 노조가 독점의 얼굴(monopoly face)과 의견개진의 얼굴(voice face)의 두 측면을 함께 가지고 있다는 주장을 실증연구들의 동원하여 입증한 저술이다. 신고전주의 경제학과 제도학파 경제학의 일견 상충되는 이론을 적절히 조화하여 노동조합에 대한 가장 현실감 있고 널리 받아들여지는 시각을 제공하였다.

Heckscher, C. and Carré, F. 2006. "Strength in Networks: Employment Rights Organizations and the Problem of Co-Ordination," British Journal of Industrial Relations. 44(4): 605-628.

미국의 사례를 바탕으로 준노조에 대하여 기술한 글이다. 노동조합의 부족한 점을 준노조가 메워주는 역할을 하지만 준노조의 미래에 대하여 다소 비관적으로 보고 있다. 즉, 준노조가 현재로서는 한계점이 많으므로 인접조직과의 네트워크를 통하여 새로운 사회운동으로 승화되어야 한다고 주장한다.

Heery, E., Abbott, B., and Williams, S. 2012. "The Involvement of Civil Society Organizations in British Industrial Relations: Extent, Origins and Significance," British Journal of Industrial Relations. 50(1): 47-72.

영국의 사례를 사용하여 노동관련 시민사회단체에 대하여 기원, 활동, 평가 등에 대하여 체계적으로 분석한 글이다. 시민사회단체가 노조를 보완하여 소외된 노동자를 위하여 긍정적인 기능을 해왔으며 향후의 역할에 대해서도 다소 낙관적인 주장을 하였다.

Kochan, T. A. and Katz, H. 1988. Collective Bargaining and Industrial Relations. Ch. 5. Union Strategies for Representing Workers, Homewood, IL: Irwin.

노동조합에 대한 이론들에 대하여 주로 미국의 실증적인 연구들을 중심으로 리뷰한 글이다. 노조의 성장에 대한 이론적인 모델, 노조 쇠퇴의 원인, 개인 차원에서 노조투표경향, 노조의 조직전략, 노조의 합병, 노조와 정치 등의 주제를 다루고 있다.

Verma, A., Kochan, T. A. and Wood, S. 2002. "Union Decline and Prospects for Revival: Editors' Introduction," <u>British Journal of Industrial Relations</u>. 40(3): 373 – 384.

노동조합의 세계적인 쇠퇴의 현상과 원인, 노조재반등을 위한 노조의 전략 방향, 그리고 노동조합운동의 향후 전망에 대한 4가지 시나리오를 제시한 짧은 글이다.

4장

고용관계의 주체: 사용자

사용자는 고용관계 당사자 중의 하나이다. 현대 사회에서 기업이 국가경제에서 가장 중요한 위치를 점하게 되면서 고용관계에서 사용자의 중요성은 갈수록 커지고 특히, 20세기 중반부터 시장을 중시하는 신자유주의의 영향으로 시장에 대응하는 경영자의 행위가 더욱 막중하게 인식되고 있다. 사용자는 개별사용자의 입장에서 혹은 사용자단체를 조직하여 노사관계에서 역할을 하게 된다.

01 개별 사용자

이하에서는 사용자의 유형과 다양한 고용관계전략에 대하여 설명하고자 한다.

(1) 사용자의 유형

사용자의 유형(style)은 크게 일원론적인(unitarist) 유형과 다원론적인(pluralist) 유형으로 구분된다. 일원론적인 유형은 노사 간의 이해관계가 일치하고 노사는 운명공동체라고 믿어서 노동조합의 존재이유를 부정하며 사용자가 일방적으로 직원들을 관리하는 유형이다. 일원론은 다시 권위주의적(authoritarian) 유형과 가부장적인(parternal) 유형으로 구분된다. 권위주의적 유형은 사용자가 직원들과의 소통이나 경영참여를 거치지 않고 노사 간의 협상도 불필요하다고 생각하며, 독단적으로 직원을 엄격하게 지휘감독하는 유형이다. 가부장적인 유형은 사용자가 권위주의적이지만 직원들의 복지를 앞서서 보살펴주는 유형이다.

다원론적인 유형은 사업장이 다양한 이해관계를 가진 조직으로 구성되어 있고 이들의 의견이 함께 경영에 반영되어야 한다고 믿는 유형이다. 즉, 노사관계에 있어서는 노와 사가 모두 정당한 가치와 이해관계를 가지고 있으며 노사가 힘의 균형을 가지고 서로를 견제할 때 조직이 건전하게 유지된다고 믿는 유형이다. 다원론적인 유형은 다시 협상형(negotiational, constitutional) 유형과 참여형

(participative) 유형으로 구분된다. 협상형 유형은 노와 사가 대립적인 협상을 통해서 결과를 도출하면 이를 따르는 유형이고, 참여형 유형은 직원들이나 노동조합을 경영의사결정에 참여시켜서 의사결정에 반영하는 유형이다(Poole, 1986).

(2) 사용자의 고용관계전략

사용자의 고용관계전략은 조직과 사람을 관리함에 있어서 조직의 구조, 과정, 결과를 유지하거나 혁신하기 위하여 고안된 장기적인 정책의 묶음을 의미한다. 기업의 전반의 경영전략이 수립된 이후에 그에 따라서 고용관계전략이 정립되므로 고용관계전략은 2차 혹은 3차 수준의 전략이다(Bacon, 2008; Thurley and Wood, 1983). 고용관계에 있어서는 전략이 구체적이고 명시적으로 정립되어서 실행되는 경우는 드물고, 전략이 묵시적으로 구성원들에게 받아들여져서 고용관계의 원칙과 방향성을 설정하는 역할을 하기도 한다. 이하에서는 다양한 수준과 차원에서의 고용관계전략을 살펴보기로 한다.

1) 조직관리에 대한 사용자의 전략

조직관리에 대한 사용자의 전략은 직접 관리(direct control), 기술적 관리(technical control), 그리고 관료적 관리(bureaucratic control)로 구분할 수 있다(Edwards, 1979). 직접관리는 주로 중소기업에서 많이 사용되는 권위주의적이거나 가부장적인 관리방식이다. 조장이나 반장 등 일선 관리자(line management, foreman)가 자의적으로 지시를 하고 보상과 징계를 하는 방식이다. 기술적 관리는 철강, 자동차공장 등 대량생산체제에서 기계에 의해서 노동자들의 작업 속도나 방식이 결정되는 방식으로서 기술결정주의(technological determinism)의 영향을 받는 관리방식이다. 관료적 관리는 대규모 조직에서 복잡하지만, 객관적인 관료적인 절차에 따라서 업무가 실시되는 방식이며, 노동자들의 직무만족도를 향상시키고 노동조합에 대응 혹은 회피하기 위한 정책들이 사전에 고안되고 실행되는 방식이다. Walton(1985)은 통제(control)전략과 헌신(commitment)전략으로 사용자의 조직관리전략을 구분하기도 한다. 통제전략은 직원들을 비용요소로 파악하여 가급적 노동비용을 절감하고 불만이 표출되지 않도록 직원들을 관리하고 통제하는 전략이다. 헌신전략은 직원들의 만족도와 몰입도를 증가시켜서 직원들이 조직에 정서적으로 몰입하여 더 열심히 일하고 소통과 경영참가를 통하여 조직에 헌신하도록 유도하는 전략이다.

반면, Katz and Darbishire(2000)는 대부분의 선진 국가에서 고용관계 유형으로 저임금 유형, 개별적 인적자원관리유형, 일본식 유형, 참여형 유형의 4가지가 공존한다는 다양성으로의 수렴(converging divergency)가설을 제시하였다. 저임금 유형은 중소영세기업에서 권위주의적인 관리를 하면서 직원들을 혹사하는 유형이고, 개별적 인적자원관리유형은 비노조기업에서 정교한 인적자원관리기법을 사용하여 직원들의 만족도와 몰입도를 향상시키는 유형이다. 일본식 유형은 경영자가 주도하는 제한된 상의하달식 경영참여를 통하여 생산성을 향상시키고 문제를 해결하는 유형이고, 참여형 유형은 스웨덴의 자율경영팀모델을 따라 하의상달식 경영참가를 통한 자율경영을 지향하는 모델이다.

2) 단체협상과 인적자원관리로 본 사용자의 전략

Purcell(1987)은 사용자의 전략을 개인주의(individualism)와 집단주의(collectivism)로 구분한 바 있다. Guest and Conway(1999)는 Purcell의 이론을 더욱 발전시켜서 사용자가 노동자를 관리하는 두 가지의 수단(즉, 노사관계를 규율하는 단체협상과 개별적 노사관계를 규율하는 인적자원관리) 중에서 사용자가 중점을 두는 정도에 따라서 사용자의 조직관리전략을 구분하였다. 그림 4-1에서 보듯이 단체협상에 치중하고 인적자원관리에 비중을 적게 두는 전략은 전통적인 집단주의 전략(L-H)으로서 미국의 GM, 한국의 현대자동차, 일본의 도요타 등 전통제조업 기업에서 흔히 사용하는 전략이나. 반면, 인석자원관리에 숭점을 두고 단체협상에는 비중을 두지 않는 전략은 개인적인 인적자원관리전략(H-L)으로서 비노조 기업인 Google, Apple, Wal-mart, 삼성그룹 등에서 흔히 사용하는 전략이다. 인적자원관리와 단체협상에 모두 관심을 두고 개별 노동자의 만족도를 증진시키고 노동조합과의 협력을 함께 중시하는 전략은 노동자의 경영참여와 노사 간의 협력을 중시하는 고성과조직에서 사용하는 전략이다. 반면, 중소영세기업에서는 인력과 자원의 부족으로 노동자를 관리하는 시스템이 부재하는 경우가 많다. 즉, 정교한 인적자원관리 시스템도 없고 무노동기업이 많아서 단체협약에도 제

외되는 상황인 것이다. 이러한 경우를 Black Hole 혹은 Bleak House 기업이라고
부른다.

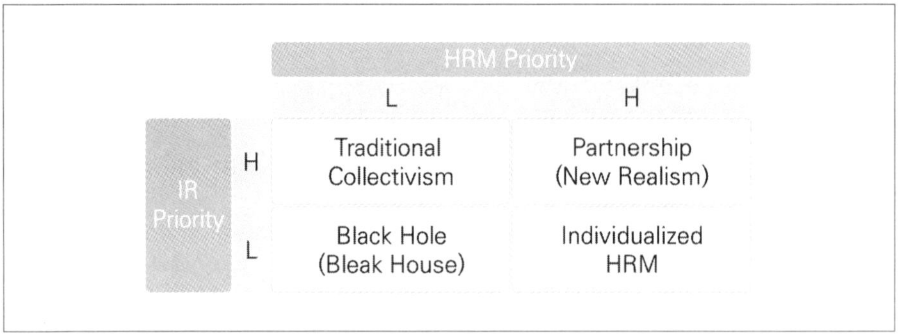

		HRM Priority	
		L	H
IR Priority	H	Traditional Collectivism	Partnership (New Realism)
	L	Black Hole (Bleak House)	Individualized HRM

출처: Guest and Conway(1999)

그림 4-1. 단체협상과 인적자원관리의 상대적 중요성에 따른 사용자의 노사관계전략

(3) 사용자의 협상전략과 고용전략

사용자가 선택할 수 있는 협상전략은 회피전략, 강압전략, 포용전략의 세
가지 선택이 있다(Walton et al., 2000). 첫째, 회피전략(escaping strategy)은 사용자
가 노조를 회피하고자 하는 전략이다. 둘째, 강압전략(forcing strategy)은 사용자
측이 강력한 협상력을 바탕으로 노조에게 양보를 강제하는 전략이다. 셋째, 포
용전략(fostering strategy)은 노사 양측의 목표를 달성하기 위하여 노사합의에 의
한 변화를 추구하는 전략이다.

사용자들은 경제환경이 변함에 따라 인적자원의 고용유연성을 조절할 필요
성이 대두되었는데, 고용유연성의 측면에서 사용자에게는 신자유주의적 전략,
이원화 전략, 사회조합주의적 전략의 세 가지 선택이 있다(Bamber and Lansbury,
1998).

첫째, 신자유주의적 전략(neo-liberal model)은 철저히 외부노동시장에 의존
하여 고용유연성을 확보하려는 전략이다. 둘째, 이원화 전략(dualistic model)에서
는 기업의 핵심적 역량을 수행하는 핵심인력에 대하여는 내부 노동시장을 적극
활용하여 다기능공화를 통한 기능적 유연성(functional flexibility)의 확보에 치중

하며 비교적 장기고용을 보장하는 전략이다. 반면 기업의 주변적인 기능을 수행하는 주변인력에 대하여는 수량적 유연성(numerical flexibility)을 추구하여 외부노동시장을 활용한다. 즉, 고용과 해고가 비교적 자유로운 비정규직이나 외주, 하청에 주로 의존하는 전략이다. 셋째, 사회조합주의적 전략(quasi-corporatist model)은 노동력의 유연성을 확보함에 있어서 외부노동시장에 거의 의존하지 않고, 내부노동시장을 적극 활용하여 다기능공화를 통한 기능적 유연성을 확보하는 전략이다.

(4) 무노조 고용관계

고용관계에서는 노동조합에 대한 연구와 함께 무노조 고용관계에 대한 연구도 꾸준히 이루어졌었다. 19세기 말부터 노조를 억제하기 위하여 자본가들이 고안해낸 복지자본주의(welfare capitalism)이래로 무노조기업에 대한 연구가 진행되어 왔고, 최근에는 Fred K. Foulkes(1980)의 미국의 무노조대기업의 고용관계 관행에 대한 고전적인 연구와 Kochan et al.(1986)의 무노조 고용관계를 초래한 1970년 이후 미국 사용자의 전략적 선택에 대한 연구가 주목을 받았다. 1980년 이후 노조의 쇠퇴와 더불어 무노조에 대한 학계의 관심이 더욱 커져서 무노조기업에 대한 연구는 증가하는 추세를 보인다(Dundon and Rollinson, 2004; Kaufman and Taras, 2000; Troy, 1999). 이하에서는 사용자의 무노조 유지전략을 먼저 살펴보고 무노조기업의 고용관계 유형에 대하여 설명하고자 한다.

1) 사용자의 무노조 유지전략[20]

노조의 계속된 침체를 가져오는 가장 중요한 원인 중 하나가 사용자의 무노조전략이다. 무노조기업에서 노조의 결성을 반대하는 이유는 여러 가지가 있지만, 일반적으로 경영권침해, 노동경직성, 그리고 노동비용의 증가에 대한 우려 등이 중요한 원인으로 뽑힌다. 무노조기업의 노조화 방지 전략은 노조탄압, 노조회피, 노조대체의 세 가지가 있다.

노조탄압전략(union suppression)은 대부분 부당노동행위에 해당하는 수단으

---

20) 이 부분은 김동원 외(2019)의 설명을 요약한 것임을 밝혀둔다.

로서 노조를 극한적으로 탄압하는 경우이다. 신생노조가 결성되는 것을 적극 방해하는 사용자의 부당노동행위를 포함하여 기존의 노동조합도 그 활동을 방해하는 다양한 노동조합 방해활동이다. 노조파괴전문가를 활용하는 경우도 많고, 사용자가 노조결성추진세력을 해고하기도 한다. 정당한 사유없이 이미 결성된 노동조합과의 교섭을 거부하기도 하며 사용자가 노조의 해산을 유도하기도 한다.

노조회피전략(union avoidance)은 회사측이 법을 어겨가면서까지 노조를 탄압하는 것은 아니지만 가능한 한 회사에 노조가 결성되는 것을 막고 최소한 확산되는 것을 막으려는 회사 측의 전략이다. 우선, 노조결성의 주된 원인인 직무불만을 방지하기 위한 처우를 개선하는 적극적인 인적자원관리정책을 들 수 있다. 한편, 병렬형 관리(double breasting)는 유노조 사업장과 무노조 사업장을 함께 가진 기업에서 노조의 영향력을 약화시키기 위하여, 노조가 있는 사업장은 축소하고 노조가 없는 사업장을 확대하도록 관리하는 방법이다. 또, 노조가 있는 공장을 국내외의 무노조지역으로 이전하여 노조를 제거하는 방법을 쓰기도 한다.

노조대체전략(union substitution)은 법테두리 내에서 노조의 순기능을 대신할 수 있는 노사협의회, 평사원협의회, 청년중역회 등 대안적 의사소통기구(alternative voice channel)를 제시함으로써 노조결성과 활동을 막으려는 사용자 측의 방법이다.

2) 무노조기업의 고용관계 유형

이하에서는 무노조기업의 고용관계 유형을 탐구한 대표적인 두 개의 실증연구를 소개하고자 한다. Guest and Hoque(1994)는 신설된 무노조기업에 대한 설문을 통하여 무노조기업의 고용관계 유형을 인적자원관리(HR)전략의 활용정도와 인적자원관리(HR)관행에 따라 2 by 2로 나누어 4가지로 분류하였다. 즉, 기업 본부에서 명백한 HR전략을 수립하는 정도가 높고 사업장에서 정교한 HR관행을 실시하는 정도가 높으면 우량한(good) 유형이고, 기업 본부에서 명백한 HR전략을 수립하지 못하고 사업장에서 정교한 HR관행을 실시하지 못하면 불량한(bad) 유형이며, 기업 본부에서 명백한 HR전략을 수립하였는데도 사업장에서 정교한 HR관행을 실시하지 못하면 외화내빈의 추한(ugly) 유형이고, 기업 본부에서 명백한 HR전략을 수립하지 못하였는데도 사업장에서 정교한 HR관행을 실시한다면 운이 좋은(lucky) 유형으로 구분하였다.

이 연구의 샘플 중 우량한(good) 유형이 56개로 가장 많고, 불량한(bad) 유형이 28개, 운이 좋은(lucky) 유형이 27개, 그리고 추한(ugly) 유형이 8개로 가장 적었다. 이들의 연구결과에 의하면 우량한(good) 유형이 인적자원관리, 고용관계, 경영성과 측면에서 가장 긍정적인 결과를 보였고, 불량한(bad) 유형은 이 세 측면에서 가장 부정적인 결과를 보였다.

		HR전략	
		L	H
HR 관행	H	Lucky	Good
	L	Bad	Ugly

출처: Guest and Hoque(1994)

그림 4-2. HR전략과 HR관행의 상대적 중요성에 따른 무노조기업의 고용관계 유형

한편, Dundon and Rollinson(2004)은 복수 사례연구를 통하여 영국의 무노조기업들을 4가지 유형으로 구분하였다. 첫째, 정교한 인간관리(sophisticated human relations) 유형은 정교한 인적자원관리제도를 사용하여 직원들의 만족도와 몰입도를 올리고 경영정보공유와 경영참가를 보장하며, 적어도 핵심인력은 회사의 주요 자산으로 보아 장기적으로 육성하며(필요하다면, 주변 인력의 희생을 바탕으로) 직원과 경영층 간 신뢰와 유대감이 존재하는 유형이다.

둘째, 관대한 독재(benevolent autocracy) 유형은 가부장적인 철학으로 관대한 처우를 하고 직무만족도를 높게 유지하여 노동조합의 결성을 막는 한편, 노동자들의 의견개진 장치는 있지만, 사용자의 경영방침이 압도적으로 중요하게 작용하는 유형이다.

셋째, 교묘한 통제(manipulative regulation) 유형은 제도에 의한 관료주의적 통제장치를 사용하고 고용불안을 무기로 직원들이 복종하도록 관리하며 직원들의 복지는 대체로 열악한 편이고 노사 간 교감과 유대감은 거의 없는 유형이다.

마지막으로, 착취적 독재(exploitative autocracy) 유형은 열악한 근로조건이 일반적이고 언제라도 해고가 가능하며 직원들의 의견개진을 거의 보장하지 않고 일선 관리자의 자의적이고 강압적인 인사관리에 의존하는 유형이다. 이 유형은 앞서 살펴본 Guest and Conway(1999)의 블랙홀 유형과 흡사하다.

전체적으로 보아, 무노조기업의 고용관계 유형은 우수한 기업도 많이 있지만(예를 들면, Guest and Hoque, 1994의 우량한 유형이나, Dundon and Rollinson, 2004의 정교한 인간관리 유형), 노동조합이라는 최소한의 노동자 보호자 장치가 없는 까닭에 직원들을 함부로 대하고 열악한 노동조건을 방치하는 유형들(예를 들면, Guest and Hoque, 1994의 불량한 유형이나, Dundon and Rollinson, 2004의 착취적 독재 유형)이 존재한다는 점이 주목할 만하다. 결국, 무노조기업의 고용관계는 노동자를 보호하는 노동조합이라는 제도적인 장치가 아니라 경영자 개인의 철학이나 도덕성에 크게 의존한다는 점이 특징적이다.

02 사용자단체[21]

기업을 운영하는 경영자들은 노동조합에 개별적으로 대응하기도 하지만 단체를 결성하여 노동운동에 대응하기도 한다. 경영자단체는 사업자단체(trade or business association)와 사용자단체(employers association)로 구분할 수 있다. 사업자단체는 경쟁, 관세, 대정부 로비 등 기업경영상의 일반적인 문제를 다루는 조직을 의미하고, 사용자단체는 기업경영상의 노동문제를 중점적으로 다루기 위한 조직을 의미한다. 한국경영자총협회는 사용자단체고, 전국경제인연합회, 대한상공회의소, 중소기업중앙회 등은 사업자단체이다. 본 장에서는 주로 사용자단체에 대하여 논의하기로 한다.

(1) 사용자단체에 대한 이론적 접근방식들

노사관계의 다양한 학파들에서는 노사관계의 현상에 대한 의미를 각각 다르게 해석한다. 사용자단체에 대하여도 다원주의, 조합주의(corporatism), 마르크시즘에서 서로 다른 이론적인 시각을 가지고 있다. 이들을 차례로 살펴보고자 한다.

1) 다원주의 노사관계론

다원주의적 노사관계론에서는 제도론적인 시각에서 노사관계를 구성하는 시장, 제도, 조직적 요소들을 통해 사용자단체에 대해 설명하였다. 예를 들어, Gospel and Palmer(1993)는 사용자의 조직적 결속에 대해 시장요인의 중요성을 강조하였다. 이들에 따르면 소규모 국내시장과 수출의존성을 지니는 나라일수록 주요 산업부문이 임금상승 압력에 더 민감하여 사용자단체를 통한 내부 결속을

---

21) 이 부분은 김동원 외(2007)의 설명을 압축·재구성하고, 업데이트한 것임을 밝혀둔다.

통해 비용 상승 압력에 대처할 유인이 더 커지게 된다. 또한 산업화 시점이 늦은 대신 속도가 빠를 경우 노동계급의 급속한 성장을 낳아 이에 대처하기 위한 사용자 세력의 결집력을 필요케 한다. 이들은 영국에서 다사용자단체교섭의 성쇠 및 이에 따른 사용자단체의 성장과 쇠퇴를 설명할 수 있는 요인을 시장과 기업조직의 변화로 보았다. 즉, 시장개방이 제한되고 기업규모가 적을 경우 다사용자단체교섭과 사용자단체가 등장할 가능성이 높지만, 개방된 시장과 대량생산체제에 따른 기업의 대규모화는 인적자원관리를 기업내부화할 유인을 크게 하여 다사용자교섭과 사용자단체의 쇠퇴를 낳았다는 것이다.

    Sisson(1987)과 Poole(1986)는 단체교섭구조가 사용자단체의 형성과 발전, 구조와 기능에 관한 중요한 설명요인이라고 주장하였다. 예를 들어, 스칸디나비아, 독일등지에서의 중앙교섭체계는 사용자단체를 통한 통일적인 사용자의 대응을 촉진한 반면, 미국, 캐나다, 영국, 일본, 한국 등지에서의 분권적 교섭형태는 사용자단체의 영향력과 내부 응집성을 약화시키는 요인이었다고 한다. 최근 Traxler(2008)는 노사관계 제도, 특히 단체교섭구조의 역할을 새로이 부각했다. 그가 유럽국가들의 사용자단체 조직률 결정요인을 분석한 바에 따르면, 사용자단체 조직률을 결정하는 가장 중요한 요인은 단체협약적용확장 조항의 유무였는데, 이는 다사용자교섭과 긴밀한 연결 되어 있는 제도이다.

2) 조합주의(corporatism) 이론

    조합주의 이론은 사회적 대화의 정치경제학적인 시각에서 사용자단체에 대해 설명하고 있다. 조합주의 접근방식에서 사용자단체는 사회적 대화에서 조직화된 사용자 집단의 체제편입(incorporation) 요구에 대한 기능적 대응으로 이해되었다. 일반적으로 국가는 노사관계의 주요 행위자로서 노사의 행동규율을 정하고 노사와의 상호작용을 통하여 이들 조직의 구조와 행동에 영향을 미치게 된다. 특히 조합주의하에서 국가는 노사 단체와 정치적 교환을 통하여 과거 국가의 전유물이던 경제사회정책에 노사단체의 참가를 허용하는 대신, 이들에게 이해관계의 통일적이고 집중적인 대변을 요구하게 된다. 즉, 노사단체가 정치적 교환과 정책 참가를 위해 하부 집단의 이해관계를 통제하도록 한다(Schmitter, 1974; Streeck, 1984). 사용자단체의 역할과 기능 역시 다원주의와 조합주의에서 차이를 가진다.

사회적 대화를 통하여 사용자단체와 국가가 서로의 권위를 인정하고 지지하는 것은 국가의 정치적인 정당성유지에도 도움이 되지만 사용자단체의 정치적 영향력과 회원들에 대한 대표성과 통제력도 증진시킨다. 또 통일되고 집중적인 이해관계의 연합체 구조인 사용자단체가 노사정대화에 참가함으로써 국가는 정책 결정에 수반되는 복잡성을 줄여서 거래비용을 감소시킬 수 있고, 정책결정 과정에서 당사자의 의견을 수렴함으로써 정책의 현장 실천력을 증가하고, 정책의 정당성을 획득한다. 국가는 규제기능의 일부를 사용자단체에 넘길 수 있고 이를 통해 정치적 목표의 수행 시 위험과 부담을 줄일 수 있다. 이 과정에서 사용자단체를 사실상의 반(semi) 국가기관으로 전환시키며, 사용자단체의 역할은 과거보다 훨씬 복잡하게 커지게 된다.

3) 마르크스주의적 시각

마르크스주의적 시각에서 사용자와 그 단체를 파악하는 기본적인 이론적 도구는 사회계급론이라고 할 수 있다. 마르크스주의에 의하면 사회계급은 생산관계에서의 지위에 의해 정해지며 사용자나 그 단체는 기본적으로 '노동계급(working class)'과 상반되는 사회경제적 이해관계를 지닌 '자본계급(capitalist class)'에 속한다. 따라서 사용자단체는 조직과는 독립적으로 형성되어 있는 자본계급의 이해관계를 실현하기 위한 한 조직으로 파악한다.

사용자단체를 마르크스주의 관점에서 파악한 대표적인 학자인 Offe and Wiesenthal(1980)에 의하면 사용자단체의 역할은 자본계급 전체의 이익 실현 과정에서 부분적이고 기능적인 역할을 수행한다. 이들에 의하면, 자본주의 사회에서 사회구성원의 물질적 이해관계의 실현은 자본계급의 핵심 이해관계인 이윤 축적을 조건으로 삼고 있고 이로부터 자본주의적 계급 간 관계에서는 자본과 노동 간에 비대칭적인 권력 관계가 전제되어 있다. 즉, 자본계급은 자신의 이익 실현을 위해 '경영권'을 가진 기업과 '구조적으로 자본계급에 종속적인' 국가를 활용할 수 있으며, 자본가들은 사용자들의 단체(associations)를 통한 집합적 행동을 사용자들의 이해관계 실현에 활용할 수 있다는 것이다. 이들은 자본가들의 이해관계는 비용과 수익(returns)이라는 분명한 기준을 가지고 있어서, 자본가들의 사용자단체를 통한 이해 결집은 노동조합보다 훨씬 더 용이하고 기능적인 것으로 파악한다.

(2) 사용자단체의 형성과 발전의 영향요인

사용자단체의 형성에 대한 이론들은 사용자단체의 연구 중 가장 연구가 많이 되고 논란이 있었던 분야 중 하나이다. 사용자단체의 형성과 발전에 영향을 미치는 요인들로는 가장 강력한 요인으로 노동운동, 시장, 국가, 노사관계 시스템, 내부요인 등이 거론되고 있다.

1) 노동운동

일반적으로 사업자단체가 먼저 형성되고 노동운동이 격화되는 시점에서 노동문제에 대응하기 위하여 사용자단체가 설립되는 경향을 보인다. 이러한 맥락에서 사용자단체의 형성에 대한 유력한 논리는 강력한 노조운동에 대한 대항조직으로 사용자단체가 탄생했다는 것이다. 이러한 이론은 적응모델, 방어적 모델(Jackson and Sisson, 1976; Traxler, 2008)로 불린다. 이들에 의하면 사용자단체는 노조와 같은 외부적 영향에 의해 발생했으며, 대응적(responsive)이고 적응적(adaptive)으로 발전하였다고 한다. 즉, 강력한 노동운동의 등장은 노사관계에 특화된 사용자단체를 형성시킨 가장 직접적인 요인이라고 할 수 있다.

각국의 근대적 사용자단체는 강력한 노조운동에 대한 대항력(countervailing power)으로 출범하였다. 유럽의 사용자들은 전투적이고 사회주의적인 노조운동이 사업장 내에서 경영권에 영향을 미치는 것을 억제하기 위하여 노동자들과의 단체교섭을 사업장 외부에서 행하는 다사용자교섭으로 전환하였으며, 이를 위해 자신들의 단체를 결성하였다. 역사적 경험들에 의하면, 노조운동이 국지적(local), 직업별 운동에서 전국적, 산업별 운동으로 성장함에 따라 사용자단체 역시 국지적 조직에서 전국적 조직으로 진화해 갔음을 확인할 수 있다(Poole, 1986; Schmitter and Streeck, 1999).

이러한 경향은 유럽의 사용자단체 형성사뿐 아니라 일본이나 한국의 사용자단체 형성의 역사를 통해서도 확인된다. 즉, 한국의 경우도 전국경제인연합회,

대한상공회의소 등 사업자단체가 먼저 결성되고 1970년대 초 강력한 노동운동이 대두되는 시점에서 사용자단체인 한국경영자총협회가 설립되었다. 일본의 경우도 사업자단체인 게이단렌(경단련, 경제단체연합회)이 먼저 생기고 노동문제가 심각해지면서 사용자단체인 닛케이렌(일경련, 일본경영자단체연맹)을 결성하게 된다.

2) 시장

시장 환경 자체가 사용자단체의 결성을 촉진하는 중요한 압력을 제공한다. Schmitter and Streeck(1999)에 의하면, 사용자단체 결성의 필요성은 자본 간 경쟁, 혹은 자유경쟁이라는 자본주의 생산양식의 기본적 특징 자체로부터 제기된다. 즉, 자본 간의 끝없는 경쟁은 시장 시스템 자체의 안정성과 활력을 위협할 수 있기 때문에 개별 기업들은 시스템의 안정을 위해 서로 조율될 필요가 있고, 거래 및 경쟁, 무역의 규율, 노동문제에 대한 공동대응을 위해 단체가 형성된다는 것이다.

시장과 관련하여 중요하게 논의되어 온 변수들로는 시장특성, 산업화 특성, 경제위기 등을 들 수 있다. 영국 CBI와 스웨덴 SAF의 조직특성에 대한 비교에서 영국의 Jackson과 Sisson(1976)은 사용자단체의 집중성과 포괄성에 대한 설명요인으로 시장규모 및 수출의 역할, 산업화의 타이밍과 속도, 사업장 규모의 역할을 중요하게 지적하였다. 즉, 소규모 국내시장과 수출의존성을 지니는 나라일수록 주요 산업부문은 임금비용 상승 압력에 더 민감하며, 이 경우 사용자들의 내부 결속을 통해 노동운동에 대항하여 노동비용상승 압력에 대응할 유인이 더 커지게 된다. 그리고, 산업화 시점 및 속도 역시 중요한 영향을 미친다고 보았다. 즉, 영국과 내조되게 스웨덴은 늦고 급속한 산업화를 경험하였는데, 그 시점과 속도는 노동계급의 빠른 성장과 그와 결부된 정치적 민주화의 촉진을 낳았으며, 이를 통해 빠르게 성장하는 노동세력에 대처하기 위한 자본 세력의 결집이 필요하여 사용자단체가 결성되었다는 것이다.

한편, 경제적 위기는 위기극복을 위하여 사용자 간의 협력과 조율이 필요하고 이는 사용자단체의 형성을 촉진하는 요인으로 작용하였다. Van Waarden(1995)에 의하면 네덜란드에서 1880년에서 1960년까지 1,841개의 사용자단체가 설립되었고, 이중 사용자단체의 설립이 늘어난 시기는 1906~1907년, 1915~1919년,

1932~1935년, 1938년, 1945~1952년 등인데, 모두가 경제위기를 겪고 있던 시기들이었다.

3) 국가

국가 역시 사용자단체의 형성과 발전 과정에 영향을 미친 중요한 영향요인이다(Grant, 1993; Schmitter and Streeck, 1999). 사용자단체의 성장에 미친 국가의 영향은 역사적으로 확인된다. 영국의 경우 제1차 세계대전의 발발로 인해 국가가 노사단체와 함께 전시노사협력체제를 구성하게 되면서 노조조직뿐 아니라 사용자단체의 역할이 증대하였다. 휘틀리위원회(Whitley Committee)의 권고에 의해 이루어진 노사조직의 강화, 단체교섭과 합동교섭기구의 촉진, 공장─지역─전국 단위의 노사협의회 제도화 등은 전국 사용자단체의 역할을 대폭 강화하는 효과를 발휘하였으며, 이러한 발전의 결과로 1919년에는 최초의 중앙사용자단체인 영국사용자총연맹(British Employers Confederation, 이하 BEC)이 탄생하였다.

이러한 경향은 전체주의 체제에서도 나타나는데, 독일의 경우 국가가 제정한 '전시동원법(Hilfsdienstgesetz, 1916)', '집단적 노동법(Kollektive Arbeitsrecht, 1919)', '중앙노동공동체(Zentralarbeitsgemeinschaft, 1918)' 등의 법률들이 개별기업에 대한 사용자단체의 위상과 영향력을 강화시켜서 대기업의 사용자단체 가입을 촉진하는 계기로 작용하였다.

한국의 경우에도 경총의 창립에는 강제적 산별체제를 통한 관료적 노동통제가 한계에 다다른 당시 군사정부가 사용자에게도 압력을 넣어 각 수준의 노사 간 대화를 장려한 점이 영향을 주었다(최장집, 1988).

더욱이, 1960년대 이후 북유럽 국가에서 조합주의를 적극 추진하면서 사용자단체가 사회적 대화의 한 축으로서 사용자단체의 중요성이 강조되고 발전하는 중요한 계기를 마련하였다. 조합주의 이론은 국가가 사용자단체에 미치는 영향을 잘 논리화하고 있다. 조합주의하에서 국가는 정치적 교환을 통하여 경제사회정책에 노사단체의 참가를 허용하고 반대급부로 노사관련 이해관계의 통일적이고 집중적인 대변을 요구한다. 즉, 노사단체는 정책 참여와 하부 집단의 통제를 함께 수행하도록 요구받은 것이다. 조합주의하에서 사용자단체는 사실상의 반(semi) 국가기관이 되어 사용자단체의 위상, 역할, 기능이 훨씬 복잡하고 커지게 된다. 이러한 경향은 노사정 대화가 활발했던 1960~1970년대의 스웨덴, 독일, 1990년대 이후의 네덜란드, 아일랜드, 이탈리아 등에서 관찰된다.

4) 노사관계 시스템

노사관계 시스템은 사용자단체의 발전, 구조, 활동에 중요한 영향을 주는 결정요인으로 간주되어 왔으며(Windmuller and Gladstone, 1984), 특히 단체교섭 구조는 노사관계 시스템에서 핵심적인 제도로써 사용자단체의 발전과 구조, 기능에 관한 중요한 결정요인이었다(Sisson, 1987). 예를 들어, 다사용자교섭은 단일사용자교섭에 비해 사용자단체의 역할을 크게 증진시키고, 단일사용자교섭의 경우 그 반대의 경향이 보인다. 스칸디나비아, 독일 등지에서의 중앙교섭체계는 사용자단체를 통한 통일적인 사용자의 대응을 촉진한 반면, 미국, 캐나다, 영국, 일본, 한국 등지에서의 분권적 교섭형태는 사용자단체의 영향력과 내부 응집성을 약화시키는 주요 요인이었다(Poole, 1986). Traxler(2008)는 단체협약적용확장 조항과 다사용자교섭이 사용자단체 조직률에 긍정적인 영향을 미치는 것으로 분석하였다.

Hall and Soskice(2001) 역시 자본주의하에서 시장경제국가들은 경제체제에서의 경쟁을 중시하는 반면, 조정경제국가들은 경제체제에서의(노사관계 시스템을 포함한) 조율을 중시하므로 사용자들을 대변할 사용자단체가 중요한 역할을 한다고 설명하였다.

5) 사용자단체의 내부요인

하지만, 사용자단체가 순전히 외적인 요인들에 영향을 받는 것은 아니다. Plowman(1991)에 의하면 사용자단체의 형성에 노동운동, 국가와 같은 외생요인의 중요성을 인정하면서도, 내생요인 또한 사용자단체의 전개와 성격변화의 중요 결정요인으로 간주하고 있다. 즉, 일단 사용자단체가 형성되면 내생적인 요인들이 사용자단체의 정체성 형성과 발전과정에 큰 영향을 미친다는 것이다. 이러한 내생요인으로는 지도자의 수완, 역동성, 퍼스낼리티, 멤버십 구성, 내부 권위구조, 조직범위, 내부 안정성, 재정 및 기타 자원, 조직 간 관계 등이다. 따라서 사용자단체의 연구에 적합한 틀은 외생적 요인과 내생적 요인 모두를 함께 고려하여야 할 것이다.

(3) 사용자단체의 논리

사용자단체의 활동논리를 설명하는 가장 유력한 이론은 Schmitter and Streeck(1999)에 의해 제시되었다. 이들에 의하면, 사용자단체의 다양한 활동의 패턴을 결정짓는 것이 멤버십논리(logic of membership)와 영향력논리(logic of influence)이다. 멤버십논리란 사용자단체가 대변하고자 하는 개별사용자들의 집단적 특성에 의해 활동의 패턴과 조직특성이 결정되는 경향을 의미하는 반면, 영향력논리란 사용자단체가 자원을 획득하기 위해 경합, 상호작용하는 외부적 대상인 국가 및 노조와의 상호작용 속에서 활동 패턴이나 조직특성이 결정되는 경향을 의미한다.

멤버십논리에 영향을 미치는 회원 사용자집단의 특성으로는 잠재적인 회원집단의 규모, 자원배분의 평등성 정도, 조직 내외에서의 집단들 간의 경쟁 정도, 집단 내의 상호의존성, 상호 이질성, 수익성과 성장성 등이 존재한다. 멤버십논리에 따라 회원에 대한 서비스와 연대적 목표를 위한 회원 참여의 성격이 결정된다. 반면, 영향력논리를 결정짓는 국가와 노조의 특성으로는 게임의 규칙(노사관계 제도 및 관행), 정부에서 사민주의의 지배 정도, 노조운동의 집중성과 통일성, 조합주의적 임금결정, 교섭구조 등이 존재한다. 영향력논리에 따라 회원에 통제와 회원요구를 대변하는 행위가 이루어진다.

(4) 사용자단체의 기능

1) 정책 참여

사용자단체들은 사회적 협의 기구들을 통하여 노동·사회·경제 정책들에 대한 사용자들의 입장을 개진하고 영향을 행사하거나, 정부와 정당들에 대해 입장을 개진하고 영향을 행사하는 로비활동을 한다. 통상적으로 사회적 협의 기구를 통한 정치적 대변은 조합주의 노사관계를 지닌 대륙 유럽의 사용자단체에서 활발하고, 영미형의 다원주의적 노사관계에서는 로비활동이 활발하다.

조합주의 노사관계 모형을 지니는 나라들에서는 정부부처가 정책 결정과정에서 이해집단과의 협의나 권고를 일상화하고 있다. 이러한 자문과 협의역할은 해당 이해집단의 기술적 전문성과 대표성을 승인하게 됨을 의미하게 된다. 이러한 정책협의(policy concertation)는 사회협약(social pact)과 더불어 조합주의 노사관계 모형에서 노사 단체가 국가와 상호작용하는 전형적인 양식 중의 하나이다. 이러한 정책협의는 종종 정책 이행의 위임을 수반하는 경우도 있으며, 이들 단체가 선정되면 일정한 독점적 권한을 주어 정책협의와 정책 이행 위임 역할을 수행하게 된다. 조합주의 시각에서 사용자단체를 분석하는 연구들은 이러한 과정을 거쳐 노사단체의 독점성과 집중성, 기능의 활성화가 이루어졌다는 점을 지적하고 있다(Plowman, 1991).

2) 단체교섭

사용자단체의 대표적 기능으로는 단체교섭 당사자로서의 역할을 들 수 있다. 다사용자교섭이 보편화되어 있는 유럽의 경우 주로 산업부문별 사용자단체들이 그 역할을 수행하고 있다. 그러나, 사용자단체의 단체교섭 역할에는 사용자가 직접 단체교섭을 수행하는 경우와 수행하지 않는 경우로 나누어진다.

먼저, 스칸디나비아형 노사관계에서는 전통적으로 가장 중요한 단체교섭 수준이 중앙 차원에 존재했으며, 이 때문에 산업별 사용자단체보다는 중앙사용자단체나 사용자단체들 간의 교섭카르텔이 교섭을 수행하는 역할을 맡았다. 중앙교섭은 그 합의 사항이 산업부문이나 지부 차원에서의 원만한 수용을 필요로 하기 때문에, 하부에서의 추가적 협상이 필요하다. 동시에, 중앙교섭은 중앙의 사용자단체가 하부 통제력을 강하게 가지고 있는 경우에 효과적일 수 있다. 이 때문에 중앙교섭이 이루어졌던 나라의 중앙사용자단체들은 강력한 규율을 두고 하부를 통제해 왔으며, 하부의 순응을 유인하기 위해 상호파업보험(mutual strike insurance)같이 노조의 파업에 대해 적극 지원하는 장치들을 두어 왔다.

또 다른 모델은 사용자단체가 단체교섭을 직접 수행하는 역할을 하지 않고, 단체교섭이 기업수준에서만 벌어지는 경우이다. 이 경우 사용자단체는 일반적 권고나 지침, 자료 제공, 그리고 조율 등을 통해 단체교섭을 지원한다. 예를 들어, 한국의 경총, 일본의 일경련은 대체로 협상에 참여하지 않지만 교섭과정에 있어서 가이드라인의 구성을 주요 임무 중 하나로 수행한다. 이 가이드라인은 주요 기업들이 대표되고 있는 정책형성기구에서 만들어지고 광범한 조사를 통해 준비된다. 북미에서도 단체교섭은 주로 기업수준에서 벌어지며 사용자단체가 단체교섭에 참여하는 경우는 드물다. 노사관계에 전문화된 중앙사용자단체는 존재하지 않으며, 전국제조업자협회(National Association of Manufacturers, NAM)나 미국상공회의소(Chamber of Commerce) 등의 사업자단체들은 주로 정치 및 입법 사안에는 적극적이지만 단체교섭에는 대부분 관여하지 않는다.

3) 분쟁 대응

사용자단체의 노동시장에서의 또 다른 대변기능은 노조와의 분쟁에 대한 대응이다. 이러한 대응은 상호지원(mutual aid), 파업기금을 통한 공동의 방어, 직장폐쇄를 통한 반격, 분쟁조정 과정에서의 사용자 대변 등으로 구분할 수 있다. 초기 사용자단체들이 노조의 압력, 특히 whip−sawing(거대 산별노조에 의한 영세 개별 사업장에 대한 집중공격) 같은 전술에 대한 공동대처라는 동기에서 출범했기 때문에 이에 대처하기 위한 자위수단의 개발은 사용자단체들의 가장 오래된 기능의 하나였다.

가장 통상적인 형태 중 하나는 파업 시 상호지원 활동이다. 파업기금(strike fund), 파업 노조원에 대한 고용의 금지, 파업 시 고객 빼돌리기 금지, 재고 비축, 대금지급의 연기 등이 이런 활동에 속한다. 그러나 가장 제도화된 상호지원 수단 중의 하나는 파업기금이다. 파업기금 유무는 나라에 따라 다른데, 영국이나 이탈리아에서는 파업기금을 모으는 경우가 거의 없는 반면, 스웨덴과 독일에서는 중앙사용자단체의 정관 규정에 의해 파업기금을 모으고 있다. 파업기금의 형태는 파업보험(strike insurance)과 상호부조(mutual aid) 등으로 나눌 수 있다. 파업보험의 경우 개별 사용자들이 정기적으로 기금에 기여금을 납입하고 파업이 발생할 경우 보상을 받는다. 상호부조의 경우 특정 기업에서 파업으로 인해 손상된 이윤의 일부 혹은 전부를 파업을 겪지 않아서 사업 수익이 늘어난 기업으로부터 보상을 받는다.

직장폐쇄(lock−out) 또한 강력한 방어수단이다. 사용자단체가 선제적인 직장폐쇄를 하는 경우는 드물지만, 이를 파업에 대항하는 유력한 무기로 활용하는 경우는 흔히 있으며 스웨덴의 SAF나 독일 사용자단체가 대표적이다. 독일의 경우 사용자단체의 방어적 직장폐쇄를 제한하기 위해 법률로 파업규모를 넘어서는 직장폐쇄를 제한하는 '비례성의 원칙'을 규정하기도 하였다. 전술한 파업기금이 사용자가 연대하여 함께 직장폐쇄를 하는 동정 직장폐쇄(sympathetic lockouts)의 경우에 제공되기도 한다. 그 대표적인 경우로 스웨덴의 SAF를 들 수 있는데, SAF는 1902년 창립 이래 동정 직장폐쇄를 위한 기금을 축적해 왔다(Sisson, 1987).

단체교섭의 파국에 따른 중재와 조정에서의 사용자 대변은 단체교섭 대표들에 의해 직접 이루어지는 경우도 있고, 전문변호사 등의 전문가들을 활용하는 경우도 있다. 분쟁조정은 사용자단체 출범 초기부터 사용자단체의 중요한 역할이었다. 초기의 사용자단체들은 노조의 파업에 대응한 방어수단의 강구와 함께, 이를 해소하기 위한 조정 역할을 중요한 자기 임무로 수행하였다. 이후 국가 수준에서 노동위원회, 노동재판소 등의 분쟁조정기관이 생겨나면서 사용자단체는 각 수준의 노사 간 분쟁을 조정하는 사용자측 대표의 역할을 수행해 왔다. 사용자단체의 분쟁대처 능력 정도는 노조로 하여금 파업의 비용을 높임으로써 이를 신중히 구사하도록 하는 효과가 있고, 미가입한 사용자들에게는 사용자단체의 효과성에 대한 인식을 높이는 효과가 있다.

4) 회원서비스

회원에 대한 서비스는 사용자의 수요도 많고 회원을 유지하는 데서 매우 중요한 수단이기도 하다. 회원들에 대한 서비스는 각국 사용자단체마다 큰 차이는 없지만, 단체별로 서비스의 주요 내용은 차이가 있다. 예를 들어, 프랑스, 독일의 경우 입법과 법률적 결정에 대한 정보의 분석과 전파가 수요한 활동이지만, 영국의 경우 단일 사용자교섭이 우세해짐에 따라 사업장 사용자에 대한 자문서비스가 중요하게 되었다. 한편, 회원서비스의 새로운 중요한 대상으로 떠오른 기업들로 다국적기업들을 들 수 있는데, 이들은 각국에 생산 및 서비스 기지를 두고 있기 때문에 해당국의 법제도적 환경을 파악해야 한다.

사용자단체가 제공하는 서비스는 조사, 연구, 자문, 교육훈련 등이 있다. 또 일부 산업별 사용자단체들은 산업 수준의 연금제도나 복지제도에 대한 운영책임을 노조와 함께 혹은 단독으로 맡는 경우도 있다(Windmuller and Gladstone,

1984). 또한 관리직이나 경영직에 대한 취업알선 기능을 맡고 있는 경우도 드물지 않다.

(5) 사용자단체의 운영체계

1) 조직체계와 재정

사용자단체의 운영체계는 조직마다 다양하지만, 대체로 조직의 규모와 복합성에 의해 결정된다. 사용자단체의 의결구조는 대체로 총회(assembly), 평의회(general council), 집행이사회(executive board), 총재(president) 등으로 구성된다. 사용자단체의 일상적 업무는 상근직의 유급 직원들에 의해 수행된다. 직원의 규모는 당연히 단체의 규모에 비례하는 경향이 있다. 직원들을 지휘하는 책임은 상근직의 사무총장에 의해 수행된다. 사무총장은 최고위의 상근직원이지만, 조직에 따라서는 이사회의 성원이 되기도 한다.

사용자단체의 재정은 회비, 파업기금, 로비기금 등으로 구성된다. 회비는 입회비, 정기회비, 각종 기금에의 기여금 등으로 구성된다. 입회비를 내도록 하는 경우는 일부 사용자단체에 해당되며, 그 규모가 크지는 않다. 대표적인 회비는 정기회비라고 할 수 있다. 정기회비의 계산식은 임금비용(wage bill), 고용한 노동자 수, 총산출량, 판매량, 부가가치 등을 기준으로 갹출된다.

2) 사용자단체의 멤버십

사용자단체의 멤버십 형태는 클로즈드(closed) 멤버십, 의무적(compulsory) 멤버십, 선별적(selective) 멤버십 등으로 구분할 수 있다. 클로즈드 멤버십은 신규 가입자를 거부하거나 선별적인 가입제도를 통해 경쟁자를 배제하는 제도로, 현재는 거의 존재하지 않고 있다. 의무적 멤버십은 조합주의 경향이 강한 노사관계를 지닌 국가들에서 발견할 수 있는데, 예를 들어, 오스트리아의 WKÖ가 이런 경우에 속한다. 선별적 멤버십은 가장 보편적인 멤버십 제도라고 할 수 있는데, 이는 특정 부문의 기업들을 가입배제 대상으로 규정해 놓는 것을 의미한다. 독일의 BDA가 석탄철강부문 사용자단체의 가입을 제한한 경우가 그러하다.

한편, 사용자단체들은 회원사를 충원하기 위해서 노조식의 조직화 캠페인을 벌이기보다는 유인책과 회원사들을 통한 조직화 방식을 채용하고 있다. 유인책으로는 회원들에게만 제공되는 기술적 서비스와 대변기능, 파업기금을 통한 노동쟁의 지원 등 사용자단체가 제공하는 활동들이 포함된다. 그러나 이러한 유인책들이 효과적이지 않을 경우가 있는데, 특히 노동관리를 내부화하는 경향이 있는 대기업의 경우 사용자단체의 노사관계 정책을 수용하지 않는 경향이 강하다. 조직화를 위한 가장 효과적인 활동 중의 하나는 노조와의 단체교섭 관계를 통해서이다. 예를 들어, 진입장벽이 낮은 산업에서의 안정적인 교섭관계는 해당 부문 사용자단체의 조직화를 용이하게 한다. 단체교섭 관계와 관련하여 특기할 만한 제도는 단체협약 자동효력확장(extension) 조항이다. 이 제도는 사업장 노조가 존재하지 않는 기업에도 단체협약을 적용케 함으로써 그 영향에 놓인 사용자들이 사용자단체에 가입할 동기를 유발한다.

3) 사용자단체의 규율능력

사용자단체의 규율능력은 노사관계에서 매우 중요한 사항이다. 사용자들은 노동자들에 비해 단체의 규율에 원심성을 가지기 쉬운데, 이는 개별사용자들이 재량권과 자율성에 대한 침해를 꺼리고 또 노조에 비하여 훨씬 더 다양한 선택안(options)을 가지고 있는 기업을 대표하기 때문이다. 사용자단체는 다른 조직들처럼 회원들의 자발적 순응에 의존하여 정책을 수행하지만, 이에 대한 원심력 역시 다양한 형태로 존재한다. 예를 들어, 노조의 압력으로 일부 회원기업들이 사용자단체의 정책에서 이탈할 수 있고, 노동시장이나 제품시장에서 경쟁우위를 점하고 싶어 하는 일부 사용자의 일탈 행동이 발생할 수 있으며, 기업 간에 노사관계 정책의 차이가 나다날 수 있다. 이러한 일달을 통한 규율의 위반은 단체가 정한 범위를 벗어난 단체협약의 체결, 단체의 동의 없는 쟁의의 종결, 협약 조건에 대한 일탈적 해석 등 여러 가지 형태로 나타난다. 이러한 규율 위반은 산별사용자단체가 중앙사용자단체의 규율을 위반하거나, 개별 사용자가 산별사용자단체의 규율을 위반하는 방식으로 일어날 수도 있다.

이에 대한 규율능력은 특히 사용자단체가 국가, 노조와 직접 협상하는 경우 특히 중요한 문제가 된다. 하부의 순응을 기대할 수 없는 조직은 안정적인 교섭 파트너로 인정될 수 없기 때문이다. 따라서 사용자단체들은 규율을 위반하는 회원들에 대한 처벌제도를 가질 수 있다. 이러한 처벌의 형태로는 벌금, 파업기금 지급 중지, 회원자격 정지, 추방 등 여러 형태가 있다. 스웨덴의 SAF처럼 높은 권위와 처벌능력을 지닌 단체는 파업기금의 지급 중지나 추방과 같은 수단을 활용하는 경우도 있다. 하지만, 이는 예외적인 경우이며, 대부분의 사용자단체들은 명시적인 처벌을 집행하기 꺼리며, 그 대안으로 공개적인 비난을 더 선호한다.

(6) 사용자단체의 국가별 조직률과 지역별 유형

주로 국가와 ILO, OECD 등 국제기구에서 통계를 산출하는 노동조합 조직률과는 달리 사용자단체의 조직률에 대한 통계는 국가나 국제기구에서 공식적으로 집계하지 않는다. 따라서, 사용자단체의 조직률 통계는 쉽게 구하기 어렵고 개별 학자들의 계산에 의존하여야 한다. 사용자단체의 조직률을 계산하는 방법은 ① '사용자단체에 가입한 기업의 수 / 해당 범주에서 사용자단체에 가입이 가능한 기업의 수'로 계산하거나 ② '사용자단체에 가입한 기업의 노동자 수 / 해당 범주에서 사용자단체에 가입이 가능한 기업의 노동자 수'로 계산된다. 기업의 수로 계산하면 노동자 수로 계산하는 것보다 사용자단체의 조직률이 더 낮게 나오는데 이는 노동자 수가 많은 대기업이 중소기업보다 가입을 많이 하기 때문이다. 이 두 방법 중에 노동자 수로 계산하는 방법이 더욱 합리적이고 일반적으로 사용되고 있다. 왜냐하면 사용자단체의 영향력은 단순한 기업의 숫자보다는 대표하는 노동자의 수(기업의 규모)와 비례하기 때문이다(Traxler, 2000). 사용자단체의 조직률은 국가별로 큰 차이를 보인다. Traxler(2008)에 의하면 주요 20개 국가의 조직률 평균은 상당히 높은 편으로 약 48%에 달한다고 한다.

사용자단체의 조직률에 영향을 미치는 요인은 먼저, ① 단체협약의 자동효력확장(extension) 조항이 있는 국가의 경우 사용자단체의 조직률이 높다. 이 제도는 사업장 노조가 존재하지 않는 기업에도 자동으로 단체협약을 적용케 함으로써 적용받는 사용자들이 사용자단체에 가입할 동기를 유발한다. 그리고 ② 노동조합 조직률이 높은 국가의 사용자단체 조직률도 높은 편이다. 이 점은 사용자단체가 노동조합에 대응하여 발생한 조직이라는 점과 밀접한 관련성이 있다.

사용자단체는 지역별, 국가별로 다양한 형태를 띠고 있다. 이하에서는 대표적인 유형으로 유럽대륙형, 영미형, 동아시아형으로 구분하여(Bean, 1994) 살펴보기로 한다.

1) 유럽대륙형

유럽대륙의 사용자단체들은 형성 및 성장 과정에서 어느 지역보다도 강력한 노동운동의 도전을 맞이하였고 국가의 영향을 많이 받으면서 현재의 조직적 특징을 갖게 되었다. 먼저, 사용자단체들은 전투적이고 사회주의적 변혁을 지향하는 강력한 노동운동에 대응하기 위해 형성되었으며, 20세기에 들어와서는 공황, 혁명, 전쟁 등의 사회적 위기에 직면한 국가가 노사관계에 대해 조합주의적 제도화를 추진하게 되면서 사용자단체의 규모, 구조, 기능 등에도 영향을 주게 되었다. 유럽의 사용자단체들은 스웨덴, 독일의 사례에서 보듯이 사용자단체가 직접 단체교섭에 참가하거나 노사정협의체에서 사용자단체의 이해관계를 대변하는 등 강력한 영향력을 발휘한다.

유럽대륙의 사용자단체들이 영미권이나 동아시아의 사용자단체들에 대해 지니는 특징은 상대적으로 집권성, 집중성, 포괄성이 높다는 점에 있다. 유럽 사용자단체의 이러한 조직적 특성은 상당 부분 유럽 노조운동이 지닌 구조적 특징에서 비롯된다. 즉, 대부분 사회주의적 성향을 띠는 유럽의 노조운동은 사용자에 대한 대립주의와 산업별 노조를 중심으로 한 계급적 연대주의, 그리고 폭넓은 관할권 등을 통해 집권적이고 집중적인 조직특성을 지니게 되었다. 또한 유럽의 노동운동은 친노동정당과의 긴밀한 연계를 통해 강력한 정치적 영향력을 획득하고 이를 지렛대로 삼아 노동계급에 대해 경제적 및 제도적 이익을 효과적으로 전달함으로써 높은 조직률을 유지할 수 있었다. 유럽의 사용자단체들은 형성 초기부터 이러한 강력한 노동운동에 대응해야 했으며, 이로 인해 노동운동에 버금가는 집권적이고 집중적이며 다수의 기업들을 포괄하는 강력한 구조를 지니게 되었다.

유럽대륙의 사용자단체의 조직적 특성에는 공황, 혁명, 전쟁 등의 사회적 위기를 계기로 형성된 조합주의적 노사관계도 중요한 영향을 미쳤다. 조합주의 하에서 정부는 노사단체의 하부 통제 능력을 매개로 산업평화 및 거시경제 안정을 추구하였으며, 노사단체는 계급적 대표성을 입증함으로써 정부가 산업평화

(labor quiescence)를 대가로 제공하는 정부의 협상파트너로서의 제도적 편익을 누릴 수 있었다.

2) 영미형

개별 기업이나 산업별 단체협상을 실시하고 조합주의에 익숙하지 않은 자유시장주의 경제체제를 가진 영미권의 사용자단체들의 위상과 영향력은 유럽대륙형에 비하여 현저히 약한 편이다. 영국이나 미국에서는 사용자단체가 산별교섭을 직접 참여하지 않고 있다. 영미권 사용자단체들의 두드러진 구조적 특징으로 분절성(fragmentation)과 분권성(decentralization)을 들 수 있다.

영국의 사용자단체들은 유럽의 그것에 비해 수적으로 많으며 보다 협소한 경제적 영역별로 조직되어 있다. 또한 중앙사용자단체와 산업별 사용자단체 및 대기업, 그리고 산업별 사용자단체와 회원 기업들 간의 관계가 유럽의 사용자단체들에 비해 덜 중앙집중적이고 위계적이다. 미국에서는 노사문제에 특화된 사용자단체가 존재하지 않는다. 노사관계에 전문화된 중앙사용자단체는 존재하지 않으므로, 전국제조업자협회(National Association of Manufacturers, NAM)나 미국상공회의소(Chamber of Commerce) 등의 사업자단체들이 필요 시 성명을 발표하는 등 그 역할을 대신하고 있다.

3) 동아시아형

일본과 한국을 중심으로 동아시아의 사용자단체를 고려할 때 그 공통적인 특징은 대기업 부문의 사업자단체에 의해 사용자단체가 분화되었으며, 회원 기업들에 대한 위계적 통제가 약한 분권형 조직이라는 점이다. 특히 대기업단체에 의한 사용자단체의 형성은 유럽이나 영미형에서는 볼 수 없는 동아시아형 형성 경로라고 할 수 있다.

일본과 한국에서는 유럽이나 영미에 비해 산업화 과정에서 국가의 경제적 개입이 훨씬 컸다. 당시의 국가는 관료독점적인 대기업의 육성과 노동운동에 대한 억압을 통하여 급속하게 산업화를 달성하려 하였으며, 이러한 효과로 산업화 초기부터 재벌형의 대기업들이 탄생하고 이들과 국가 간의 특수한 협력관계를 조정하기 위한 대기업 단체들이 조직되었다. 일본의 경단련과 한국의 전경련이 그러한 특성을 갖는 단체들이다. 이들은 무역이나 시장구조 등 제품시장 이슈를 주로 다루는 사업자단체들이었고, 국가의 억압 하에서도 노동운동이 성장함에 따라 노동문제를 전담할 수 있는 별도의 단체가 필요했다.

이에 따라 일본에서는 1946년 재벌들의 사업자단체인 게이단렌(경단련, 경제단체연합회) 탄생 초기부터 회원사들 간의 '노동문제 간담회'를 통해 노동문제를 논의하다가 사용자단체인 닛케이렌(일경련, 일본경영자단체연맹)을 결성하게 된다. 한국에서는 사업자단체인 전국경제인연합회(전경련)가 1963년 '노무관리실무자 간담회'를 설치하고 사용자단체 구성을 준비하다가 노동운동이 격화되는 1971년 사용자단체인 한국경영자총협회를 설립하게 된다.

일본과 한국의 사용자단체가 비교적 분권적인 구조를 가지게 된 데는 이들이 경단련과 전경련의 회원인 대기업들을 주요한 조직적 기반으로 하였고, 특히 사용자단체의 구조에 큰 영향을 미치는 노조의 구조가 기업별 노조형태를 취했기 때문으로 볼 수 있다. 한국의 경총, 일본의 일경련은 대체로 협상에 참여하지 않지만 교섭과정에 있어서 가이드라인의 구성을 주요 임무 중 하나로 수행한다. 또한, 한국과 일본에서는 기업별 노사관계가 주를 이루면서 사용자단체는 사용자를 대표하여 로비활동을 하고 각종 정보와 전문기술을 제공하는 역할을 수행한다. 한편, 한국에서는 일본과 달리 조합주의에 대한 실험이 1997년경부터 노사정위원회(현재의 경제사회노동위원회)를 통해 이루어지면서 경총 등 사용자단체의 역할에 대한 관심이 높아지고 있다.

(7) 사용자단체의 최근 동향

사용자단체의 최근 동향에 대해서는 사용자단체의 위기와 이해대변의 다각화, 사용자단체의 통합움직임의 순서로 살펴보기로 한다.

1) 사용자단체의 위축

현재, 영미식의 다원주의 노사관계에서뿐 아니라 유럽대륙의 조합주의 모델에서도 기존의 다사용자교섭이 약화되고 있다. 가장 극적인 예는 중앙교섭 등으로 가장 전형적인 조합주의 모델로 알려진 스웨덴에서의 중앙교섭 해체와 산별교섭으로의 전환, 그리고 지속되고 있는 사용자들의 단일사용자교섭 요구이다 (Swenson and Pontusson, 1996). 따라서, 이러한 단체교섭의 분권화에 따라 일부 사용자단체들이 조직적으로 쇠퇴할 것이라는 우려도 있다(Kochan, 2003). 즉, 사용자단체로부터 탈퇴하는 사용자들이 과거보다 증가하고, 또한 회원 자격을 유지하는 회원사들도 회비 감축을 요구하는 경향이 나타났다는 것이다. 또, 사용자단체에 가입되어 있던 대기업들이 노사관계 기능을 내부화하게 되면서 사용자단체 가입을 철회하는 경향이 증대하면서 사용자단체는 중소기업들을 위한 단체로 변형되고 수입이 줄어드는 위기에 봉착하게 되었다.

1980년 이후 주요 국가의 사용자단체의 조직률은 대체로 현상유지하고 있다는 낙관적인 주장도 있지만(Traxler, 2008), 학계의 대체적인 결론은 사용자단체의 조직률이 지속적으로 하락하고 있다는 것이다. 예를 들면, 산별교섭의 대표적인 예로 꼽히는 독일의 경우에도 산별사용자단체의 하락이 지속되고 있다. 즉, 1980년대 중반 이후 기업들 간의 양극화로 대기업과 중소기업의 이해관계의 차이가 갈수록 두드러지고 사용자단체들의 중소기업에 대한 서비스가 충분치 않다고 느끼는 중소기업들이 사용자단체를 떠나고 있어서, 서부 독일의 금속산업의 경우 노동자 수로 계산한 사용자단체의 조직률이 1970년대의 76%에서 2004년에는 56.5%까지 하락하였고, 동부 독일의 금속산업의 경우 1992년의 65%에서 2004년에는 15%까지 급락하였다(Silvia and Schroeder, 2007). 영국의 경우에도 1976년과 2014년 사이에 단체교섭의 분권화가 지속되면서 사용자단체의 조직률이 꾸준히 하락하고 있다. 이 기간 중 사용자단체의 수는 81%가 하락하였고, 사용자단체에 가입한 사용자의 56%가 줄어든 것으로 나타난다(Gooberman et al., 2019).

2) 이해대변의 다양화

이러한 위기의식에 대응하여 사용자들은 이해대변의 다각화를 꾀하고 있다. 사용자단체들은 전통적인 단체교섭을 통한 대변 기능이 약화된 만큼 새로운 이해대변 영역으로 다각화하는 전략을 사용하고 있다. 공간적으로 사용자단체들은 노사관계의 국제적 및 지역적 차원의 의의가 커지면서 그 역할이 늘어나고 있다. 이런 양상이 전형적인 곳은 EU, ILO, OECD 등이다. 특히, EU에서는 단체교섭 및 사회적 협의의 유럽화와 지역(local) 차원의 사회적 파트너십이 증대하면서 이에 대한 사용자단체들의 대변 기능이 커지고 있다. 정치적 이해대변 또한 새롭게 발굴된 대변 영역이다. 특히 중앙 사용자단체들의 경우 단체교섭 역할이 쇠퇴하자 정치적 로비와 캠페인을 통해 사용자들의 일반적인 목소리를 여론과 정치권에 호소하는 활동을 강화하였다. 그 전형적인 경우가 스웨덴의 SAF와 프랑스의 CNPF로 이들은 중앙교섭에서 철수하거나 그 비중을 낮추고 캠페인과 '운동'을 통해 정치적 여론 형성에 영향을 미치는 활동을 강화하였다.

3) 사용자단체의 통합 경향

최근 여러 국가에서 순수한 사용자단체가 줄어들고 사업자단체와 사용자단체의 혼합형 단체로 통합(merger)하는 경향을 보이고 있다. 이러한 현상은 노르웨이(1989년), 핀란드(1993년), 아일랜드(1993년), 스웨덴(2001년),[22] 일본(2002년)에 발생하였고, 비슷한 시기에 포르투갈, 덴마크, 뉴질랜드에서도 혼합형단체가 등장하였다. 단, 조합주의를 실시하는 대표적인 두 국가인 스웨덴과 독일에서는 아직 사용자단체를 고수하고 있다(Traxler, 2008).

순수한 사용자단체가 혼합형 단체로 통합되는 경향은 다음의 세 가지 원인에 의한 것으로 분석된다. 첫째, 노사관계가 생산, 재무 등 기업경영의 다른 분야와의 상호작용이 많아지면서 노동문제의 독립성이 감소함에 따라 노동문제와 사업문제를 함께 다루는 혼합형 단체가 더 효율적인 것으로 판단하는 경향이다. 둘째, 세계적으로 단체협상의 분권화가 진행되면서, 소규모의 기업단위에서 단체협상이 실시되는데 이 수준에서는 노사문제와 사업문제를 함께 다루는 것이

---

22) 2001년에는 스웨덴 사용자총연맹인 SAF가 사업자단체와 통합하여 두 기능을 통합한 SN으로 조직이 변경되었다.

비용측면에서 더 효율적이므로 혼합형단체에 대한 수요가 늘어난 점이다. 셋째, 경쟁이 치열해지면서 기업의 비용절감 움직임이 가속화되어 가입하는 사용자단체의 개수를 줄이려는 목소리가 커지면서 이에 대한 대응으로 사용자단체와 사업자단체를 통합한 혼합형 단체에 대한 수요가 늘어난 점이다(Traxler, 2008).

Recommended Readings and Annotated Bibliography

Bacon, N. 2008. "Management Strategy and Industrial Relations," In P. Blyton, N. Bacon, J. Fiorito and E. Heery(Eds.) The SAGE Handbook of Industrial Relations. London: SAGE Publications.

> 고용관계전략에 대한 광범위한 문헌연구를 바탕으로 사용자의 고용관계전략에 대하여 개념, 유형, 전략적인 선택, 경영전략과 고용전략과의 관계 등을 이론적으로 서술한 글이다.

Bean, R. 1994. Comparative Industrial Relations: An Introduction To Cross-National Perspectives. Chapter 3. Employers and Managements, London: Routledge.

> 비교노사관계의 관점에서 노사관계의 각 분야를 기존 문헌을 리뷰하고 이론적으로 논의한 대표적인 비교노사관계의 이론서이다. 3장에서는 사용자단체의 역사적 기원, 대륙별 유형들을 다루고, 노사관계전략, 인적자원관리에 대하여 서술하였다.

Guest, D. and Conway, N. 1999. "Peering into the Black Hole: The Downside of the New Employment Relations in the UK," British Journal of Industrial Relations. 37(3): 367-389.

> 사용자의 고용관계전략을 2 by 2로 구분하여 전통적인 집단주의, 개인적인 인적자원관리전략, 파트너십 전략, 블랙홀 유형의 4가지 널리 인용되는 분류 방법을 제시하였다. 특히, 연구자들이 관심을 적게 가졌던 블랙홀 유형에 대하여 상세한 서술을 하였다.

Offe, C. and Wiesenthal, H. 1980. "Two Logics of Collective Action: Theoretical Notes on Social Class and Organizational Form," <u>Political Power and Social Theory</u>. 1: 67－115.

> 비교노사관계의 각 분야의 기존 문헌을 리뷰하고 전략적 선택의 관점에서 논의한 글이다. 3장에서는 사용자의 전략과 유형, 사용자단체의 이론적인 이슈들을 서술하였다.

Poole, M. 1986. <u>Industrial Relations: Origins and Patterns of National Diversity</u>. Chapter 3. Managers and Employers' Associations, New York: Routledge.

> 사용자단체를 마르크스주의 관점에서 파악한 대표적인 글이다. 자본계급은 사용자들의 단체를 통한 집합적 행동을 사용자들의 이해관계 실현에 활용한다고 주장한다. 자본가들의 이해관계는 비용과 수익이라는 분명한 기준을 가지고 있어서 이해 결집이 노동조합보다 훨씬 더 용이하고 기능적인 것으로 파악한다.

Schmitter, P. C. and Streeck, W. 1999. "The Organization of Business Interests: Studying the Associative Action of Business in Advanced Industrial Societies," Working Paper, Cologne, Germany: Max－Planck－Institute.

> 사용자단체의 기원과 활동 등 여러 이슈를 다룬 논문이다. 특히, 사용자단체의 두 가지 활동논리(멤버십논리와 영향력논리)를 설명한 부분은 후대의 많은 논문에서 인용되고 있다.

Traxler, F. 2008. "Employer Organizations," In P. Blyton, N. Bacon, J. Fiorito and E. Heery(Eds.) <u>The SAGE Handbook of Industrial Relations</u>. London: SAGE Publications.

사용자단체의 활동, 교섭체계, 조직률, 구조 등 광범위한 이슈들은 이론적, 실증적 논문을 종합하여 조망한 논문이다. 강력한 노조운동에 대한 대항조직으로 사용자단체가 탄생했다는 방어적 모델을 제시하였고, 우려와는 달리 사용자단체의 조직률이 최근 들어 안정추세를 보인다고 주장하였다.

5장

고용관계의 주체: 정부

정부는 노동조합과 사용자와 더불어 고용관계 시스템의 한 축을 담당하고 있다. 하지만, 고용관계연구에서 노동조합과 사용자에 비하여 정부에 대한 연구는 상대적으로 미흡하였다. 그 이유는 노사자율주의와 다원주의가 정착된 영미권국가의 경우, 정부는 중립적인 입장에서 노사관계를 노사자율에 맡기는 관행이 강하여 정부의 중요성을 간과하는 경향이 있었고(Hyman, 2008), 우리나라의 학계도 영미권의 영향을 많이 받았기 때문이다. 최근 선진국을 중심으로 노동조합 조직률이 하락하면서 정부의 피고용인 보호역할은 더욱 커지고 있다. 특히, 신흥공업국은 정부주도의 경제개발과 고용정책이 이루어지는 경우가 많고, (구)공산권국가의 경우 고용관계에 있어서 정부의 역할이 절대적이라고 할 수 있다. 향후 고용관계에서 정부의 의미와 역할에 대한 보다 활발한 연구가 요구된다.

01 고용관계에서 정부의 역할에 대한 다양한 시각

고용관계의 각 학파에 따라서 정부의 역할을 다르게 보고 있다. 다원주의자들이 정부의 역할을 가장 미약하게 보는 반면, 조합주의자들은 중요한 역할을, 마르크스주의자들은 절대적인 것으로 파악한다.

우선, 다원주의 학자들은 정부는 노사 간의 이해관계에 중립적이며 노사관계가 성숙할수록(mature) 정치나 법적인 측면과 멀어져가는 경향이 있다(Kahn-Freund, 1954)고 주장한다. 따라서 대부분의 다원주의자들은(Dunlop, 1958; Kerr et al., 1960; Kochan and Katz, 1988) 노사관계에서 노사 간의 자율적인 상호작용이 중요하며 정부의 역할은 부수적일 뿐이라고 파악한다. 따라서, 다원주의에 입각하여 쓰인 교과서에는 정부에 대한 장이 별도로 없는 경우가 대부분이다(예를 들면, Kochan and Katz, 1988).

조합주의자들은 사회적 협약은 정부가 정책결정이라는 정부의 고유 권한을 노사의 대표와 나누는 반면, 노사는 구성원들을 대표하고 통제하는 책임을 지는 것이라며, 노사관계에서 노사정대화를 추진하고 이끌어가는 정부의 적극적인 역할을 강조하고 있다(Schmitter, 1974; Schmitter and Streeck, 1999). 사회적 조합주의와 권위적 조합주의 모두에서 정부는 3자대화를 주도하는 중요한 역할을 하는 것으로 본다.

마지막으로, 마르크스주의자들은 자본주의 국가의 노사관계에서 정부의 역할이 만연하며 편재한다고(pervasive and omnipresent) 주장한다. 정부는 자본주의 국가의 고용관계에서 축적(accumulation), 평정(pacification), 정당화(legitimation) 3가지의 주요한 기능을 수행한다고 주장한다(Hyman, 2008; Kelley, 1998; Offe, 1984). 축적(accumulation)은 정부의 개입(혹은, 의식적인 불개입)을 통하여 경제활동을 장려하고 생산성과 경쟁력을 강화하여 부의 축적을 도모하는 것이고, 평정(pacification)은 축적의 과정에서 나타나는 갈등을 해소, 억제, 탄압하여 국가의 안정을 유지하는 것이며, 정당화(legitimation)는 복지제도와 노동자계급과의 소통(경우에 따라서는 사회적 대화)을 통하여 사회적 형평성을 보여줌으로써 체제의 정당성을 확보하는 것이다.

⬡02 고용관계에 있어서 정부의 유형

각국 노사관계의 유형을 구분하는 중요한 방법 중 하나는 노사관계에 있어서 정부의 역할에 초점을 두어 분류하는 방안이다. 대부분의 학자들은 3가지로 구분하는 방법을 택하였는데, Poole(1986)는 pluralism, state corporatism, societal corporatism으로, Regini(1986)는 concertation, political isolation, pluralistic fragmentation으로, Crouch(1993)는 contestation, pluralism, corporatism으로, Van Waarden(1995)은 liberal pluralism, corporatism, statism으로, Hyman(2008)은 Laissez-faire state, social state, developmental state로 구분하였다. 이들은 모두, 영미국가, 유럽대륙, 개발도상국, 혹은 (구)공산권국가의 노사관계를 유형화한 것이다.

본 장에서도 이러한 흐름을 따르고 이들의 논의를 종합하여 ① 영미국가의 노사자율주의(voluntarism), ② 유럽대륙의 조합주의(corporatism), ③ 개발도상국의 노동배제주의(labor isolation), ④ (구)공산권국가의 레닌식 조합주의(Lenist unionism)로 구분하여 설명하고자 한다. 이하에서 보듯이 고용관계에서 정부의 존재감과 역할은 노사자율주의(voluntarism), 조합주의(corporatism), 노동배제주의(labor isolation), 레닌식 조합주의(Lenist unionism)의 순서로 강해지는 것을 알 수 있다.

(1) 노사자율주의(voluntarism)[23]

노사자율주의는 국가의 개입 없이 노사의 의지에 기반한 단체교섭 자율주의를 뜻한다(Flanders, 1974). 다시 말하면 노사자율주의는 노동자들이 자율적인 결사(association)에 의존할 때 목표를 가장 잘 달성할 수 있다는 것으로 국가의 개입이 없는 자율적인 운영 및 교섭에 대한 규범을 내포하고 있다. 즉, 노사자율

---

23) 이 부분은 김동원 외(2013)의 설명을 수정·보완하고 업데이트한 것임을 밝혀둔다.

주의하에서는 국가가 가능한 한 노사관계에 대한 개입을 억제하고 노사 간의 자율에 의하여 노사관계가 형성되고 기능하도록 유도한다. 정부는 노사관계의 기본적인 틀을 정하는 노동법의 제정에만 관여할 뿐 노사관계가 노동법의 틀 안에서 기능하는 한 실제 노사관계에는 거의 개입하지 않는 정책이다.

이러한 개념은 영국과 미국·캐나다를 비롯하여 영미형 자유시장경제국가(Liberal Market Economy, LME)의 노사관계의 특성을 잘 보여주는 개념으로 사회주의 정당과 밀접한 관계를 맺는 유럽식 노동조합운동과는 구별되는 특징을 나타내고 있다. 노사자율주의는 대표적으로 영국과 미국에서 발전해오고 있으며, 양 국가의 대표적인 이론적 흐름을 살펴보면서 개념을 논의하기로 한다.

1) 영국의 노사자율주의

영국의 노사자율주의는 1870년대로 거슬러 올라가 1906년 'Trade Disputes Act'로 구체화된다. 당시 영국은 Adam Smith 이래 자유방임주의를 정부정책의 기반으로 하여 정부는 노동시장에 개입하지 않으며, 수요와 공급 원리에 입각하여 노동력의 가격과 고용조건이 결정되고 있었다. 그러나 불공정 임금경쟁 등이 나타나자 이를 방지하기 위해 공통의 규칙을 마련할 필요성이 대두되었으며, 이를 실현하기 위한 방법으로 자율적인 단체교섭이 나타난 것이다(Sisson, 1987). 영국의 노사자율주의에 대한 이론 정립은 19세기 후반과 20세기 초반 Webbs의 자율적 단체교섭 옹호에서부터 출발한 것이다. 정치 영역의 민주주의를 산업 영역으로 확산시켜 산업민주주의를 정착시키기 위해 자율적인 단체교섭에 찬성한 것이다(Webb and Webb, 1897). 영국은 국가가 법을 통해 산업 및 작업장 수준의 노사관계를 규율하지 않았으며, 법적 규제는 노조가 없는 여성과 어린이들의 최저노동기준을 정하는 역할을 하였을 뿐이다. 영국 노사자율주의의 큰 특징은 단체협약을 법적 시스템으로 통합하지 않고 노사관계를 민법과 형법으로부터 면책시켜서 민형법의 저촉을 받지 않도록 만든 것이다.

1970년대 초 보수당 정부가 작업장 노사관계를 규율하기 위해 미국식 노사관계법을 도입하였으나, 노동조합의 격렬한 반대로 결국에 실각하고 노동당이 집권하게 된다. 집권한 노동당은 노사관계법을 폐기하면서 다시 노사자율주의를 복원하였다. 영국에서의 노사자율주의는 노동자측과 사용자측 모두에게서 지지를 받았는데, 노조는 법원의 적대적 판결로부터 회피할 수 있고, 사용자는 법이 경영권을 훼손하는 것을 막을 수 있었기 때문이었다(Laybourn, 1997). 1979년부터 대처수상이 집권하면서 강력한 노조를 견제하기 위하여 신보수주의 노동정책을 펴서 노동조합활동을 일정 부분 제약하고 노동시장의 탈규제 등 노사관계에 정부가 개입하는 법안들을 통과시켰지만, 여전히 노사자율주의의 큰 틀을 벗어나지 않는 것으로 평가된다.

2) 미국의 노사자율주의

미국의 노사자율주의에 대한 이론 정립은 Commons를 비롯한 위스콘신학파를 통해 미국으로 확장되었다. 즉, 정치 영역의 민주주의를 산업 영역으로 확산시키기 위해 자율적인 단체교섭을 도입한 것이다. Commons 이후 Perlman, Kochan 등으로 이어지는 미국의 제도학파는 단체교섭 자율주의를 옹호하였다. Kaufman(2003)에 따르면 Commons는 미국의 노동문제를 해소하기 위해 4단계의 입장 변화를 시도하였는데 초기에는 노조결성과 단체교섭 자율주의로 해결할 수 있다고 생각하다가 노조결성이 더 이상 확대되지 않자 2단계로 노동법 및 사회보험입법을 추진하였고, 3단계로 사용자의 인사관리전략에 의존하기도 했으나, 대공황 이후 단체교섭 및 노동입법이 필요하다는 방향으로 다시 선회하게 된다.

Commons의 제자인 Perlman은 자율적 단체교섭을 통해 노동자의 경제적 이익을 획득하는 것이 육체노동자의 목표 달성에 가장 합당하다고 주장하면서, 단체교섭 자율주의뿐만 아니라 미국노동조합총연맹(American Federation of Labor, AFL)의 자율적 조직 운영원리에 이론적 근간을 제공하였다. 이는 시장경제체제 내에서 노동자의 이해관계 보호를 위해 경제적인 영향력(economic power)에 의존하고 정부의 지원과 개입을 최소화하는 것을 의미하며 AFL이 가맹노조의 활동성에 자율성을 보장하고, 내부정파나 정치정당과의 연대나 법률의 제정 등에 반대하는 근거를 제공해주었다.

미국 노사자율주의의 큰 특징은 영국처럼 단체협약의 법적인 면책을 보장하는 것이 아니라 정부의 개입을 극소화하는 대신 자율적인 단체교섭을 추구하는 것이다. 미국의 제도학파는 임금 및 노동조건을 규율하는 최우선적 메커니즘은 단체교섭이며, 사회보험 등 정부입법은 차선책이라고 판단하였다(Voos, 2001). 이처럼 노사 간 자율적인 단체교섭이 중요한 이유는 자율적인 단체교섭을 준수하지 않을 경우 나타나는 냉각효과(chilling effect)와 중독효과(narcotic effect) 때문이다. 전자는 자율적 타결이 되지 않고 국가 개입에 의한 중재에 의존하게 될 경우 노사 간 자율 타결의 의지가 약화되는 것을 말하며, 후자는 노사 당사자가 많은 노력이 수반되는 자율적인 단체교섭보다는 정부의 중재에 갈수록 의존하게 된다는 것을 의미한다(Kochan and Katz, 1988).

(2) 조합주의(corporatism)[24]

조합주의는 노사정이 협의를 통하여 거시경제와 노동, 복지정책의 주요 사항들을 결정하는 체제를 의미한다. 조합주의는 국가조합주의(혹은 권위적 조합주의)와 사회적 조합주의(혹은 민주적 조합주의)로 나뉜다.

국가조합주의(state corporatism) 혹은 권위적 조합주의(authoritarian corporatism)는 국가가 강제력을 동원하여 노사관계에 적극적으로 개입하는 유형으로서, 형식적으로는 노사정이 함께 자원의 배분이나 주요한 정책결정을 수행하는 유형이다. 권위적 조합주의는 외견상으로는 노사정 간의 합의를 이루는 것으로 보이지만 사실상으로는 정부의 강제력에 의한 의제된 합의로서, 정부가 노사정 협상에 참여하는 노사단체를 자의적으로 창조하거나 선택하여 일부 어용단체에게만 협상에 참여시킴으로써 노동계나 사용자단체 구성원의 진정한 의사를 대변하지 못하는 점이 특징이다. 즉, 노사구성원의 자유로운 의사표현을 합법적으로 제한하고 이들의 정당한 요구를 내용상으로는 묵살하면서도 노사정 간의 합의라는 형식적인 정당성을 확보하는 방안으로서, 권위주의적인 정권하에서 주로 관찰된다. 무솔리니시대의 이탈리아, 과거 멕시코, 브라질 등 남미국가, 싱가포르 등의 노동정책이 대표적인 국가조합주의로 간주된다.

사회적 조합주의(societal corporatism) 혹은 민주적 조합주의(democratic corporatism)는 국가가 노사관계에 적극적으로 개입하는 것으로써 민주적인 방법을 통하여 노사단체가 자원의 배분이나 주요한 정책결정을 정부와 함께 수행하도록 유도

---

24) 이 부분은 김동원(2003c)의 설명을 수정·보완하고 업데이트한 것임을 밝혀둔다.

하는 유형이다. 사회적 조합주의에서는 노사단체가 스스로의 결정에 의하여 노사정협상에 참여함으로써 합의사항의 대표성과 정당성을 제공하고 있다. 사회적 조합주의는 노사정 간의 자율적인 의사결정제도로서 1970년대 주로 스웨덴, 독일, 1990년대 이후 네덜란드, 아일랜드, 이탈리아 등 서구의 국가들에서 관찰되었다. 사회적 조합주의는 권위적 조합주의에 대응한 개념으로서 2차대전 이후부터 주목받기 시작하였으므로 신조합주의(neo-corporatism)라고 불리기도 한다. 이하에서는 현대 사회에서 많은 주목을 받고 있는 사회적 조합주의의 이론적인 측면을 중점적으로 논의하기로 한다.

1) 사회적 조합주의의 개념

조합주의에 대한 대표적인 초기 이론가인 정치학자 Schmitter(1974)는 당시의 조합주의를 '다원주의와 구분되는 이익대표(interest representation) 체계'를 의미한다고 주장하였다. 즉, 조합주의는 시민사회 속에 있는 다양한 이해관계가 조직화된 이해관계를 국가의 의사결정 구조와 연결하기 위한 법적 또는 이상적 형태의 제도적 배열을 뜻한다는 것이다. 조합주의는 정책 형성 과정과 정책 실행에서 이익집단의 구조화된 참여에 주목하면서 공공정책이나 경제정책의 결정과정에 대규모로 조직된 사회집단이 참여하게 된다.

조합주의는 다원주의와 달리 이익집단의 수가 제한되어 있으며, 강제적 멤버십을 가지고, 경쟁적 교섭보다는 양보적이고 협력적 교섭을 중요시하며 위계적 구조를 가지는 특징이 있다. 또한, 노사자율주의가 국가의 개입 없는 노사 간의 자율적인 단체교섭을 의미한다면 조합주의는 국가 수준에서 노사정 3자가 사회협약을 통해 경제·사회 문제를 나루는 정치적 교환(political exchange)이다(Pizzorno, 1978).

2) 사회적 조합주의의 변천

사회적 조합주의에 대한 방대한 서구의 문헌에서 사회적 조합주의의 변천을 엿볼 수 있다. 먼저, 1960~1970년대의 사회적 조합주의는 스웨덴, 독일 등 북유럽국가의 노사가 주로 국가차원의 중앙임금협상을 통하여 자율적으로 자원을 배분하는(social corporatism, national wage bargaining through interest intermediation)

노사정 간의 사회적 합의제도이었다. 그 후 1990년대 들어 이탈리아, 네덜란드, 아일랜드 등의 사회적 조합주의는 임금협상 등 자원의 배분보다는 노사가 사회보장제도 개혁, 근로시간단축 등 정부의 정책결정에 참여하는 노사정 간의 사회적 협의제도(social concertation in public policy formation)로 진화하였다. 1998년 이후 우리의 노사정위원회(현재의 경제사회노동위원회)도 후자의 사회적 협의에 근접한 것으로 볼 수 있다.

사회적 조합주의에 대한 방대한 문헌 중 가장 관심을 끄는 것은 사회적 조합주의의 성공을 이끌어내는 요인에 관한 연구들이다. 이러한 이론적인 흐름은 사회적 조합주의의 경험이 축적되어 있는 서구사회를 중심으로 형성되었으며, ① 1960~1970년대 사회적 조합주의 설명하려는 시도와 ② 1990년대 이후 사회적 조합주의를 설명하려는 시도의 두 가지 큰 흐름으로 구분이 가능하다(Lim, 2001). 1960~1970년대에는 사회적 조합주의를 규명하는 틀로서 환경결정론적인 시각이 우세하였고 그 당시의 자원 분배를 위주로 하는 사회적 조합주의를 설명하고 예측하는 데에 성공한 것으로 보인다. 그러나, 1980년대의 침체기를 거쳐서 1990년대에 새로운 형태의 사회적 조합주의가 등장하였으며 기존의 환경결정론적인 시각으로는 설명이 되지 않는 현상이 벌어졌다. 즉, 환경결정론적인 시각에서 사회적 조합주의의 전제조건이라고 여겨지던 높은 노조조직률과 중앙집중적인 노사구조가 갖추어지지 않은 경우에도 사회적 조합주의가 성공하는 현상이 일어난 것이다. 이러한 1990년대의 새로운 현상을 설명하기 위하여 이론적인 한 시도가 있었다.

① 1960~1970년대의 사회적 조합주의

1960~1970년대의 사회적 조합주의는 포디즘과 케인즈이론에 근거한 대량생산과 대량소비체제를 배경으로 형성되었다. 케인즈식 경제정책의 주요 목적은 완전고용과 인플레이션의 억제를 가능한 동시에 달성하는 것이었다. 이러한 환경하에서는 분배문제의 조정이 국가의 주요 기능이 되었으며, 임금억제와 완전고용의 교환을 통한 자원의 배분이 사회적 조합주의의 주된 목표였다. 즉, 노동조합은 임금상승을 억제하기 위하여 노력하고 그 반대급부로서 사용자와 정부는 완전고용의 달성을 위한 정책을 펴는 것이다.

1960~1970년대의 사회적 조합주의는 스웨덴, 독일 등의 국가에서 성공을 거둠으로써 널리 전파되었다. 당시의 사회적 조합주의는 내용에 대한 합의로서 임금상승의 억제와 완전고용을 교환하는 형태이다. 즉, 파트너들 사이에 사용가능한 자원을 교환하고 배분하는 결정이 이루어지는(exchange of resources available to the partners) 정치적인 교환(political exchange)이었다. 이 당시 사회적 조합주의의 성공을 가늠하는 가장 중요한 관건은 과연 노동조합과 사용자의 중앙조직이 개별사업장의 임금인상 움직임을 성공적으로 통제하여 임금부상현상(wage drift)을 억제할 수 있느냐는 것이다.

1960년대 사회적 조합주의의 가장 모범사례로 꼽히는 스웨덴의 경우 결국 사회적 조합주의가 무너진 것은 1970년대 이후 사업장단위에서 노사 간의 개별 협상에 의한 임금부상현상을 막지 못한 것이 가장 큰 이유로 꼽힌다. 1960~ 1970년대에 있어서는 사회적 조합주의의 두 축인 대표성(representation, 중앙노사단체가 합의과정에서 구성원의 이해관계를 대변하는 능력)과 통제성(control, 노사단체가 합의 후 구성원의 일탈행위를 제어하는 능력) 중 후자인 통제성(control)이 무너진 것이다.

현장에서의 임금부상현상을 막기 위해서는 중앙노사단체의 강력한 통제력이 필요하였고, 강력한 통제력을 제공하는 환경적인 요인의 중요성이 강조되었다. 이러한 환경적인 요인으로는 높은 노동조합 조직률과 중앙집중화된 노사단체(Lash, 1985; Schmitter, 1974), 강력하고 과두적인 중앙노사단체의 리더십(Schmitter, 1974; Streeck, 1984, 1988), 노동자조직과 사회민주주의 정당의 연대(Korpi, 1982; Lash, 1985) 등이 언급되었다. 한편, 최근 들어 Soskice(1990), Taxler(2000) 등은 경제전반의 효과적인 조율기능(economy-wide coordination)을 또 다른 환경요인으로 주장하고 있다.

1960~1970년대의 사회적 조합주의의 성공을 위해서는 이러한 환경요인이 절대적으로 중요하였고, 이러한 환경요인을 갖추지 않은 국가에서는 현장에서 사회적 합의가 준수될 가능성이 적고 결국은 사회적 조합주의체제의 붕괴로 이어진다고 여겨졌다. 1960~1970년대 사회적 조합주의에서 이러한 선행요건의 절대적 중요성을 감안한 주장은 환경결정론(environmental determinism)이라 언급되었다.

그러나, 1980년대에 이르러 대부분의 국가에서 사회적 조합주의가 실패하거나 침체되면서, 사회적 조합주의의 시대는 끝이 난 것으로 인식되었다.

Schmitter(1989: 72)의 주장처럼, 새로이 대두된 세계화와 분권화의 시대에서 국가단위로 근로조건을 통일하는 사회적 조합주의는 국제적인 이슈를 다루기에는 스케일이 너무 작고 지역과 업종별 이슈를 다루기에는 스케일이 너무 큰 ("too small in scale to have much influence over transnational forces and too large in scale to be of much help in the restructuring of sectoral and regional patterns") 모순을 지니고 있다고 여겨졌다.

② 1990년대 이후의 사회적 조합주의

1990년대에 들어서면서 사회적 조합주의는 네덜란드, 이탈리아, 아일랜드 등을 중심으로 다시 대두되어 각광을 받기 시작하였다. 1990년대 이후의 사회적 조합주의는 세계화와 국제경쟁의 격화, 다품종 소량생산체제의 등장으로 국가의 주요 기능이 세계시장에서의 국가경쟁력 강화로 인식되는 시점에 등장한 것이다. 1990년대의 사회적 조합주의는 1960~1970년대의 사회적 조합주의와 질적으로 다른 특징을 지닌다. 1960~1970년대의 사회적 조합주의가 임금과 고용을 교환하는 내용에 대한 합의라면, 1990년대의 사회적 조합주의는 절차와 제도에 대한 합의로서 구조조정, 사회보장제도개혁, 임금자동연동제의 개혁, 비정규직 제도, 근로시간단축 등의 문제를 다루고 있다. 즉, 정치적인 교환을 수반하지 않는 사회적 협의(social concertation without political exchange)인 것이며, 주로 정부의 정책결정에 노사가 참여하는(policy-making function) 형태이다.[25][26]

1990년대 이후의 사회적 조합주의에서는, 1960~1970년대와는 달리 노사단체가 합의사항의 준수를 위하여 구성원들을 통제할 수 있는 능력이 상대적으로

---

25) Regini(1997: 274)는 이러한 의미에서 1990년대의 사회적 협의는 절차에 대한 합의일 뿐, 경제개발의 우선순위에 대한 노사정간의 진정한 합의에 바탕한 사회적 협약이 아니다("… was just an agreement on rules; it was not a social pact which committed the parties to common views on economic development and its priorities")라고 주장하였다.

26) 노사단체를 정책결정과정에 참여시키는 1990년대식의 사회적 협의가 어느 국가에서나 가능한 것은 아니고, 시작이 되어도 성공하는 경우도 있고(예를 들면, 네덜란드, 이탈리아)(Baccaro, 2003; Visser, 1998), 성과가 미미하거나(예를 들면, 호주, 대한민국)(Hampson, 1997; Kim and Ahn, 2018), 실패로 인정되는 경우(예를 들면, 멕시코)(이성형, 1998)도 있다.

덜 중요해짐에 따라 높은 노동조합 조직률과 중앙집중화된 노사단체, 강력하고 과두적인 중앙노사단체의 리더십 등의 환경적 요인의 중요성도 사라지게 되었다. 즉, 1990년대식의 사회적 협의는 환경의 영향을 훨씬 덜 받게 되었다.

1990년대 이후의 사회적 조합주의의 성공요인을 설명하는 시도는 노사단체 내의 토의와 투표를 민주적 의사결정(Baccaro, 2003), 노사단체 내부와 노사단체 간의 조정능력(Visser, 1998), 노사정 당사자의 전략적 선택(Lim, 2001), 경제적 위기를 극복하려는 노사정의 의지(Kim and Ahn, 2018) 등을 강조하는 연구들이 있었다.

(3) 노동배제주의

개발도상국가들의 고용관계에 대한 이론적인 연구는 드문 편이다. 예를 들면, 고용관계 분야의 대표적인 이론서 중(예를 들면, Bean, 1994; Blyton et al., 2008; Kaufman, 2004b; Kochan and Katz, 1988; Poole, 1986) 유일하게 Bean(1994)만 개발도상국에 대한 장을 따로 두고 있을 정도로 주류 학자들은 개발도상국 노사관계에 관심을 크게 두지 않았었다. 아시아 등 개발도상국이 세계 경제에 차지하는 비중이 갈수록 커지는 경향과 맞물려 최근 일부 학자들에 의하여 개발도상국 고용관계에 대한 연구가 진행되고 있다(예를 들면, Hayter and Lee, 2018; Katz et al., 2018; Ng et al., 2019). 개발도상국 고용관계에 대하여 수행된 연구들은 동남아시아, 아프리카, 남미국가들을 주로 다루었다.

개발도상국은 동남아시아, 아프리카, 남미국가들은 발전단계에 따라 정도의 차이는 있지만 정치경제적으로 다음과 같은 두 가지 특징을 가지고 있나. 첫째, 국가를 수립하는 과정에서 많은 진통을 겪어 아직도 정치적인 혼란에서 벗어나지 못하고 있으며 정치적 민주화가 미진하고 산업민주화는 더욱 미흡하다. 둘째, 정부주도의 경제개발이 이루어지고 있으나, 국내 자본의 부족으로 특히, 아프리카와 남미국가에서 보듯이 다국적기업이 경제전반을 지배하는 경우가 많다. 산업화가 상대적으로 늦게 이루어져서 대체로 피고용인의 비율이 선진국보다 상대적으로 적고 정부의 통제밖에 없는 지하경제 등 비공식 경제부문이 상대적으로 크다.

이러한 정치경제적인 특징은 고용관계에도 그대로 투영되어 다음과 같은 특징을 지닌다. 첫째, 미진한 산업민주화에 더불어 공식부문의 피고용인의 수가 적은 점은 대체로 낮은 노동조합 조직률로 귀결된다. 개발도상국 중 노동조합조직률이 10%가 넘는 경우는 드문 편이고 대부분 한자리 숫자에 머물러 있다. 노동조합운동의 역할과 기능이 미흡하여 노조의 기능적 동일체(functional equivalence)로서 노동자를 보호하려는 준노조, 노동NGO, 노동CSO 등이 브라질, 중국, 인도, 인도네시아, 이란 등에서 등장하는 사례도 있다(강나빌레라, 2019).

둘째, 낮은 노동조합 조직률에 더불어 개발도상국 고용관계의 가장 큰 특징은 노동운동과 사용자단체에 대한 정부의 주도적인 영향력과 정책의 수립과 집행과정에서 노동배제주의이다(Bean, 1994; Deyo, 1981; Hyman, 2008; Kim and Bae, 2004; Kuruvilla, 1995). 개발도상국에서의 정부의 역할은 노사자율주의나 조합주의국가에 비하여 월등히 더 활동적이고 개입주의적이다. 이는 정부가 경제개발정책을 주도하고 그 일환으로 노동정책에 깊이 개입하고 있기 때문이다. 개발도상국에서는 엘리트 관료들이 경제개발계획을 세우고 기업인들과 노조들은 독립적이지 않고 대체로 정부에 종속된(labor subordination) 모습을 보인다. 정부는 정책수립과정에서 노동조합과 노동자들을 배제하는(labor exclusion) 경향을 보인다.

개발도상국 노동배제주의의 또 다른 측면은 집단적 노사관계의 억압과 개별적 노사관계의 강조이다. 개발도상국의 권위주의적 정부는 노동조합의 정치적, 경제적 파괴력을 경계하고 노조를 억제하기 위하여 집단적 노사관계를 약화시키고 그 대신 최저임금, 근로기준 등 개별적 노사관계를 형식적으로 강화하여 정부가 일방적으로 노동자의 복지를 담당하는 정책을 편다(Deyo, 1981; Kim, 2006; Kuruvilla and Venkatatnam, 1996). 즉, 공무원과 교사들의 노동조합 가입을 제한하거나, 사업장에서의 복수노조를 금지하고, 노조 간의 흡수합병을 막는 등 노동조합 조직대상을 좁게 한정하거나 확대를 제한하는 방식으로 노조를 통제하기도 한다. 권위주의적인 정부가 집단적 노사관계를 억제하고 개별적 노사관계를 통한 정책을 펴는 것은 1930~1940년대 무솔리니 시절의 이탈리아, 히틀러 치하의 독일, 군국주의 시절의 일본정부, 한국의 박정희·전두환대통령 치하에서의 노동정책에서 일관되게 관찰되는 경향이다.

셋째, 권위주의 정부는 파업을 억제하기 위하여 합법 파업의 기준을 좁게 설정하여 많은 수의 파업들이 불법 파업으로 발생한다. 따라서, 전체 파업에 비하여 불법 파업의 비중이 상대적으로 높은 편이고 상당수의 파업주동자들이 법위반으로 구속, 감금 등 사법적인 처벌을 받는 경우가 많다.

권위주의 정부 치하에서는 파업의 건수가 낮은 경향을 보이다가 정치적 민주화로 권위주의 정부가 흔들리거나, 큰 사회변동이 있어서 정부의 통제가 느슨해지는 시점에서 폭발적인 파업의 물결이 일어나기도 한다. 이러한 경향은 정치적 민주화와 산업민주화가 함께 진전되어 온 아시아국가에서 최근 발생하였는데, 예를 들면, 1940년대 말의 일본, 1980년대 말의 한국과 대만, 1990년대의 인도네시아, 태국, 필리핀, 2000년대의 중국, 베트남에서는 다수의 파업이 민주화 시기나 사회구조가 변동되는 특정 시기에 집중되어 일어나는 현상들이 있었다 (Kim, 1993; Kim, 2006).

마지막으로, 개발도상국 고용관계의 또 하나의 특징은 정부의 경제개발정책에 따라 영향을 받는다는 점이다. 즉, Kuruvilla(1995)에 의하면, 대체로 개발도상국들은 경제정책으로 수입대체산업화(Import Substitution Industrialization, ISI), 혹은 수출지향산업화(Export-Oriented Industrialization, EOI)를 사용하게 되는데 개발정책에 따라 고용관계전략도 함께 바뀐다는 것이다.

수입대체전략은 과거 아르헨티나, 브라질 등 남미국가의 경우 흔히 관찰되었는데, 이들 국가에서는 국내 산업개발을 위하여 정부는 권위주의 정책을 사용하거나 혹은 정부와 노조지도자가 영합하여 일종의 국가조합주의를 실시하기도 한다. 하지만, 1980년 이후 남미국가들은 전통적인 수입대체전략에서 신자유주의에 입각한 수출지향정책으로 바뀌는 경향을 보여준다(Cook, 1998).

수출지향정책을 쓰는 동아시아국가의 경우 정부는 권위주의적인 노동정책을 펴는 경우가 많다. 정부는 노조가 임금을 올리고 노동인권을 주장하여 노동유연성을 떨어뜨려서 국내 상품의 가격경쟁력을 약화시키고 외국 자본의 유입을 방해하는 것으로 인식한다. 특히 노사갈등은 생산활동을 저해하여 경제에 부정적인 영향을 미치고 외국 자본유치에 불리한 것으로 파악한다. 따라서, 정부는 임금상승을 억제하고 자율적인 노동운동을 통제하며, 노동법이 완화되어 적용되는 수출자유지역(Free Export Zone, FEZ)을 운영하기도 한다. Deyo(1981)는 수출지향 개발도상국의 이러한 경제발전전략을 종속개발(dependent development)로 지칭하고 있다.

노동정책이 정부의 경제정책에 종속되어 외국자본유치를 위하여 고의적으로 자국의 노동조건을 낮은 수준으로 유지하는 사회적 덤핑(social dumping)이 발생하는 것이다. 대부분의 개발도상국은 정치적 민주주의도 미흡하여 노동조합과 사용자단체는 구성원들의 이해관계를 반영하기보다는 정부에 종속되어 정부의 지침에 순응하는 경우가 많다. 대립적인 단체교섭은 약화되고 노조는 노조원 복지증진을 위한 사용자와의 협력이나 상호부조, 영리활동 등에 치중하는 경우도 있다.

Kuruvilla and Erickson(2002)은 아시아의 고용관계가 과거에는 수출지향정책을 달성하기 위하여 산업평화와 노사관계안정에 중점을 두었지만, 1990년 이후부터는 수출경쟁력을 확보하기 위하여 수량적, 기능적 유연성의 확보에 치중하게 되었다고 주장한다.

(4) 레닌식 조합주의(Leninist unionism)

과거 공산권이었거나 현재 공산권국가들의 고용관계는 흔히 Leninist unionism, Stalinist unionism이라고 불리우는 특징을 지니고 있다. 러시아, 동유럽, 중국, 베트남, 북한 등의 국가에서는 20세기 초 Lenin 시절부터 형성된 당과 노동조합과의 관계의 흔적이 아직도 남아있는 것이다. 이들 국가에서는 생산수단의 사유화를 허용하지 않고 공유화를 시행하는 한편, 당이 정치, 경제, 사회의 전 분야에서 거의 모든 의사결정을 담당하는 특징을 지니고 있다. 즉, 당은 최고 상층부에서 정책을 결정하고 관료주의적인 계획단계를 거쳐서 이 정책이 하층부까지 실현되는지 감시하는 역할을 맡게 된다. 이 체제하에서는 사회의 모든 조직들은 당의 지정한대로 동일한 공통이해관계를 가지고 있다고 가정하여 노사정 간의 이견이 있다고 간주하지 않으므로 노사 간의 이견을 조율하는 협상이나 조정은 고용관계에서 중요한 위상을 갖지 않는다. 노사가 스스로를 대표하는 로비단체 등 자주적인 단체를 형성하는 것은 허용되지 않는다(Slomp et al., 1996).

당의 어디에나 편재하는(omnipresent) 존재감과 역할은 고용관계에서도 예외가 아니다. 정부는 노동규범(labor code)을 통하여 개별 노동자의 작업규칙, 출근과 퇴근, 오버타임 등 근로시간, 보상의 수량과 방법, 직무분류 및 체계, 근무태도, 포상, 해고, 징계, 전출 등을 광범위하게 규율한다.[27] 사용자는 이러한 규율들을 각 사업장에 적용하기 위하여는 사전에 노조와 협의하여야 한다(Wilczynski, 1983). 사용자는 전적으로 정부가 임명하며 고용관계에 있어서 사용자의 전략적, 정책적 역할은 거의 존재하지 않는다.

레닌식 조합주의하에서 노조는 노동자의 대표로서 극히 중요한 위상을 가진다. 노조는 당의 한 기구로서 존재하며, 중앙집중적이고 단일한 명령체계를 가지고 있으며, 당이 통제하는 노조 이외의 복수노조는 허용되지 않는다. 국가에서 기업으로 하여금 노조를 설립하도록 강제하는 법률체계를 가지고 있다. 노동자들은 노조 가입이 의무화되어 있거나, 노조원들에게 주택, 대출, 연금, 교육, 건강보험, 복지혜택, 휴게시설 등에 많은 복지혜택을 주어서 가입을 적극 독려하는 체계를 가지고 있다. 그 결과 공식적으로 노조가입률은 중국의 중화전국총공회(All-China Federation of Trade Unions, ACFTU)의 경우에서 보듯이 90%를 넘는 경우가 많다. 공산주의 국가에서 노동조합은 산업별, 지역별로 구성된 경우가 많다. 즉, 전국노동조합연맹 산하에 산업별 혹은 지역별 노조가 존재하고, 그 산하에 기업별 지부가 존재한다. 따라서, 한 산업의 모든 노동자들은 같은 산별노조에 소속되게 된다. 당은 전국노동조합연맹을 감독하고, 전국노동조합연맹은 산업별 혹은 지역별 노조를 감독하며, 이들은 기업별 지부를 감독하는 구조로 되어있다(Slomp et al., 1996).

노조는 노동자의 대변기구라기보다는 정부의 지시에 충실하게 따르고 노동자들의 생산활동을 지휘하고 독려하는 생산독려자의 역할을 수행한다. 노동조합은 당의 지시와 정부의 방침을 노조원에게 전달하는 전달벨트(transmission belt) 역할을 한다(Bean, 1994). 하지만 노조가 노동자를 대변하고 보호하는 역할도 일부 수행한다. 중앙차원에서는 노조대표가 당의 정책결정과정에 형식적이지만 참여한다. 기업단위에서는 노조가 사용자의 과도한 관료주의로부터 노동자를 보호

---

27) Braverman(1974)은 과학적 관리기법(Taylorism)이 노동자들의 착취와 자본가들의 이익을 극대화하기 위하여 고안된 자본주의를 대표하는 생산체계라고 공격하였다. 하지만, 공산주의 국가인 소련의 스탈린 치하에서 1920년대부터 관료주의의 효율화를 위하여 과학적 관리기법의 여러 요소들이 광범위하게 도입된 것은(Beissinger, 1988) 아이러니가 아닐 수 없다.

하는 역할을 하기도 하고, 경우에 따라서는 사용자와 개별 노동자 간의 분쟁이 있을 때 노조가 중재자역할을 하기도 한다. 대체로 개별 노동자의 경영참가는 극히 미흡하다. 전통적인 공산주의 모델에서는 단체교섭은 거의 실시하지 않는다. 단체교섭을 실시하는 경우에는 임금과 보상의 양과 방법에 대하여는 당과 정부의 경제계획에 따른 지침을 그대로 따르는 수준에서 마무리되고, 작업에 대한 사항이나 휴게, 체육, 문화, 그리고 사회활동 등은 노사가 협의하여 실시한다. 이들 내용에 대하여 노사 간의 이견이 있으면 상급노조가 중재한다(Slomp et al., 1996). 하지만 공산권국가에서도 예외는 있어서 티토정권하의 유고슬라비아 등에서는 노동자들의 자율권을 준수하고 제한된 경영참가를 허용하기도 하였다(Lane, 1976; Wilczynski, 1983).

1991년 공산주의의 종주국이던 소련의 해체 이후 레닌식 조합주의는 현저히 약화되는 경향을 보이고 있다. 지금은 공산권국가인 러시아, 중국, 베트남 등에서도 당이 주도하는 레닌식 조합주의 모델에서 시장의 영향을 많이 받는 다원주의 모델로 서서히 옮겨오고 있다. 즉, 공산주의의 계획경제와 자본주의의 시장경제 사이의 제3의 모델이 모색되고 있는 단계인 것이다. 예를 들면, 동구의 (구)공산권국가들과 중국, 베트남 등에서는 단체교섭이 실시되고 있고 노사분규도 활발히 발생하고 있다.[28] 하지만, 이러한 경향도 국가별로 차이가 있어서, 중국, 베트남, 러시아, 동유럽 등은 계획경제에서 시장경제로 경제체제가 전환하는 과정에 있지만, 북한 등에서는 전통적인 공산국가의 고용관계 특징을 그대로 유지하고 있다.

---

28) 특히, 중국의 경우는 2010년 이후 폭발적인 수준의 노사분규가 발생하고 있다.

03 고용관계에서 정부의 역할

    각 국가마다 노동과 고용문제를 다루는 부서의 명칭과 편제는 다르지만, 학자들은 정부의 역할을 대부분 비슷하게 보고 있다. Barbash(1984)는 정부의 역할이 ① 민간과 공공분야의 노사관계, ② 근로기준, ③ 사회복지, ④ 노동시장, ⑤ 임금－가격 안정, ⑥ 평등, ⑦ 노동시장의 정보 등의 7개 분야에서 나타난다고 하였다.

    Bean(1994)은 정부의 역할을 ① 집단적 노사관계, 특히 단체교섭의 규칙을 제정하는 역할, ② 개별 고용관계에서의 근로기준을 정하는 역할, ③ 노사갈등을 알선, 조정, 중재하는 역할, ④ 공공부문에서 사용자의 역할, ⑤ 노동자들의 소득을 조정하는 기능으로서 거시경제정책과 임금정책 등을 통하여 소득수준을 조정하는 역할의 5가지로 나누었다.

    Godard(2005)는 정부의 역할을 ① 사용자와 노조, 노동자의 행위가 법 테두리 내에서 이루어지도록 규제하는 규제역할(regulative role), ② 공공부문의 관리자로서의 사용자역할(employer role), ③ 노사 간의 갈등을 완화시키기 위하여 사회적 규범을 만들고 지원하는 촉진역할(facilitative role), ④ 경제적인 환경을 조성하는 구조적 역할(structural role), ⑤ 경제 시스템에 맞추어 고용관계 시스템을 구축하는 구성역할(constitutive role)의 5가지로 구분하였다.

    Hyman(2008)은 정부의 역할을 보다 광범위하게 보아서 다음의 7가지로 구분하고 있다. 즉, Hyman은 ① 사용자로서의 정부, ② 집단노사관계에서 노사 간의 게임의 룰을 정하는 역할, ③ 개별고용관계에서 노동자의 근로조건과 노동기본권을 정하는 역할, ④ 금융과 재정정책 등 거시경제정책을 사용하여 노동시장의 고용과 임금을 조절하는 노동시장 정책, ⑤ 인력을 개발하여 노동시장에서 취업가능하도록 교육훈련하는 역할, ⑥ 노동시장의 경쟁에서 낙오된 노동자를 위한 안전망으로서의 복지정책, ⑦ 정치, 경제, 사회분야에서 노동이 자리매김하여 노동자들이 산업시민(industrial citizenship)으로서 존중받도록 하는 정책을 정부의 역할로 들고 있다.

본 장에서는 정부의 역할을 간명하게 4가지로 나누어 각각을 살펴보기로 한다. 첫째, 사용자로서의 역할이다. 정부는 공무원과 공공부문 노동자 등을 고용하여 사용자로서의 역할을 수행하고, 법령을 준수하며 정부의 고용정책을 실제로 집행하면서 민간부문의 사용자에게 모범을 보여야 하는 역할을 한다. 특히 최근 민간부문에 비해 상대적으로 높은 공공부문의 노동조합 조직률, 구성원 간의 동질성, 안정된 재정 등을 기반으로 고용관계에서 공공부문의 비중이 커지는 상황에서 사용자로서 정부의 역할은 점점 더 중요해지고 있다. 특히, 프랑스, 남아공 등 공공부문의 비중이 큰 나라에서는 사용자로서의 정부의 역할이 매우 중요하다.

둘째, 집단적 노사관계의 절차와 게임의 법칙을 정하는 역할을 수행한다. 노동조합과 사용자는 협상력을 사용하여 단체협상, 단체행동 등을 통하여 임금 및 근로조건을 정하게 된다. 이 과정에서 정부는 노사 간의 갈등이 과도해지지 않도록 게임의 룰을 정하는 역할을 하게 된다. 즉, 정부는 노사 간의 협상을 주로 하는 집단적 고용관계 전반에 대한 원칙과 절차를 정립하는 역할을 한다.

셋째, 개별 고용관계에 관한 근로기준 설정 역할이다. 정부는 근로시간, 최저임금, 개별 해고 또는 정리해고, 건강 및 안전 등과 같은 고용관계에 있어서 개인의 법적 권리에 대한 사안에 대하여 기본적인 근로기준을 정하게 된다. 만약, 노동자 개인이 사용자와 개별적으로 교섭한다면 공정한 교섭결과를 기대하기 어려울 것이다. 특히 노동조합이 존재하지 않는 사업장의 경우 개별 노동자의 권익은 대부분 정부의 법령에 의존할 수밖에 없다. 인간의 삶을 영위하는 데 필요한 최소한의 조건, 예를 들어, 최저 소득수준(최저임금)의 확보, 질병·산업재해·노령·실업 등 근로생활에서 나타날 수 있는 불안의 해소(4대 보험) 등을 위해 정부가 법제화를 하거나 지원·혜택방안을 마련하여 노동자가 최소한의 근로복지 혜택을 볼 수 있도록 하는 역할을 한다.

넷째, 거시경제적 관점에서 노동시장의 수요공급을 조정하여 노동시장의 안정을 도모하고, 인력의 취업역량을 함양하며, 실업에 대비하여 사회안전망을 구축하는 역할이다. 노동시장의 안정을 위해 정부의 재정·금융정책과 더불어 중앙은행의 금리정책 등을 적절하게 운영하여 노동시장을 안정시키는 역할을 수행한다. 또한, 국가경제발전을 위해 필요한 인력의 수급조절이 중요하다. 지식정보화 사회에서는 양적인 인력 확보뿐만 아니라 질적인 역량의 개발이 중요하다. 즉, 인적 자원의 취업역량(employability)을 개발하고 향상시키는 것이 정부의 역할이라고 할 수 있다. 또한, 시장경제에서 실업의 현상은 피할 수 없는 것이므로 실업자들을 위한 사회안전망으로서 복지정책도 정부의 역할 중 하나이다(김동원 외, 2019).

04 사용자로서의 정부: 공공부문 고용관계[29)]

공공부문이란 고용관계측면에서 볼 때 정부와 국가 또는 지방자치단체가 실질적으로 사용자 역할을 하는 기관이라고 할 수 있다. 즉, 공무원, 국공립교원, 공기업직원, 정부출연기관 직원들이 공공부문 노사관계의 당사자인 것이다. 민간부문의 노동조합 조직률이 하락하는 반면 공공부문의 노동조합 조직률이 높은 수준으로 유지되는 경향이 나타나면서 공공부문이 노동운동의 핵심이 되는 경향은 우리나라를 포함한 여러 주요 국가들에서 이미 나타나고 있는 현상이다. 공공부문 노사관계에서 특히 주목을 받는 것은 경영자와 일반시민의 관심사인 공공성과 직원들의 관심사인 노동기본권 간 충돌이다.

(1) 공공성과 노동기본권과의 충돌에 대한 논쟁

공공부문에 노동조합이 처음 들어오면서 공공부문의 공공성을 고려할 때, 과연 공공부문 종사자들에게 노동권을 보장하여야 하는지에 대한 논쟁이 학계에서 벌어졌었다. 특히, 1960년대 미국의 경우 민권운동과 맞물려 공무원과 교사의 노동조합결성요구가 거셀 때, 과연 공공부문 노동자들에게 노동조합을 결성하는 것이 합당한지에 대한 논쟁은 오랜기간 지속되었다.

1) 공공부문 노조 불허 주장

공공부문에 노동조합이 허용되어서는 안 된다고 주장하는 근거 중 하나는 공공부문에서는 노사가 유착할 가능성이 크다는 점이다. 즉, 납세자의 부담을 도외시한 채 공공부문의 노사가 과다한 임금인상과 직원들에게 유리한 근로조

---

29) 이 부분은 김동원 외(2019)의 설명을 수정·보완하고 업데이트한 것임을 밝혀둔다.

건에 합의할 수 있다는 점이다. 즉, 납세자의 권리에 대한 관심도는 국민에게 분산되어 있어 집중적으로 관심을 표명하지 않지만, 공공부문 노조가 집중된 이해관계(intensity of interest)를 위하여 전력투구하여 시민의 분산된 반대를 무릅쓰고 자신들의 의견을 관철한다는 것이다. 특히, 우리나라의 일부 공기업의 경우는 노사유착의 가능성을 보여준다. 즉, 전문성이 없는 정치인들을 위하여 공기업의 최고경영자자리를 할애하다 보니, 이들은 취임 시부터 노동조합의 낙하산인사 반대투쟁에 직면하여 이미 많은 양보를 암묵적으로 약속한 상태에서 취임하고, 재임기간 중 노사분규의 발생을 회피하기 위하여 필요 이상의 많은 것을 양보해 온 사례는 이미 널리 알려져 있다.

또 Wellington and Winter(1969)의 널리 알려진 논문에서 공공부문의 노동기본권을 부정하는 또 다른 이유로 공공부문파업의 경우 공공서비스에 대한 대체재가 없음으로 노동조합의 협상력이 월등히 커서 사용자가 과다한 양보를 할 수밖에 없고 공공부문 노조의 임금효과는 민간부문보다 월등히 클 수밖에 없다고 주장하였다. 예를 들어서 공익성이 강한 공무원의 파업은 단기간에 불과하더라도 국가가 견딜 수 없으므로 협상과정에서 공공부문의 사용자가 노동조합에게 비합리적인 수준의 양보를 할 수밖에 없다는 점이다.

2) 공공부문 노조 허용 주장

이러한 두 가지의 우려에 대하여 공공부문노동조합을 인정하여야 한다고 주장하는 측에서 다양한 반대논리와 증거를 제시하여왔다. 우선, 공공부문의 노동자도 노동자인 만큼 공공부문에 취직하였다고 해서 헌법에 보장된 노동기본권을 부인하는 것은 곤란하다는 것이다. 또한, 공공부문에서 노사가 유착할 가능성이 크다는 주장에 대하여는 납세자그룹의 적극적인 감시로 얼마든지 예방이 가능하다고 한다.

예를 들면, 하와이, 위스콘신, 뉴저지, 일리노이, 미네소타 등 미국의 여러 주에서는 sunshine law라고 하여 공공부문의 노사협상을 반드시 납세자그룹을 포함한 일반 대중에게 공개하여 진행하도록 규정한 법을 통과시킨 적이 있다(Befort, 1984). 1990년 이후에는 공공부문의 경쟁력이 국가경쟁력의 핵심으로 인정되고 공공부문의 개혁이 정치인들의 업적으로 평가됨에 따라 오히려 공공부문의 노동자들이 민간부문보다 더 혹심하게 구조조정의 대상이 되어왔다고 주장한다. 한국에서도, 1997년의 외환위기 이후 기획예산처에서 모든 공기업과 정부출연기관 정원의 30% 이상을 무조건 삭감하도록 하여 거의 모든 공공조직에서 예외없이 격심한 구조조정이 이루어진 점을 들 수도 있을 것이다. 또한, 우리나라 일부 공기업에서의 노사유착현상을 해결하기 위하여 노동기본권을 부인하기보다는 비합리적인 낙하산인사를 근절하고 정부와 시민단체의 철저한 감시를 통하여 투명경영이 이루어지도록 하여야 한다는 것이다.

또한, 공공부문에서의 협상력이 우월하다는 두 번째의 주장에 대하여는 공공부문 노동자들에게 노동3권의 일부를 부여하지 않음으로써 협상력을 발휘할 기회를 봉쇄해왔다는 점을 들고 있다. 즉, 미국, 독일, 영국, 일본 등 외국의 경우에도 공무원, 교사 등 대부분의 공공부문 노동자들은 단체행동이 금지되는 경우가 많고 노조설립이나 단체협상도 허용되지 않는 경우가 종종 있다. 우리나라의 경우 경제에 미치는 영향이 큰 공익사업은 단체행동권 행사에 있어서 많은 제약을 받고 있으며, 철도, 버스, 수도·전기·가스·석유정제 및 석유공급, 병원, 은행, 통신사업 등 필수공익사업은 사실상 쟁의를 허용하지 않고 강제중재에 의존하도록 법에 규정하고 있다. 또한, 공익성이 큰 국공립교사의 경우에도 쟁의권이 부여되지 않고 있다. 공공부문의 노동기본권에 대한 이러한 제한들은 공공부문노동조합의 협상력을 약화시키는 결과를 가져왔다.

그간의 실증연구결과를 보면 공공부문의 노동기본권을 보장하는 것이 노사간의 협상력을 심각히 왜곡시키지 않았다는 점을 보여주고 있다. 예를 들면, 우리나라와 미국의 경우를 보더라도 공공부문이라고 하여 특별히 노동조합의 임금인상효과가 민간부문보다 더 크지 않다는 점은 공공노조의 협상력이 우려할 만큼 크지는 않다는 점을 보여준다. 오히려 미국의 공공부문 노조의 임금효과(평균 8~13%)는 민간부문 노조의 임금효과(평균 15%)보다 적은 것으로 알려져 있다(Freeman and Ichniowski, 1988). 따라서, 지금에 와서는 공공부문의 노동기본권을 전면 부인하는 견해를 주장하는 경우는 거의 없으며, 공공부문에 있어서 공공성과 노동기본권을 어떻게 잘 조화시킬 것인가가 논의의 초점이 되었다.

(2) 공공부문 노사관계의 특징

1960년대 미국을 중심으로 공공부문에 노동운동이 진출한 이후 공공부문의 노사관계에 대하여 많은 연구가 이루어졌다(예를 들면, Aaron et al., 1988; Belman et al., 1996; Cooper, 1992; Freeman and Ichniowski, 1988; Kearney, 2008; Lewin et al., 1988). 이 연구들은 공공부문의 노사관계가 민간부문과는 현저히 다르다는 점을 확연히 보여준다. 아래에 명기한 공공부문 고용관계의 특이점은 지역을 불문하고 대부분의 국가에서 나타나는 공통적인 현상이다.

1) 다면교섭

공공부문 노사교섭에서는 다면교섭이 나타난다. 다면교섭은 셋 이상 당사자가 참여하고, 노사 간에 명확한 구분이 존재하지 않고, 공식적인 교섭상대방이 아니라 다양한 이해관계자집단과 교섭하고, 상위기관의 인준을 필요로 하는 교섭을 말한다. 공공부문에서 나타나는 다면교섭(multi-lateral bargaining in public sector)(Kochan, 1974)은 민간부문에서 나타나는 노사양자교섭(bi-lateral bargaining in private sector)과 두드러진 차이를 보인다. 공공부문 교섭에서 다면교섭이 나타나는 이유는 공공부문의 목표가 다양하고, 사용자역할을 하는 집단이 다수 존재하고, 사용자 내부에서 명확한 의사결정 체계가 결여되어 있고, 이들 사이에서 이해다양성과 권한 분산으로 인해 이해조정이 어렵기 때문이다. 한국에서도 공공부문 교섭은 형식적으로는 노조와 법률상 사용자가 진행하고 있으나 실제로 노조는 관련 정부부처, 의회, 정당 등과 다양한 형식의 대화, 협의를 진행하고 있다.

2) 강한 정치적 성격

Summers(1974)는 민간부문의 단체협상은 경제적인 힘에 따라 결정되지만 공공부문의 단체협상은 정치적인 힘에 좌우된다는 고전적인 주장을 하였다. 공공부문에서 제공하는 서비스는 시민 일상생활과 관련이 높고, 필수성이 높다. 따라서 그 중단이 시민 일상생활에 크고 작은 영향을 미치기 때문에 시민들의 관심이 높다. 또한 공공부문의 재정원천은 궁극적으로는 납세자 세금과 관련이 있기 때문에 납세자들의 관심이 높고 의회 예산심의를 거쳐야 하기 때문에 정치적 성격을 띤다. 연장선상에서 공공부문 종사자 노동조건도 납세자, 의회의 관심사가 된다. 이런 성격들 때문에 공공부문 고용관계 현안은 민간부문 고용관계와 달리 강한 정치적 성격을 띠게 된다.

3) 노사 유착의 용이성

공공부문에서는 노사 간 유착 가능성도 존재한다. 즉, 공공부문 내부에서는 관리자와 노동자로 나누어진다고 해도 정부 또는 납세자에 대해서는 모두 피고용인이기 때문에 관리자와 노동자 사이에 이해공동성이 나타날 수 있다. 이런 특징이 공공부문에서 이윤개념이 상대적으로 약하다는 점과 결합하여 노사 간에 파이(pie)를 공유할 가능성, 그리고 그에 따른 도덕적 해이가 나타날 가능성이 있다. 도덕적 해이 가능성은 주인(principal, 시민)과 대리인(agent, 공공부문 종사자) 사이의 정보의 비대칭성에서 나온다. 즉, 주인이 대리인의 행태를 완벽하게 감시·감독할 수 없으므로 대리인은 주인이 생각할 때 최상이라고 생각하는 만큼 노력을 기울이지 않고 자기 이익 실현을 위해 움직이게 된다. 이 경우 대리인들은 그 내부에서 노사로 나누어지기보다는 주인의 눈을 피해서 자기 이익을 실현하고자 하는 공모자로서 상호 유착 관계로 나타날 수 있다.

4) 노조 조직과 유지의 용이성

공공부문에 있어서는 일단 노동법이 노동조합의 결성을 허용하면 노동조합이 쉽게 결성되고 꾸준히 높은 조직률을 유지하는 경향을 보인다. 이러한 경향은 공무원의 노동조합결성을 허용한 여러 미국, 일본, 영국, 독일, 프랑스 등 선진국들의 경우에서 일관되게 관찰된다.

예를 들면, 미국의 경우 공공부문의 노동조합 조직률은 40%에 달하고 있으나, 민간부문은 8%에 불과하여 전체 평균 11%를 이루고 있다. 또한 미국의 최대 노동조합은 민간부문의 대표적인 노동조합인 미국자동차노조(UAW)가 아니라 미국교원노조(NEA)인 점도 상징적이다. 공무원의 경우 신분이 보장되어 노동조합운동을 자유롭게 할 수 있고, 공공부문의 사용자들도 대체로 선거로 선출되거나(예를 들면, 시장, 주지사), 정부로부터 임명이 되었으므로(예를 들면, 정부투자기관과 정부출자기관의 사장) 민간기업의 경영자보다는 노동조합에 적극적으로 반대할만한 동기가 적기 때문이다.

　　우리나라의 경우에도 전체 피고용인의 노동조합 조직률은 2018년 말 기준으로 12%에 불과하지만 노동조합의 결성이 허용된 공무원은 66%, 공공기관은 69%의 노동조합 조직률을 보여준다. 공공부문에 있어서는 노동조합이 쉽게 정착하고 안정되는 경향은 이후 대부분 국가의 노동운동을 공공부문이 주도할 것이라는 예측으로 이어진다.

Recommended Readings and Annotated Bibliography

Baccaro, L. 2003. "What Is Alive and What Is Dead in the Theory of Corporatism," British Journal of Industrial Relations. 53(4): 579 – 601.

> 아일랜드와 이탈리아의 사회적 조합주의의 성공사례를 활용하여 1960~1970
> 년대의 사회적 조합주의의 성공요인은 집중화된 노조구조 등 환경요인이었
> 으나, 1990년대의 사회적 조합주의는 노사단체 내의 토의와 투표 등 민주적
> 의사결정이라고 주장한다.

Bean, R. 1994. Comparative Industrial Relations: An Introduction To Cross – National Perspectives. Chapter 5. The Role of the State, Chapter 9. Industrial Relations in Developing Countries, London: Routledge.

> 고용관계에서 정부의 역할을 주요 국가별, 이슈별로 나누어 이론을 정리한
> 논문이다(Chapter 5). 특히, 다수의 개발도상국 사례를 들어 시대별 변천을
> 설명하고 개발도상국 고용관계에서 대륙을 막론하고 정부의 역할이 절대적
> 임을 보여준다(Chapter 9).

Deyo, F. C. 1981. Dependent Development and Industrial Order: an Asian Case Study. Santa Barbara, CA: Praeger Publishers.

> 동아시아의 수출지향 개발도상국들이 외국자본의 투자와 외국의 상품시장에
> 의존하여 경제성장을 도모하였고, 그 과정에서 종속개발(dependent development)
> 경제전략을 사용하여 노동운동을 통제한다고 주장하였다.

Hyman, R. 2008. "The State in Industrial Relations," in P. Blyton, E. Heery, N. Bacon and J. Fiorito(Eds.) The Sage Handbook of Industrial Relations. London: Sage Publications.

마르크시스트의 입장에서 다원주의자들이 정부의 역할에 대하여 소홀한 점을 비판하고 정부역할의 중요성을 역설하였다. 정부의 역할에 대한 포괄적인 리뷰논문으로서, 정부의 정의, 이론 틀, 국가 간 다양성, 정부의 구체적 역할, 정부 역할에 대한 이론적인 모델들을 설명하였다.

Kaufman, B. E. 2003. "John R. Commons and the Wisconsin School on Industrial Relations Strategy and Policy," Industrial and Labor Relations Review. 57(1): 3 – 30.

미국의 위스콘신학파의 제도학파의 시조로서 자율주의를 옹호한 Commons의 입장을 시대순으로 정리한 글이다. Commons는 노동운동의 발전을 위하여 다양한 방안을 강구하였지만 노조결성과 단체교섭 자율주의를 가장 핵심적으로 주장한 점을 역사적 문헌을 통해 보여주는 글이다.

Kuruvilla, S. and Erickson, C. 2002. "Change and Transformation in Asian Industrial Relations," Industrial Relations. 41(2): 171 – 228.

아시아의 수출지향국가들의 정부정책의 변천을 보여준다. 이들 국가에서의 고용관계가 과거에는 수출지향정책을 달성하기 위하여 산업평화와 노사관계 안정에 중점을 두었지만, 1990년 이후부터는 수출경쟁력을 확보하기 위하여 수량적, 기능적 유연성의 확보에 치중하게 되었다고 주장한다.

Poole, M. 1986. <u>Industrial Relations: Origins and Patterns of National Diversity</u>. Chapter 5. Governments, Political Parties and the Role of the State, New York: Routledge.

> 고용관계에서 정부의 역할에 대한 정의, 이론, 그리고 전략을 소개한 글이다. 선진국의 다원주의와 사회적 조합주의, 공산주의 국가의 중앙통제적 조합주의, 개발도상국의 정부주도 노동배제주의를 국가 사례를 들어 이론적으로 설명하였다.

Schmitter, P. C. 1974. "Still the Century of Corporatism?" <u>The Review of Politics</u>. 36(1): 85－131.

> 정치학자의 입장에서 사회적 조합주의, 권위적 조합주의, 다원주의를 개념적으로 비교하고 이 개념들에 대한 상세하고 엄밀한 이론적 정의를 제공하여, 사회적 조합주의의 문헌 중 가장 많이 인용되는 논문이다.

Slomp, H., van Hoof, J. and Moerel, H. 1996. "The Transformation of Industrial Relations in Some Central and Eastern European Countries," In J. van Ruysseveldt and J. Visser(Eds.) <u>Industrial Relations in Europe: Traditions and Transitions</u>. London: Sage Publications.

> 동유럽과 중부유럽의 (구)공산권국가들의 노동조합정책이 변천하는 과정과 내용을 사례를 들어 설명한 논문이다. 1920년 이후 광범위하게 실시된 레닌식 조합주의의 성격과 1990년대 공산권 붕괴 이후 다양한 변화상을 잘 대비하여 보여준다.

6장

고용관계 주체의
상호작용: 노사협상

이 장에서는 노사정 고용관계주체들의 고용관계를 형성하는 과정에서 필연적으로 발생하는 상호작용(interaction)에 대하여 논의하기로 한다.

고용관계의 행동논리와 주체들의 목적

고용관계의 행동논리(logic of action)란 노사정 등 고용관계 당사자가 고용관계에 관한 의사결정을 할 때 고려하는 판단기준을 말한다. 따라서 주어진 상황에서 고용관계 당사자가 중시하는 행동논리에 따라 고용관계의 행동패턴이 결정되는데, 고용관계의 행동논리에는 산업평화논리, 경쟁논리 및 고용임금보장논리 등이 있다. 이하에서는 고용관계의 행동논리에 대한 Frenkel and Kuruvilla(2002)의 설명을 소개하기로 한다.

먼저, 산업평화논리(logic of industrial peace)는 경제주체들 간에 발생할 수 있는 이해관계의 대립이나 갈등을 해소하기 위한 행동논리로서 정부의 주된 관심사이다. 산업평화를 달성하기 위하여 국가가 노사 간의 교섭결렬 시에는 조정이나 중재서비스를 제공하기도 하며, 심지어 개발도상국가의 권위주의 정부에서는 단체교섭 범위나 파업권을 제한하는 경우도 있다. 또한, 정부는 지속적으로 산업평화가 유지될 수 있도록 산업 내 기업 간 과다경쟁을 방지하기 위한 면허제 도입, 자국산업보호를 위한 보호관세 등을 제도화하여 경제주체 간의 갈등이 발생할 수 있는 원인을 제거하기도 한다.

경쟁논리(logic of competition)는 주로 자유주의 경제정책을 선호하는 경제주체들(주로 사용자그룹)에 의하여 주창되는 행동논리로서 효율성의 극대화를 우선시한다. 이 같은 경쟁논리의 관점에 볼 때 바람직한 고용관계 패턴은 노동시장의 유연성과 노동생산성의 증대를 통하여 기업의 효율성이 극대화되는 고용관계이다. 예를 들어, 피고용인의 임금수준은 산업평균보다는 개별 기업의 경제적 여건을 고려하여 결정하거나, 수출자유지역을 지정하여 국내 노동관계법의 적용을 배제하거나, 이주노동자를 사용하여 저임금 노동력을 활용하는 경우가 이에 해당된다. 또는, 품질향상이나 혁신적인 제품의 공급을 경쟁우위의 원천으로 삼는 경우에는 필요한 첨단기술과 산업의 개발을 장려하고 피고용인의 인적자원을 향상시키기 위하여 노력하기도 한다.

마지막으로, 고용─임금보장논리(logic of employment─wage protection)는 피고용인의 고용을 안정시키고 적정수준의 임금을 보장하기 위하여 사용자의 역량을 가능한 제한하고 피고용인의 영향력을 강화시키는 행동논리이다. 특히 세계화 및 경쟁의 가속화로 사회보장제도의 악화, 노동시장의 유연화 등으로 고용불안을 느끼거나 실질임금의 하락을 우려하는 피고용인이나 노동조합, 인권단체 및 시민단체(NGO) 등이 주로 사용하는 행동논리이다. 예를 들어, 해고 제한, 노동시간 단축, 작업조건 개선, 차별금지, 근로조건에 대한 사용자의 지나친 권리행사 제한, 실업급여 및 연금 지급 등을 주장하는 것이 이와 같은 행동논리의 산물로 볼 수 있다.

한 국가의 고용관계 패턴은 위에서 언급한 세 가지의 행동논리(산업평화논리, 경쟁논리 및 고용─임금보장논리)가 혼재되어 나타나게 되는데, 이 세 가지의 행동논리를 각각 주장하는 고용관계 당사자(즉, 정부, 사용자, 노동자와 노동조합)의 상대적 힘의 크기에 따라 한 국가의 고용관계의 성격이 결정된다.

비슷한 맥락에서 Budd and Bhave(2008)는 고용관계 주체들의 목적(관심사항 혹은 이해관계, interests)을 조금 더 상세하게 소개하고 있다. 구체적으로, 고용관계에 있어서 정부는 사회가 안정되게 유지되도록 자유와 법치주의를 보장하고(freedom and the rule of law), 계층 간 갈등을 줄이기 위하여 공정한 분배가 이루어지도록 하며(equitable outcomes), 정부관료와 자본가 등 엘리트계급의 지배를 훼손하지 않도록 하는(dominance of the elite) 목적을 가지고 있다.

시장경제 체제 하의 고용관계에서 사용자는 주주의 이익을 극대화하는(profit maximization) 한편, 소비자, 부품공급자, 하청업체, 지역사회, 노동자 등 이해관계자의 가치를 돌보고(stakeholder value), 기업운영에서 경영자의 경영권과 통제권을 유지하는(power and control) 목적을 가지고 있다.

한편, 노동자들의 목적은 Maslow(1943)의 욕구 5단계설과 거의 일치한다. 노동자들은 소득을 통해 경제적인 생존을 도모하고(survival and income), 작업장에서 공정한 대우를 받고 의견을 개진하고(equity and voice), 사회적인 정체성을 가지고 자아를 실현하며(fulfillment and social identity), 작업현장에서의 주도권을 쥐고 스스로의 일에 대한 통제권을 가지려는(power and control) 목적을 가지고 있다.

이러한 측면에서 본다면 고용관계는 주체들이 서로 다른 목적을 성취하기 위하여 갈등과 협력의 수단을 동원하는 과정과 결과로 볼 수 있다. 주체들의 목적은 (기업경영에서 경영권과 통제권을 확보하기 위한 노사 간의 경쟁처럼) 서로 겹쳐서 경쟁관계로 치닫기도 하고, (공정한 분배를 원하는 정부와 경제적인 생존을 도모하는 노동자들처럼) 서로의 목적이 겹치지 않고 상호보완적이어서 협력관계로 이어지기도 한다.

⬡02 협상의 이론

　고용관계에서 가장 중요한 부분 중 하나인 단체교섭은 협상 행위를 기초로 한 노사 간 상호작용이다. 고용관계와 인접 분야에서는 협상에 대한 연구가 오랫동안 이어져 왔다. 일반적인 협상에 대한 이론적인 흐름은 경제학 이론과 게임 이론, 사회심리학 이론, 규범적 이론, 제도론적 이론의 4가지로 대별할 수 있다(Friedman, 1994).

(1) 경제학 이론과 게임 이론

　초기 경제학자들의 협상에 대한 연구는 실제 노사협상에 대한 관찰을 통하여 협상모델을 제시하였다. 대표적인 연구는 노벨수상자인 Hicks(1932)의 연구인데, 그는 노사협상의 과정을 노와 사가 협상안을(offers and counteroffers) 반복적으로 제시하면서 합의안으로 수렴해가는 과정으로 이해하였다. 노사의 양보와 저항의 강도에 따라 양보(저항)곡선의 기울기가 결정되며, 협상기한까지 타결이 되지 않으면 파업이 발생하는 것으로 보았다.

　Hicks모델은 단순하고 직관적이고 현실적인 응용가능성이 큰 장점이 있다. 하지만, 노사 이외의 제3자가 등장하는 다자협상을 설명 못하는 점과 노사가 제로섬게임을 벌이는 임금 등 경제적인 변수만을 고려한 점 등이 약점으로 지적된다(Friedman, 1994). Hicks모델에 대한 이러한 비판을 감안하여 후대의 경제학자인 Ashenfelter and Johnson(1969)은 사용자, 노동조합간부, 노동조합원 등 3자가 등장하는 협상모델을 제시하고 실증적인 연구를 진행하였다.

　최근에 와서는 경제학자들과 컴퓨터공학자들은 게임 이론을 협상에 적용하여 연구하고 있다. 게임 이론은 과정보다는 개별 협상의 결과에 관심을 가지고 수학적인 방법론을 사용하고 가상의 협상 룰을 정한 자동화된 협상모델(automated negotiation)을 사용한다. 게임 이론에서는 협상당사자들은 철저히 이성적(rational)이고, 필요한 모든 정보를 가지고 있으며, 협상결과에 대한 선호도가 협상기간 내내 바뀌지 않고, 경제적 효용을 극대화하기 위하여 노력하는 것으로 가정한다(Jennings et al., 2001; Young, 1991).

게임 이론에 대한 비판으로는 정밀한 수학적인 모델에도 불구하고 이 이론이 비현실적인 측면이 많다는 점이다. 우선, 게임 이론에서는 환경적인 요인이 고려되지 않는다. 즉, 협상결과에 영향을 미치는 사회적, 정치적인 요인들이(예를 들면, 사회적 관행, 체면, 권력격차 등) 무시되고, 협상중간에 당사자의 입장이 바뀌는 경우에 대한 고려가 없으며, 협상당사자의 전략적인 선택(예를 들면, 장기적으로 더 나은 결과를 위한 일시적인 양보)이 게재될 여지가 없다는 점 등이다. 이러한 비판을 일부 고려하여 최근에는 게임 이론가들이 정보비대칭성 등을 모델에 도입하여 연구하기도 한다(Friedman, 1994).

(2) 사회심리학 이론

사회심리학에서는 협상당사자가 이성적이지 않다는 것을 인식하고 다양한 내외부 요인으로부터 협상의 결과가 영향을 받는다는 점을 검증하였다. 시회심리학 이론의 연구들은 Northwestern University 출신의 연구자가 중심이 되어 시작하였고, 지금은 심리학과 조직행동론의 학자들이 이 흐름의 연구를 지속하고 있다(Friedman, 1994). 사회심리학적인 이론에서 다루는 내외부요인은 협상당사자의 개인적 특징(자신감 등 성격, 협상경험), 과정요인(협상안이 제시되는 방식, 첫 협상안의 크기), 협상의 상황요인(시간제한, 언어, 협상장의 물리적인 배치) 등이 있다(Lewicki et al., 2016; Neale and Bazerman, 1985; Pruitt and Carnevale, 1993). 연구빙법론으로는 주로 대학교학생을 실험대상으로 한 협상시뮬레이션을 사용하였다.

이 이론은 협상에 영향을 미치는 수많은 내외부 변수들을 밝혀내어 협상 이론의 지평선을 크게 넓혔다는 평을 듣고 있다. 하지만, 이 이론의 가장 큰 약점으로는 협상실험이 현실적이지 않다는 점이다. 우선, 실험에서 협상당사자로 사용되는 대학생들이 실제 노사협상에 임하는 훈련되고 노련하며 경험많은 협상전문가와는 다르다는 점, 그리고 현실과는 다르게 실험에서는 제한된 시간 내에 결과를 도출해야 한다는 점 등이 언급된다(Friedman, 1994).

(3) 규범적(prescriptive, normative) 이론

규범적 이론은 협상의 유형과 전략에 따라 협상의 과정이 달라진다는 것으로 보여주는 이론이다. 이 이론은 협상당사자가 상황을 어떻게 해석하는지에 따라 협상의 전략이 달라지므로, 기본적으로 협상은 사회적으로 형성된 인식의 틀 즉, 사회적 관계 안에서 진행되는 것으로 본다(Friedman, 1994). 이 이론은 서로 대조적인 두 가지 협상전략을 소개하고 있다.

우선, 경쟁적 협상(competitive negotiation)은 쌍방이 제로섬의 이해관계를 가지고 있을 때 주로 사용된다고 한다. 이 협상전략에서 협상당사자는 자신의 진정한 입장을 숨기고 상대방에게는 자신의 입장이 절대 변하지 않는다고 주장하며 상대의 입장을 바꾸도록 강요한다. 협상과정에서 상대와의 소통을 가능한 적게 하고 상대에게 잘못된 정보를 주거나 비이성적으로 행동하여 상대방을 압박하는 것을 수단으로 사용한다(Goodpaster, 1996).

통합적 협상(integrative negotiation)은 상호이익이 되는 안을 찾기 위한 협상 전략이다. 쌍방이 공통적으로 당면한 문제를 해결하려는 자세로 시작하고 당사자들은 ① 문제와 사람을 분리하여 감정에 휘둘리지 않고, ② 상호이익이 되는 창의적인 안을 제시하고, ③ 입장보다는 이해관계에 치중하여 객관적인 기준으로 대안들을 평가한다. 특히, 통합적 협상기법은 Harvard대학의 협상연구팀이 중심이 되어 연구가 진행되었다. 이 이론은 대중으로부터도 많은 주목을 받아서 Fisher and Ury(1981)가 통합적 협상의 전략을 일상 생활에서 활용할 수 있도록 쉽게 정리한 책 Getting To Yes는 일반인들에게 널리 알려져서 세계적인 베스트셀러가 되었다.

이 흐름의 연구는 대조적인 두 가지 협상전략을 명쾌하게 설명하여 협상과정에 많은 정책적, 실무적인 시사점을 준다. 하지만 이 이론에서는 어떤 상황에서 왜 협상당사자가 특정한 협상기법을 선택하는지, 또 특정 협상전략이 어떠한 경우에 더 우월한 결과를 창출하는지, 두 전략의 하이브리드형 전략을 사용할 수 없는지 등에 대한 이론적인 논의가 부족한 점이 약점으로 간주된다.

(4) 제도론적(institutional) 이론

개별 협상의 결과에 미치는 영향에 대하여 주로 연구한 게임 이론가를 비롯한 경제학자들과는 달리 고용관계학자들은 개별 협상의 결과에는 관심이 적고 어느 한 해의 평균적인 협약임금 인상률, 전체 협상 중 파업으로 종결된 건의 숫자 등 국가나 산업전체의 총합적인 협상결과(aggregate negotiation outcomes)에 주로 관심이 있다(Friedman, 1994). Kochan and Katz(1988)는 이러한 연구들을 리뷰한 결과를 제시하였다.

더욱 중요한 점은 고용관계 분야에서는 개별 협상의 결과보다는 협상의 과정에 대하여 관심을 가지고 귀납적인 연구를 수행한 전통이 있었다는 점이다. 이러한 연구들 중 가장 유명한 대표적인 연구는 Walton and McKersie(1965)이다. 단체교섭에 대하여 가장 널리 알려진 행동과학적인 이론을 정립한 이 연구에 의하면 단체교섭은 내부조직적 교섭, 분배적 교섭, 통합적 교섭, 태도적 구성의 네 가지 요소로 구성된다고 주장하였다. 이들은 다수의 단체교섭을 관찰한 귀납적 연구의 결과로서 네 가지 구성요소를 밝혀내었다. 이 네 가지 구성요소는 단체교섭을 진행하는 시간순으로 발생하는 것은 아니며 단체교섭을 개념적으로 형성하는 4개의 부분으로 이해할 수 있다.[30]

내부조직적 교섭(intraorganizational bargaining)이란 노조의 내부 또는 사용자들의 내부에서 이루어지는 타협과 정의다. 분배적 교섭(distributive bargaining)은 한정된 파이(pie)의 몫을 분배할 때 이루어지는 전통적인 단체교섭으로서 당사자 간의 이해관계에 따른 갈등을 해소하기 위한 협상이라고 할 수 있다. 통합적 교섭(integrative bargaining)이란 노사 공통의 관심사 예를 들어, 생산성 증대, 비용절감, 교육훈련, 또는 안전관리 등에 대하여 노사가 교섭하여 노사 모두 이익을 얻게 되는 교섭유형으로 상호이익협상(mutual gain bargain 또는 win-win bargain)이라고도 한다. 태도적 구성(attitudinal structuring)이란 노사 간의 전반적인 관계를 개선하기 위한 정서적인 교섭이라고 할 수 있다.

이들의 귀납적인 사례연구는 현실감 있는 이론을 창출하여 노사협상 분야의 가장 권위 있는 이론으로 자리매김하였다. 하지만, 이 이론의 4개 부분의 상

---

30) 이하의 4개 부분에 대한 서술은 김동원 외(2019)의 설명을 일부 수정한 것임을 밝혀둔다.

호관계 등에 대한 이론적인 논의가 미흡한 점이 아쉬운 점이다. 예를 들면, 이 4개의 부분이 동시에 진행되는지 서로 간에 어떠한 영향을 미치는지 등에 대한 논의가 부족한 점이다(Friedman, 1994). 향후 이 이론을 바탕으로 하여 4개 부분 간의 관계에 대한 가설 등을 제시하고 검증하는 연구들이 실시된다면 바람직할 것이다.

　　이러한 연구경향을 이어받아 추후 Walton et al.(2000)은 다수의 사례연구를 통한 귀납적인 연구를 수행하여 1980년대 이전과 이후의 협상을 대비하고 새로운 경향을 설명하였다. 즉, 1980년대 이전 고용관계의 이론적 틀은 점진적 협상(incremental negotiation)이라는 개념으로 볼 수 있으며, 비교적 안정된 고용관계구도에 기초한 미시적 변화추구에 중점을 둔 것이다. 즉, 노사가 서로의 존재를 묵시적으로 인정하고 기존의 노사 간의 역학구도 내에서 단체협상을 통하여 서로의 요구사항을 대립적 혹은 협조적인 방식으로 반영해 나가는 것이다. 하지만, 1990년대 이후 미국의 사용자들은 급격한 환경변화와 격화된 경쟁에 대응하기 위하여 고용관계를 전략적인 시각에서 보아 기존 노사구도의 근본적 변화를 모색하는 노사협상 전략을 채택하여 왔다고 주장하며, 사용자의 전략적 노사협상(strategic negotiation)을 회피전략, 강압전략, 포용전략의 세 가지로 나누어 설명하고 이들 협상의 과정들을 여러 사례를 들어 상세히 설명하였다.

03 교섭력 이론

　교섭력(bargaining power)이란 어느 일방이 자신의 교섭조건에 동의하도록 상대방을 이끌어내는 능력이다. 단체협상의 결과는 노동조합이 자신들이 요구하는 사항을 획득할 수 있는 능력과 사용자가 노조의 요구사항에 버틸 수 있는 능력 즉, 교섭력(bargaining power)에 의하여 결정된다. 단체협상에 있어서 사용자의 교섭력은 노조의 교섭력과 서로 반비례한다.

(1) 고전적 교섭력 이론: Marshall's Law

　교섭력에 대한 고전적인 이론은 Marshall(1920)에 의하여 제시되었고, Marshall's Law라고 불리운다. 그는 4가지의 조건이 충족되면 노조원의 노동력에 대한 수요가 비탄력적(inelastic)으로 되고(즉, 사용자는 노조원의 노동력에 의존하여야 하고) 노조의 교섭력이 증가한다고 설명하였다. 첫째, 노동력이 기술적인 측면에서 다른 노동자나 기계에 의하여 쉽게 대체되기 어려운 경우, 둘째, 최종 상품에 대한 수요가 가격비탄력적일 경우(가격이 올라도 소비자는 구매를 하여야 할 때), 셋째, 생산의 비노동적 요소의 공급이 비탄력적인(inelastic supply of other factors of production) 경우(노동력을 대체하는 기계 등이 경제적인 이유로 쉽게 조달하기 어려울 때), 넷째, 전체 생산비용 중 노동비용의 비중이 적은 경우에 사용자는 노조원의 노동력에 의존하여야 해서 노조의 교섭력이 커진다는 것이다. 마지막 4번째의 조건을 Ulman(1955)은 "중요하지 않음의 중요함(importance of being unimportant)"이라고 표현하였다.

(2) 최근의 교섭력 이론[31]

노조의 교섭력에 대한 보다 최근 설명에 의하면 노조의 교섭력은 ① 사용자가 고임금과 근로조건 향상을 위해 지불할 수 있는 능력(employer ability to pay)과 ② 사용자로 하여금 지불하도록 하는 노조의 능력(union ability to make employers pay)에서 발생된다고 한다(Craypo, 1986).

1) 사용자의 지불능력

사용자의 지불능력이란 노조가 요구하는 임금인상이나 근로조건 개선 등을 수용할 수 있는 사용자의 능력을 말한다. 사용자는 노조의 요구사항을 수용하게 되면 그만큼 기업으로서는 이윤이 감소하게 될 것이다. 따라서 이를 해소할 수 있는 방법으로는 정부의 지원을 받거나 독과점 상태에서 소비자에게 노동비용을 전가시키는 방법이나 주주에게 지불되던 초과이윤을 축소하거나 생산성 향상을 통하여 이를 흡수하는 방법이 있는데, 이를 사용자의 지불능력이라고 한다.

2) 사용자로 하여금 지불하도록 하는 노조의 능력

노조가 사용자의 지불을 강제할 수 있는 능력을 갖추고 있을 경우 노조의 교섭력은 사용자에 비하여 상대적 우위를 확보하게 된다. 노조가 보유하고 있는 가장 중요한 교섭력의 원천은 바로 파업위협이며 사용자측 교섭력의 원천은 파업을 억제하는 능력이라고 할 수 있다. 교섭력은 파업으로 인한 우리측의 손실과 상대방측의 손실 간의 차이에서 발생하며 이를 수식으로 표현하면 다음과 같다.

> 교섭력(bargaining power) = 파업 시 상대방의 손실 / 파업 시 나의 손실

이 수식에서 손실은 단순히 단기적·경제적 손실만을 의미하는 것이 아니라 정부와 소비자의 압력이나 여론의 부정적인 동향 등 노사 당사자에게 미치는 모든 부정적 영향을 의미하는 것이다.

파업 시 당사자의 손실 정도에 영향을 주어 노사 쌍방의 교섭력을 결정하

---

31) 이 부분은 김동원 외(2019)의 설명을 요약·수정한 것임을 밝혀둔다.

는 요인은 제품의 내구성이나 계절적/시기적 선호도, 기업운영에 필요한 전략적 기능(strategic position)을 수행하는 핵심인력들이 노조에 가입한 여부, 노동집약도, 경기, 교섭구조, 노조나 사용자의 투쟁력과 단결력, 파업에 대한 정부의 규제 등이 있다(김동원 외, 2019).

⬡04 노사협상의 구조

협상구조(bargaining structure)는 노사협상이 이루어지는 수준과 범위를 의미하는데, 이는 협상의 결과에 영향을 미치는 가장 중요한 요소 중 하나이다. 노사관계의 많은 고전적인 문헌들이 이 주제를 다루어왔고, 영국의 옥스퍼드스쿨의 다원주의 학자 Hugh Clegg는 협상구조의 중요성을 강조한 대표적인 학자였다.

(1) 협상구조의 종류

협상구조는 다음의 세 가지가 있다. ① 미국, 영국, 한국, 일본, 뉴질랜드 등 분권화된 기업별/사업별의 협상, ② 독일, 네덜란드, 프랑스, 이탈리아 등 유럽 대륙에서 많이 사용되는 산별/지역별/직업별 협상, ③ 북유럽의 스웨덴 등에서 실시되는 국가차원의 중앙집중식 협상의 3가지로 크게 나뉜다. 산별협상과 중앙집중식 협상의 경우, 중요하고 기본적인 내용을 다루고 상당수의 근로조건에 관한 내용은 기업별, 사업별 보충 협상에서 이루어지는 2중교섭의 형태가 된다.

협상구조에 대한 국가별 데이터를 사용한 계량적인 연구에서는 대체로 ① 기업별/사업장별의 협상, ② 산별/지역별/직업별 협상, ③ 국가차원의 중앙집중식 협상을 각각 1, 2, 3으로 코딩하여 사용한다. 경우에 따라서는 협상구조를 보다 세분하여 ① 기업별/사업장별의 협상, ② 기업별/사업장별의 협상과 산별/지역별/직업별 협상이 혼재된 경우, ③ 산별/지역별/직업별 협상이 압도적인 경우, ④ 산별/지역별/직업별 협상과 국가차원의 중앙집중식 협상이 혼재한 경우, ⑤ 국가차원의 중앙집중식 협상이 대부분인 경우를 각각 1, 2, 3, 4, 5로 코딩하여 사용한다. 후자의 방식으로 분류하면 대체로 한국과 일본은 1, 독일은 3, 핀란드는 5로 코딩이 된다(OECD, 2004 and 2012).

(2) 협상구조의 결정요인

협상구조의 결정요인은 대체로 문화적, 경제적, 조직적, 정책적, 법적 요인 으로 구분된다.

1) 문화적 요인

스웨덴, 핀란드, 노르웨이 등 북유럽국가의 사회전체를 포괄하는 중앙집중 식 협상은 사회전체의 평등과 삶의 가치를 중시하는 북유럽의 문화와 밀접한 관 련이 있는 것으로 보인다(Teulings and Hartog, 1998). 반면, 일본의 경우, 회사를 하나의 가정으로 보아 기업 내부의 응집을 중요시하고 기업 내에서 노사 간의 화합을 중시하는 문화가 강한데 이러한 가부장적 경영문화에서 회사단위의 노 와 사가 협상을 하는 기업별 협상이 발달한 것으로 보인다.

2) 경제적 요인

경제적 요인은 주로 시장의 크기와 경쟁과 밀접한 관련이 있다. 국내경쟁이 중요한 산업은 임금을 국내기업 간의 경쟁의 대상에서 제외하기 위하여(take the wage out of competition) 산별협상을 선호하는 경향이 강하다. 오랫동안 지속되 었던 미국의 GM, Ford, Chrysler 등 자동차 3사에서 사실상 산별협상의 대체재 로 사용했던 패턴협상의 경우가 대표적이다. 하지만, 시장의 세계화와 더불어 국제 간 경쟁이 치열해지면서 국내 기업 간의 경쟁이 덜 중요해지면서 각 개별 기업의 주요 경쟁상대가 타국에 소재한 기업이나 다국적기업이 되면서 산별협 상의 중요도가 하락하고 1990년대 이후 분권화된 교섭이 성행하게 되었다 (Flanagan, 2008; Katz, 1993).

3) 조직적 요인

조직적 요인은 사용자와 노조의 조직상의 특징이나 변화가 교섭구조에 미 치는 영향을 다루고 있다. 사용자가 흡수합병을 통해 집중화가 되는 경우 중요 한 경영상의 결정이 집중된 경영조직의 상부에서 이루어지게 되고, 노조도 중 요한 경영상의 결정이 이루어지는 수준에서 사용자와 협상을 하는 것이 효과적이므로 교섭구조는 집중화될 가능성이 크다. 반면, 노동조합이 합병을 통하여 노조의 범주가 집중화되고 커지면 사용자도 합병된 노조와 같은 수준에서 협상하는 것이 효율적이므로 집중화된 협상구조를 갖게 될 가능성이 크다. 기업별 노조들이 같이 뭉쳐서 산별노조로 전환하는 경우 사용자도 효과적인 대응을 위하여 산별 사용자단체를 조직하고 산별차원에서 협상을 하게 될 가능성이 크다. 예를 들면, 2000년 이후 한국의 금융, 의료, 금속산업에서 기업별 노조의 산별노조화가 이루어진 후 산별교섭으로 이어진 사례가 있다(Kim and Kim, 2003).

4) 정책적, 법률적 요인

정책적, 법률적 요인도 교섭구조에 영향을 미친다. 미국, 캐나다, 한국처럼 노조원을 결정하는 투표가 개별 기업수준에서 이루어지는 경우, 개별 기업단위에 노조의 실질적인 힘이 집중되어 있는 경우가 많아 분권화된 교섭이 이루어지는 경우가 많다(Flanagan, 2008). 정부가 규제완화(deregulation)를 실시하는 경우 기업은 대체로 분권화된 교섭구조를 택하게 된다. 노조가 결성된 대기업이 주도하던 시장에 무노조의 작은 기업들이 경쟁적으로 생겨난다면 대기업은 시장이 분화된 분야/지역별로 무노조상태의 신규 진입기업들과 경쟁하기 위하여 분권화된 교섭구조를 선호하게 된다. 대표적인 예는 1980년대 이후 레이건대통령의 정부하에서 규제완화를 시행한 장거리통신과 트럭산업, 항공산업에서 관찰된다(Kochan and Katz, 1988).

(3) 협상구조가 교섭력에 미치는 영향

기존의 연구들은 협상구조가 교섭력에 큰 영향을 미침을 보여준다. 대표적인 반노조주의자였던 시카고대학의 Milton Friedman은 특히 직업별 노조의 독점적인 지위를 미국의사협회(American Medical Association)의 독점적 횡포에 비유하면서 직업별 노조의 폐해를 강조하였다. 직업별 단위로 협상하는 경우는(예를 들면, 직업별 노조와 개별 사용자 간의 협상) 파업 시 직업별 노조의 노조원이 가진 독점적인 기술을 대체하기 어려우므로 노조의 교섭력이 커진다는 것이다(Friedman, 1951). 또한, 직업별 협상은 대체로 직업별 노조원의 임금이 해당 기업 전체 임금총액에서 차지하는 비중이 적으므로(예를 들면, 자동차공장의 전기공 노조원, 조선기업의 기계공 노조원) 상대적으로 사용자가 노조의 요구대로 임금을 올리기가 용이하여 결과적으로 노조의 교섭력이 강해지게 된다. 이러한 현상은 전술한대로 "중요하지 않음의 중요함(importance of being unimportant)"(Ulman, 1955) 때문인 것이다.

산별협상의 경우 산별노조가 해당 산업의 기업과 노동자들을 대부분 조직 하였다면 소비자의 수요는 임금인상에 대하여 비탄력적(inelastic)으로 되어(소비 자가 다른 대체제가 없어서 임금인상에도 불구하고 구매를 하여야 하므로) 노조원의 임 금을 올려도 개별 사용자들은 모두 같은 조건에서 경쟁하게 되어 임금인상이 용 이해진다. 결국, 산별/지역별/직업별 협상 등 다사용자교섭은 노사 쌍방이 소비 자에 대한 쌍방독점(bilateral monopoly) 상황을 가져와서 노조의 요구가 쉽게 관 철되어 노조의 교섭력을 강화시키는 역할을 한다.

이러한 논리는 국가단위의 중앙협상에도 같이 적용되어서 대체로 협상의 구조가 커지면 커질수록 소비자의 수요는 임금인상에 대하여 비탄력적으로 되 어 노조의 교섭력이 커지게 된다. 중앙협상의 경우, 사회전체의 임금평등과 유 의한 상관관계를 가지게 된다. 스웨덴에서 연대임금(solidarity wage)정책을 실현 하기 위하여 중앙교섭을 실시한 것은 바로 이러한 이유 때문이다(Flanagan, 2008). 대부분의 노동운동가들이 산별협상이나 중앙협상 등 집중화된 협상구조 를 선호하는 것은 이러한 이유 때문이다.

(4) 협상구조와 거시경제지표

협상구조가 거시경제지표에도 영향을 미치는 것으로 나타난다. 1960년대와 1970년대에는 대체로 중앙집중적인 협상구조를 가진 국가들이 분권화된 협상구 조를 가진 국가들보다 실업률이 낮게 나타났다(Freeman, 2008).

하지만 이러한 경향은 1980년대에 와서 바뀌어서 협상구조상 양 극단에 있 는 국가들의 거시경제 지표가 더 우수하여 그래프상으로는 inverted u-shape 를 보여준다. 이와 관련 가장 많이 인용되는 대표적인 실증연구는 C & D 가설 이다(Calmfors and Driffill, 1988). 이들은 아주 중앙집중적인 협상구조를 가진 국가들(오스트리아와 북유럽국가들)이나 아주 분권화된 협상구조를 가진 국가들(일본, 미국)이 인플레이션과 실업률이 낮고, 중간 수준의 협상구조를 가진 국가들(벨기에, 네덜란드)은 상대적으로 인플레이션과 실업률이 높게 나온다는 실증적인 결과를 발표하였다.

그 이유는 중앙교섭을 하는 국가단위의 노조총연맹은 임금인상이 국가의 거시경제에 미치는 영향을 고려하여(또한, 임금인상이 인플레이션을 불러온다면 임금인상의 효과가 없으므로) 무리한 인상요구를 하지 않게 되고, 분권화된 기업별 협상을 하는 경우에는 노조의 교섭력이 약하여(혹은, 노사 간의 조율을 통한 패턴교섭을 하여 중앙교섭의 경우와 비슷하게) 거시경제지표에 부담을 주는 무리한 요구를 하지 않는다는 것이다. 반면, 중간정도로 집중화된 협상구조를 가진 국가의 노사는 협상의 결과가 경제 전체에 미치는 영향을 고려하지 않으므로 고임금을 초래하는 협상을 하게 되고 그 결과 실업률이 높아진다는 것이다.

하지만, 1990년대 이후에는 inverted u-shape가 더 이상 나타나지 않게 된다. 여러 연구들에 의하면, 중앙집중적인 협상구조를 가진 국가들(예를 들면, 스웨덴)의 경제위기가 실업률을 증가시키고, 시장중심적이고 분권화된 협상구조를 가진 국가들(캐나다와 뉴질랜드)도 높은 실업률을 보인 반면, 중간 수준의 협상구조를 가진 국가들(네덜란드)이 상대적으로 낮은 임금인상률과 실업률을 보이게 된 것이다. 결론적으로, 협상구조는 개개 협상의 결과에 영향을 미치고 협상결과의 총합에 영향을 받는 거시경제지표에도 분명히 작용하지만, 시점에 따라 변수 간의 관계가 바뀌면서 효과가 다르게 나타난다는 것이다(Freeman, 2008).

(5) 협상구조의 최근 동향: 분권화추세

1980년대 이후 전세계의 노동조합 조직률은 대부분 하락추세에 있고, 사용자의 주도하에 단체협상의 분권화현상이 진행되고 있다. 즉, 전통적으로 국가단위의 중앙교섭, 산별교섭(혹은, pattern bargaining)이 이루어지던 국가에서 서서히 이러한 관행이 약해지고, 회사별이나 사업장별의 분권화된 교섭으로 협상의 구조가 분화되는 현상이다(Katz, 1993). 노사관계의 분권화현상은 독일, 스웨덴, 미국, 프랑스, 영국, 브라질 등 주로 서구의 국가에서 관찰되는 현상이다. 예를 들면, 스웨덴 노사관계의 상징인 중앙교섭은 1990년에 사용자단체인 SAF가 더 이상 노동자단체인 LO와 임금교섭을 하지않겠다고 선언하면서 거의 와해되었다 (우석훈, 2003). 또한, 산별협상이 주축을 이루던 독일에서 폭스바겐사 등에서는 기업별교섭이 벌어지고 있으며(선한승, 2003), 전통적으로 산별교섭이 중요한 역할을 하던 프랑스와 브라질에서도 기업별교섭의 수와 중요성이 크게 증가하고 있다(박우성, 2003; 오삼교, 2003).

교섭구조 분권화의 원인에 대하여는 경쟁의 격화와 경제활동의 세계화가 지목되고 있다. 시장이 세분화되고 기업 간의 경쟁이 국제화되면서 한 국가 내의 동종산업에 속한 기업들도 각각 다른 외국의 기업을 상대로 경쟁을 하게 된다. 따라서, 중앙교섭이나 산별교섭을 통하여 동일국내산업에서의 노동조건의 동일화가 주는 장점이 사라지고 있기 때문이다. 이러한 경쟁환경하에서는 오히려 개별기업별로 국내외 경쟁상대기업의 노동조건을 염두에 두고 기업별 협상을 하는 것이 더 유리하므로 사용자의 주도에 의해 교섭구조 분권화가 이루어진다는 시각이다(김동원, 2003b; Flanagan, 2008).

한편, 노사관계에서 주요한 현상 중의 하나인 작업장 혁신(workplace innovations)이 널리 확산되면서 노사관계의 힘의 중심이 현장으로 이동하고 교섭구조도 이에 맞추어 현장에서 가까운 기업별교섭으로 분권화되고 있다는 의견도 있다 (Katz, 1993). 하지만 작업장혁신이 미국에서도 일부 기업에만 도입이 되었고 세계적으로 널리 확산되지 않는 상황에서(Ichniowski et al., 1996) 작업장 혁신이 교섭구조를 바꿀 만큼 큰 영향력을 가진다고 보기는 어렵다고 본다.

교섭구조의 미래상을 예상한다면, 현재 교섭구조를 둘러싼 환경들은 중앙교섭이나 산별교섭 등 교섭구조의 집중회와 반대되는 방향으로 움직이며 기업별교섭 등 분권화를 촉진하는 방향으로 작용하고 있어서 앞으로도 교섭구조의 분권화는 향후 상당기간 계속 진행될 것으로 보인다(Flanagan, 2008).

Recommended Readings and Annotated Bibliography

Budd, J. and Bhave, D. 2008. "Values, Ideologies, and Frames of References in Industrial Relations," In P. Blyton, N. Bacon, J. Fiorito, and E. Heery(Eds.) The SAGE Handbook of Industrial Relations. London: SAGE Publications.

고용관계에서 중요한 철학적, 개념적인 요소들, 즉, 가치, 이데올로기, 준거기준들이 학파마다 다르다는 점을 보여주는 글이다. 노사정의 서로 다른 이해관계를 설명하고, 고용관계의 대표적인 4가지 학파를 대비하여 소개하였다.

Calmfors, L. and Driffill, J. 1988. "Bargaining Structure, Corporatism and Macroeconomic Performance," Economic Policy. 3(6): 13-61.

협상구조가 거시경제지표에 미치는 영향을 국가수준 데이터를 사용하여 실증적으로 분석한 대표적인 연구이다. 협상구조상 양극단에 있는 중앙집중적인 국가나 분권적인 국가가 중간수준의 협상구조를 가진 국가보다 인플레이션과 실업률 등 거시경제지표에서 더 우수한 결과를 보여준다는 것을 실증적으로 발견하였다.

Flanagan, R. J. 2008. "The Changing Structure of Collective Bargaining," In Blyton, P., Bacon, N., Fiorito, J., and Heery, E.(Eds.) The Sage Handbook of Industrial Relations. London: SAGE Publication.

경제학적인 분석을 사용하여 단체협상 구조의 기본적인 이론과 최근 동향을 설명한 글이다. 협상구조의 개념, 측정, 결정요소, 협상구조와 협상력, 협상구조의 거시경제적 효과, 분권화 현상과 미래를 다루고 있다. 협상구조에 대한 이해하기 쉬운 입문서이다.

Frenkel, S. and Kuruvilla, S. 2002. "Logics of Action, Globalization, and Employment Relations Change in China, India, Malaysia, and the Philippines," Industrial and Labor Relations Review. 55(3): 387－412.

> 고용관계의 행동논리를 산업평화논리, 경쟁논리 및 고용임금보장논리로 구분하고 중국, 인도, 말레이시아, 필리핀의 사례를 사용하여 세계화의 도전에 직면한 아시아국가들의 노사정이 각각 어떠한 논리에 따라 반응하고 전략적 선택을 하는지 설명하였다.

Friedman, R. A. 1994. Front Stage, Backstage: The Dramatic Structure of Labor Negotiations. Cambridge, MA: MIT Press.

> 서론에서는 일반적인 협상에 대한 이론적인 흐름을 경제학 이론과 게임 이론, 사회심리학 이론, 규범적 이론, 제도론적 이론의 4가지로 명쾌하게 구분하여 설명하였다. 본론에서 노사협상의 사회적 과정을 기술하면서 실제 협상에서 무대 앞에서는 쌍방의 공식적인 요구와 기대수준을 보여주지만, 무대 뒤 협상의 주요 당사자들의 비공식적 접촉이 타결에 중요한 역할을 한다는 점을 보여준다.

Kochan, T. A. and Katz, H. 1988. Collective Bargaining and Industrial Relations. Chapter 4. Structures for Collective Bargaining and Organizational Governance, Homewood, IL: Irwin.

> 주로 미국의 사례를 들어 협상구조에 대한 상세한 이론적 논의와 실증적 연구들을 소개한 글이다. 미국의 협상단위와 협상단위 결정방식, 협상구조의 결정요인, 협상구조의 영향 등을 설명하고 있다.

Walton, R. E., Cutcher–Gershenfeld, J. E. and McKersie, R. B. 2000. Strategic Negotiations: A Theory of Change in Labor–Management Relations. Boston, MA: Harvard Business School.

다수의 미국 사례연구를 통한 귀납적인 연구를 수행하여 1990년대 이후 미국의 사용자들은 급격한 환경변화와 격화된 경쟁에 대응하기 위하여 기존 노사구도의 근본적 변화를 모색하는 노사협상 전략을 채택하여 왔다고 주장한 책이다. 이들은 사용자의 전략적 노사협상(strategic negotiation)을 회피전략, 강압전략, 포용전략의 세 가지로 나누고 이러한 전략의 과정과 결과를 분석하였다.

Walton, R. E. and McKersie, R. B. 1965. A Behavioral Theory of Labor Negotiation. New York: McGraw–Hill.

단체교섭에 대하여 가장 널리 알려진 행동과학적인 이론을 정립한 책이다. 이 연구에 의하면 단체교섭은 내부조직적 교섭, 태도적 구성, 분배적 교섭, 통합적 교섭의 네 가지 요소로 구성된다고 주장하였다. 이들은 미국 다수의 단체교섭을 관찰한 귀납적 연구의 결과로서 네 가지 구성요소를 밝혀내었다.

7장

노사갈등, 갈등조정
및 고충처리

본 장에서는 고용관계의 주요한 한 측면인 노사갈등에 대하여 다루기로 한다. 이하에서는 노사갈등, 파업 등 노동쟁의, 쟁의조정, 그리고 고충처리에 대한 이론적인 이슈들을 차례로 논의하기로 한다.

 ## 노사갈등의 성격

노사관계는 협력(cooperation) – 견제(accomodation) – 갈등(conflict)의 연속선상에 있다. 따라서, 갈등은 고용관계의 한 극단을 대표하는 상태로서 노사관계에서는 중요한 이슈이다. 갈등은 항상 노사관계의 주요한 한 축이었지만 21세기 들어 노사갈등은 새로운 양상을 보이면서 새로운 연구 주제로 등장하였다.

먼저, 경제의 세계화로 인하여 사용자의 이동성(mobility)이 증가하고 노조와 단체협상의 쇠퇴로 인하여 사용자의 협상력이 노조보다 강해지는 현상이 벌어지고 있다. 이는 노사갈등이 집단수준에서 개인수준으로 개별화되는 추세와 방법치환(method displacement)현상으로 나타난다. 즉, 노동자들이 협상력의 하락으로 파업을 하지 못하게 되어 보다 은밀한 다른 개인적인 방법으로 갈등을 표출하는 경향이다. 과거의 집단수준의 공공연한 파업이 현재는 개인수준의 은밀한 파업으로 바뀌는 추세인데, 파업이 줄고 노동관련 소송이 느는 현상은 전세계적으로 관찰되는 보편적인 현상이 되었다. 선진국을 중심으로 파업이 줄어드는 대신 결근과 이직이 늘고 있다는 연구결과도 있다(Gall and Hebdon, 2008). 그림 7–1은 갈등의 수준과 표출정도에 따른 갈등의 유형을 2×2형태로 보여주고 있다.

개인/집단 수준		
	개인수준	집단수준
표출정도 공공연함	고충제기 결근 이직 소송	집회시위 파업
은밀함	사보타주 태업 절도	준법투쟁 연장근무 거부

출처: Hebdon and Noh(2013)를 일부 수정

그림 7-1. 갈등의 수준과 표출정도에 따른 갈등의 유형

02 노사갈등에 대한 서로 다른 시각[32]

　　노사갈등은 노사관계의 주요한 현상이지만 학자들 간에는 성격에 대하여 이견이 있다. 노사갈등을 보는 시각에는 일원론적(unitarism)인 입장, 급진적인 입장, 다원론자의 입장 세 가지가 있다. 첫째, Frederick Taylor(1911), Elton Mayo(1933) 등으로 대표되는 일원론적인 입장은 정상적인 기업에서는 노사 간의 이해관계는 완전히 일치하며 노사 간에 갈등이 존재하지 않는 것으로 보는 시각이다. 즉, 조직에서는 질서와 조화가 정상적이고 바람직한 상태인데, 갈등은 정상 상태에서의 일탈이며 정당하지 않은 비생산적인 상태를 초래하는 역기능으로 간주한다. 노사갈등은 대부분 상급자, 임금이나 복지, 노동조건에 대한 노동자 개인의 불만과 이로 인한 병적인 심리상태에서 발생하는데, 이는 오직 경영자의 그릇된 경영방식(bad management)에서 비롯될 뿐이라는 주장이다.

　　따라서, 노사갈등으로 인한 노조의 발생은 부실 경영에서 발생하며 경영자가 올바른 경영을 한다면 갈등은 불필요하고 노동조합이 생길 이유가 없다고 보는 것이다. 즉, 노동조합의 존재이유와 노사갈등을 부정하는 시각이다. 이러한 시각은 다수의 중소영세기업 경영자들이 공유하는 시각이다. 그러나, 이 시각은 허술하게 경영하는 중소기업보다 체계적이고 치밀하게 경영을 하는 대기업에 노조가 발생하는 비율이 평균적으로 더 높은 이유를 설명하지 못하는 한계를 가진다.

　　이러한 일원론적인 생각은 Parsons(1951, 1960) 등 전통적인 사회학자들과도 일부 공유하는 측면이 있다. Parsons는 사회를 유기체에 비유한 기능주의적 접근법(functionalism)을 사용하여 갈등을 병적인 것으로 보고 있다. 즉, 사회갈등, 혁명 및 기타 격변은 병적 상태의 사회에서 나타나는 것인데, 갈등은 일탈행동과 같은 것으로 치료할 필요성이 있는 질병처럼 간주하고 있다. 이들은 질서에 반하는 사회 현상은 모두 바람직하지 않으며, 현상을 안정적으로 유지하는데에 위협이 될만한 현상은 문제로 파악하였다. 따라서, 노사갈등은 역기능을

---

32) 이 부분은 김동원 외(2019)의 설명을 수정·보완한 것임을 밝혀둔다.

불러오는 병리적 불균형이며 일탈적이고 질서를 파괴할 수 있지만 사회의 균형에 대한 욕구로 갈등을 항상 자연스럽게 해소된다고 주장한다.

둘째, Karl Marx로 대표되는 급진주의자들은 노사 간의 갈등은 사회전체 차원에서 노동자계급과 자본가계급의 갈등이 작업장에서 표현되는 것으로 본다. 이들은 노사갈등이 구체적으로 조직의 자원을 노동자와 주주 혹은 사용자 간에 분배하는 과정에서 발생하거나, 사용자가 잉여가치를 창출하기 위하여 노동자들의 업무를 지시감독하는 노동통제과정에서 노동자들이 불복종이나 항거하는 경우의 이 두 가지의 통로를 통해 발생한다고 본다. 파업은 특히 노동자들이 노동 과정에서 주도권을 장악하려는 시도로서 노동자들의 계급의식과 동원역량에 따라 파업의 결과가 결정되는 것으로 인식한다(Braverman, 1974; Gall and Hebdon, 2008; Ramsey et al., 2000).

초기에 급진주의자들은 노동조합을 "혁명의 학교"로 보아 노동자들이 노동조합에서 자본주의 모순을 깨닫고 투쟁을 시작하는 장으로 간주하여 노동조합의 역할에 대하여 긍정적인 평가를 하였다. 하지만, Lenin 등은 혁명과정에서의 경험을 바탕으로 노동조합이 임금인상 등 노동조건이 개선되는 것에 만족하고 임금노동의 철폐와 자본주의의 전복을 위한 혁명운동에 소극적인 개량주의적인 성격을 띠게 된다는 점을 격렬히 비판하였다(Lenin, 1901).

급진주의자들은 노사 간의 갈등을 자본주의 사회에서 피할 수 없는(inevitable) 것으로 보며 자본주의가 발달할수록 노사 간의 갈등은 격화된다고 본다. 즉, 노사 간의 갈등을 해결(solve)하는 유일한 방법은 무산자계급의 혁명을 통하여 생산수단을 공유하는 공산주의체제로 전환하는 것이다. 즉, 자본주의 사회와 사용자의 존재가치를 인정하지 않는 시각이다. 그러나, 자본주의의 발달에도 불구하고 노사 간의 갈등이 혁명으로 연결되지 않았다는 사실은 이 시각의 한계점으로 작용하고 있다.

셋째, Clark Kerr로 대표되는 다원론자(pluralists) 혹은 신제도학파(neo-institutionalists)는 갈등에 대한 가장 치밀한 이론을 제시한다. 즉, 한 기업 내에 노사 등 서로 다른 이해관계를 가진 집단이 존재하는 것을 인정하고 갈등은 필연적인(inevitable) 것으로 본다. 갈등이 필연적인 것으로 보는 측면에서 다원주의자들은 급진주의자와 비슷하다. 그러나, 이들은 노사갈등이 표출됨으로써 자본주의사회에서 가진 자와 못가진 자 간의 긴장이 간헐적으로 해소(resolve)되어 혁명을 피할 수 있다고 본다. 즉, 단체교섭이나 파업을 통하여 주기적으로 노사 간의 갈등이 해소됨으로 해서 노동자계급의 불만을 줄이게 되어 오히려 자본주의를 더욱 공고하게 만드는 효과가 있다고 주장한다(Coser, 1956). 노동조합과 파업이 자본주의제도가 기능하는 데에 긍정적인 영향을 미친다고 보는 시각은 급진론자와 구별되는 견해이다.

다원론자들은 갈등이 다음과 같은 성격을 지닌다고 설명한다. 첫째, 갈등의 불가피성(inevitability)을 인정한다. 노사 당사자가 이성적이고 상대방에 대하여 긍정적인 사고를 갖고 있다하더라도 노사갈등은 불가피하다는 것이다. 둘째, 노사갈등의 다양성(variety)을 인정한다. 갈등을 겪는 개인이나 집단은 파업, 보이콧, 타업, 고충제기 등 눈에 보이는 노사갈등 이외에도 이직, 결근 등과 같은 방식으로도 갈등상태를 표출하고 있으며 이를 Silent strikes라고 부른다. 셋째, 대부분의 노사갈등은 자본주의 사회에서 수용가능(acceptability)하다고 본다. 즉, 노사갈등이 없으면 분쟁을 해결하는 데 보다 많은 비용과 시간이 필요하지만, 노사갈등이 표출되게 되면 당사자들이 이를 해결하기 위하여 노력하므로 결국 분쟁을 해결하고 긴장감을 줄여주며 노사 간의 힘의 균형을 되찾아주는 긍정적인 효과가 있다는 것이다. 넷째, 적절한 수준의 갈등표출은 사회와 기업을 위하여 순기능을 하지만, 과도하고 습관적이거나 병적인 갈등은 그 기업의 노사와 사회전체에 피해를 줄 뿐이므로 바람직하지 않은 것으로 본다(Kerr, 1954).

⬡03 노사갈등에 대한 이론적인 쟁점들

노사갈등의 발생과 관련하여 가장 큰 이론적인 쟁점은 여러 유형의 노사갈등 간의 관계이다. 학자들의 주장은 ① 대체(substitution) 혹은 풍선(balloon) 가설과 ② 보완(complementarity), 빙산(iceberg), 혹은 단계적 확대(escalation) 가설로 나누어진다(Habdon and Noh, 2013).

(1) 대체(substitution) 혹은 풍선(balloon) 가설

대체 혹은 풍선 가설은 서로 다른 형태의 갈등(예를 들면, 파업, 이직, 결근, 고충제기 등) 중 일부가 줄어들면 다른 종류의 갈등이 늘어난다는 주장인데, 갈등총량이 대체로 일정하다고 보는 가설이다. 이러한 가설을 지지한 실증연구로는 Sapsford and Turnbull(1994)이 있다. 이들은 영국의 항운산업에서 파업과 결근율이 대체관계에 있다는 사실을 발견하였다. 즉, 파업이 줄면(늘면) 결근율이 늘어나는(줄어드는) 것을 밝혀내었다. Hebdon and Stern(2003) 역시 법으로 파업을 금지한 경우 고충제기, 부당노동행위 신청 등 개인적인 갈등이 더 큰 비율로 발생한다는 것을 발견하였다.

(2) 보완(complementarity), 빙산(iceberg), 혹은 단계적 확대(escalation) 가설

보완, 빙산, 혹은 단계적 확대 가설은 서로 다른 형태의 갈등(예를 들면, 파업, 이직, 결근, 고충제기 등) 중 하나가 늘어나면 다른 종류의 갈등도 함께 늘어난다는 가설이다. 즉, 하나의 갈등이 기폭제가 되어 다른 갈등도 함께 발생한다는 주장이다. 예를 들면, 한국의 경우에도 연도별 파업 건수와 부당노동행위 건수 사이에는 긍정적인 상관관계가 강한데 이는 파업의 발생이 기폭제가 되어 노동자 사이에 사측의 부당노동행위를 문제 삼는 분위기가 더 커진 것으로 볼 수 있어서 보완가설의 증거로 볼 수도 있다.[33] Hebdon and Noh(2013)는 캐나다의 6,000개 사업장의 데이터를 분석한 결과, 고충제기나 이직 등 개인적인 갈등이 비공식적인 태업, 그리고 파업 등 집단적인 갈등과 긍정적인 상관관계를 보인다는 점을 밝혀내었고 보완가설을 지지하는 증거로 주장하였다.

전반적으로 대체가설과 보완가설이 경쟁하는 상황인데, 기존 연구들은 갈등 간의 복잡한 관계를 아직 충분히 밝혀내지 못한 것으로 보인다. 향후의 연구에서는 얼핏 모순되어 보이는 이 두 가설을 통합하는 작업이 필요하다는 주장이 있다(Hebdon and Noh, 2013).

---

33) 반면, 파업기간 중 노동조합이 사용자측에 압력을 넣기 위하여 정부를 대상으로 사용자의 부당노동행위를 집중적으로 제기하기 때문인 것으로 해석할 수도 있다.

⬡04 파업에 대한 이론[34]

노사갈등은 구체적으로 노동쟁의의 형태로 드러난다. 노동쟁의 중 파업은 노사관계의 여러 현상 중 가장 많이 연구된 주제 중의 하나이다. 특히, 파업의 발생 원인을 두고 아주 다양한 학설들이 존재한다. 즉, 파업은 노사와 이들을 둘러싼 환경과의 복잡한 상호작용에서 발생하기 때문에 파업의 발생 원인에 대하여 경제적, 사회적, 조직적, 정치적 및 심리적 측면에서 다양한 설명이 존재하고 있으며, 하나의 이론으로 파업을 설명하기에는 미흡하다는 것을 많은 학자들이 인정하고 있다. 이하에서는 노동쟁의의 대표적인 형태로서 파업에 대한 이론들을 경제학적 모델, 노사관계학적 모델, 정치사회적 모델의 순서로 간략히 살펴보기로 한다.

(1) 경제학적 모델

파업에 대한 가장 오래된 연구들은 경제학자들에 의하여 시작되었다(예를 들면, Hicks, 1932). 파업에 대하여 여러 가지의 경제학적인 모형이 개발되어 실증연구가 이루어졌지만 공통된 발견으로는 경기와 파업발생 간에는 밀접한 관련이 있다는 점이다. 즉, 경제학적인 실증연구들은 대체적으로 호황에는 파업이 많이 발생하고 불황에는 파업건수가 줄어든다는 발견을 하였다. 그 이유로는 호황기에는 노동조합의 협상력이 증대하여 평소보다 높은 수준의 요구를 하게 되고 그 결과 파업이 발생할 확률이 높아진다는 것이다. 이러한 공통적인 발견에도 불구하고 경제학적인 모형들은 각 모델에 따라 이론 구조가 아주 다른 특징을 보인다. 대표적인 경제학적 모형으로는 Hicks Model, 교섭범위모델, 정보불확실성/비대칭성모델, 통합비용모델의 네 가지가 있다.

---

34) 이 부분의 서술은 신수식·김동원·이규용(2008)의 내용을 보완하고 업데이트한 것임을 밝혀 둔다.

1) Hicks의 협상과 파업모델

파업에 대한 가장 고전적인 모형이다. John Hicks(1932)는 협상기간이 길어질수록 사용자의 양보곡선과 노조의 저항곡선이 수렴하는 현상을 보일 것으로 보았다. 그림 7-2에서 보는 바와 같이 만약에 협상이 타결되지 않고 파업이 발생하여 장기화될수록(T0 → T1 → T2) 사용자는 그로 인한 경제적 손실을 감소시키기 위하여 사용자의 양보곡선(concession curve)을 상향조정하여 노조 측의 요구조건을 수용하려고 할 것(W0 → W1 → W2)이라고 한다. 노조 측 역시 협상과 파업이 장기화됨에 따른 경제적 손실을 줄이기 위하여 노조의 저항곡선(resistance curve)을 하향조정하여 자신들의 요구수준을 낮추게(W2 → W1 → W0) 된다고 한다. 결국 시간이 지나면 이 두 곡선의 교차점 즉, T1시점에서 W1의 임금인상률로 타결이 된다는 것이다(그림 7-2 참조).

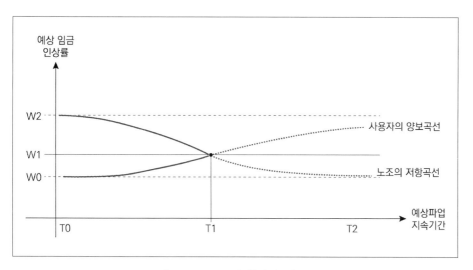

그림 7-2. Hicks의 협상과 파업모델

Hicks에 의하면, 노사 당사자가 파업을 하면서 고통받지 않고 파업이전에 바로 W1의 임금인상률로 타결하지 못하는 이유는 노사 쌍방이 상대방의 행동유형이나 경영정보를 제대로 파악하지 못하거나 교섭경험이 부족한 경우가 많기 때문이라고 파악하였다. 즉, 사전에 방지가 가능한 파업이 반복적으로 발생하는 것은 당사자가 가진 정보가 불충분하거나 비이성적인 판단을 하기 때문이라는 것이다. Hicks의 모델은 파업이 어떻게 노사 당사자의 교섭행위에 영향을 미쳐서 타결시점과 임금인상률이 결정되는지를 보여주었다는 점에서 평가를 받고 있다.

2) 교섭범위모델(bargaining range model)

Hicks모델과 유사한 개념을 사용한 모델로서 교섭범위모델이 있다. 이 모델에 의하면 사용자와 노조의 교섭타결범위가 겹치는지 여부에 따라 협상의 결과가 결정된다는 것이다(Budd, 2003). 예를 들면, 사용자는 임금교섭에 임할 때 최초임금인상안(예를 들면, 시간당 10,000원)을 제시하고 교섭을 진행하게 되는데, 어떠한 경우에도 넘지 않으려는 최고양보안(예를 들면, 시간당 10,500원)을 심리적으로 정해두고 있다고 한다. 노조 측에서도 교섭에 임하면서 최초요구안(예를 들면, 시간당 11,000원)을 제시하여 교섭을 진행하지만 절대 더 이상 내려가서는 안될 최저요구안(예를 들면, 시간당 10,200원)을 비공식적으로 정해두고 있다는 것이다. 이 경우 사용자 측의 최고양보안(예를 들면, 시간당 10,500원)과 노조 측의 최저요구안(예를 들면, 시간당 10,200원)이 서로 중복되고 있기 때문에 교섭타결 가능성이 높다는 것이다.

반면, 교섭범위가 중복되지 않을 경우 타결이 되기 어려워진다. 즉, 사용자 측의 비공식적인 최고양보안(예를 들면, 시간당 10,300원)과 노조 측의 최저요구안(예를 들면, 시간당 10,400원)이 서로 겹치지 않는다면 교섭범위가 중복되지 않기 때문에 교섭은 타결되지 않고 파업이 발생할 가능성이 높아지게 된다는 것이다. 교섭범위모델은 소수의 변수만을 고려한 단순한 모형이지만 실용적인 모형이다.

3) 정보불확실성/비대칭성모델

정보불확실성/비대칭성모델에서는 정보를 파업의 중요한 발생 요인으로 간주한다. 즉, 노사 당사자가 모두 완벽한 정보를 공유한다면 파업이 발생하지 않았을 것이라고 가정하여, 파업은 노사 쌍방 혹은 어느 일방이 완벽한 정보를 갖지 않기 때문에 발생한다고 주장한다. 정보불확실성/비대칭성모델에서는 다음과 같은 세 가지 이유로 파업이 일어난다고 본다.

첫째, 정보불확실성모델에서는 노사 모두가 정확한 정보를 갖기 어려운 경우(예를 들면, 향후 인플레이션률의 예측 등)(Kaufman, 1981), 미래에 대한 불확실성(예를 들면, 미래제품수요에 대한 불확실성 등)(Cousineau and Lacroix, 1986)으로 인하여 노사가 미래에 대하여 서로 다른 예측을 할 때 파업이 발생하게 된다고 한다. 예를 들면, 기업의 제품수요에 대한 정확한 예측이 어려워서 사용자는 미래 경기를 비관적으로 예측하여 임금동결을 주장하고 노조는 미래경기를 낙관적으로 예측하여 임금인상을 요구한다면 협상이 난항을 겪게 되고 결국은 파업이 일어날 가능성이 크다는 것이다.

둘째, 노사 간의 정보비대칭성(asymmetric information)이 파업을 불러온다는 이론이다. 노사가 보유한 정보에는 질적·양적 수준에서 많은 차이를 가지고 있다. 일반적으로, 사용자 측이 기업운영 상황, 실제 순이익 수준 등에 대하여 노조 측보다 양적으로 풍부하고 질적으로 정확한 정보를 갖게 되는데(Card, 1990) 이러한 상황에서는 노사가 각각 합리적으로 행동한다고 하더라도 파업이 발생할 수밖에 없다는 것이다. 예를 들면, 정보가 부족한 노조가 사용자의 지불능력을 실제보다 과대 계상하여 사용자의 협상안을 불신하고 파업에 돌입할 수도 있을 것이다.

셋째, 노조 대표자가 보유한 정보와 일선 조합원이 가진 정보가 양과 질에서 차이가 있어서 파업이 발생한다는 이론도 있다. 즉, 노조 내부의 정보비대칭성(asymmetric information)이 문제가 되어 파업이 발생하는 경우이다. 우선, 노조 대표자는 사용자와의 단체교섭을 통해 파업을 회피할 수 있는 적정한 임금수준이 어느 정도인지 알게 되어 그 수준에서 협약을 체결하려고 한다는 것이다. 하지만, 그러한 정보를 충분히 공유하지 못한 일선조합원들은 비현실적으로 높은 기대를 할 수도 있는데 이 경우 조합원의 투표로 선출된 노조 대표자가 조합원들을 효과적으로 설득하지 못한다면 조합원의 요구대로 파업이 발생하게 된다는 이론이다(Ashenfelter and Johnson, 1969).

위에 언급한 첫 번째의 경우는 정보불확실성에 기인한 파업이며, 두 번째와 세 번째의 경우는 정보비대칭성에 기인한 파업이다. 두 번째는 노사 간의 정보비대칭성을 언급하고 있으며, 세 번째는 노조 대표자와 노조원 간의 정보비대칭성을 보여주고 있다.

4) 통합비용모델(joint cost model)

이 이론은 노사가 파업할 때 파업 이후를 고려하여 쌍방에게 미치는 손실을 가능한 줄이는 방향으로 파업을 진행한다는 것이다. 즉, 파업할 경우 노사가 함께 입게 되는 피해비용(파업비용)을 고려하여 노사 양측이 파업으로부터 입는 공동비용을 줄이는 방향으로 파업을 결정한다는 것이 통합비용모델(joint cost model)이다(Kennan, 1980). 예를 들면, 회사의 매출이 증대되는 시점보다는 매출이 감소하는 시점에서 파업이 발생할 때 노사 양측의 피해가 적으므로 주로 이러한 시점에서 파업이 발생한다는 것이다. 그러나, 이 이론은 노사가 상대방에게 최대의 타격을 줄 수 있는 시점에서 파업을 진행함으로써 협상력을 극대화한다는 협상력 이론과 배치되며, 적대적인 노사관계 하에서의 파업할 때 상대를 굴복시키기 위하여 상대방의 피해를 극대화할 수 있는 파업방법을 찾는다는 사실과 일치하지 않는다는 문제점이 있다.

지금까지 4개의 경제학적 모델에 대하여 살펴보았다. 경제학적 모델의 공통점은 이 모델들은 임금인상 등 금전적인 이슈를 주로 다루고 있으며 일단 협상이 시작된 이후 협상테이블 위에서의 노사가 서로를 어떻게 다루느냐는 미시적인 문제에 집중하고 있다는 점이다. 경제학적인 모델의 문제점은 임금인상 이외의 비금전적인 이슈 즉, 정치사회적인 이슈를 중심으로 인하여 일어나는 파업을(예를 들면, 연금개혁을 반대하는 파업, 노동법개정을 요구하는 파업 등) 설명하지 못한다는 점이다. 경제학적 모델의 또 다른 문제점은 노사가 공식적인 협상을 벌이도록 하는 정치적, 사회적, 문화적, 제도적 환경에 대한 고려가 부족하다는 점이다(Cohn and Eaton, 1989). 따라서, 경제학적인 모델은 정치사회적인 이슈로 파업이 자주 발생하는 유럽이나 아시아 혹은 개발도상국 등의 국가보다는 순수한 경제적인 이슈로 파업이 일어나는 미국이나 영국 등 국가의 파업을 설명하는 데에 더 적합하다. 실제로 이러한 이론들은 대부분 미국과 영국에서 개발되었다. 경제학적인 모델은 협상이 진행될 때 노사가 어떻게 움직이고 어떠한 요인에 의하여 의사결정이 이루어지는지에 대하여 상세하고도 정확한 가설들을 제공하여준다는 점에서 그 공헌도가 크다.

(2) 노사관계적인 모델

파업을 작업장 내의 노사관계적인 요소로 인하여 발생하는 것으로 보는 이론은 경제학적인 이론이나 정치사회학적인 이론에 비하여 숫자도 적고 주목도 덜 받는 편이다. 일부 노사관계학자들은 파업을 노사 당사자의 심리적 요인과 교섭전략 등을 고려한 행동과학적 접근법으로 설명하고 있다. 이들에 의하면 기존 파업이론들은 파업 여부를 결정하고 이를 수행하는 피고용인 또는 노조의 심리적, 행동적 측면과 노사의 교섭전략에 대한 고려가 부족하다고 주장한다. 노사관계적인 모형의 대표적인 이론으로는 집단의사대변이론(collective voice theory)이 있는데, 파업을 노동자가 집단적으로 의사를 대변하는 수단으로 보는 이론이다. 이 이론에 따르면, 직원이 불공정성을 인지하고, 관리자에 대한 불만이 팽배하여 있으며 집단적 성향이 강하다면 파업발생 가능성이 커지고 파업발생기간이 장기화된다고 설명한다.

이 이론의 가설들을 구체적으로 살펴보면 다음과 같다. 첫째, 종업원의 불만과 결속력이 높은 경우 파업이 발생하고 오래 지속될 가능성이 크다. 둘째, 파업이 불만을 해소하고 근로조건을 개선하는 효과적인 수단으로 인식될 경우 파업발생가능성 및 파업기간 등이 증가한다. 셋째, 교섭에 임하는 노조의 성향이나 정책 및 상급 노조의 방침 등에 따라서 노조발생가능성과 파업기간이 영향을 받을 수 있다. 예를 들어, 강성노조의 경우에는 그렇지 않은 노조에 비하여 파업발생가능성이 높고 장기화되기 쉽다. 넷째, 경영자가 노사관계안정과 양보 등을 교섭전략을 삼을 경우에는 파업발생가능성과 파업기간은 줄어들지만, 경영자가 비용절감이나 효율성을 강조하는 교섭전략을 펼치는 경우에는 파업 발생가능성이 높아지고 파업기간이 장기화된다. 노사관계적 모형을 주장하는 학자들은 파업이 경제적 손익분석을 통해 이루어지기도 하지만 작업장 내의 사회적 관계와 분위기, 심리적, 전략적인 요인 등에 의하여 나타나는 경우도 많기 때문에 집단의사를 대변하는 수단으로서의 파업에 대한 연구가 더 필요하다고 한다(Godard, 1992).

(3) 정치사회학적인 모델

정치학자들과 사회학자들도 오랫동안 파업에 대한 연구를 진행하여 왔다. 정치학자들은 자본주의 정치지형에서 사회 계층 간의 갈등의 표현으로서 파업을 중요하게 생각하였고, 사회학자들은 산업화가 사회에 가져오는 부작용 중의 하나로 파업 등의 노사갈등을 인식하였다. 파업에 대한 정치사회학적인 연구 중 가장 중요한 것은 자원동원이론(resource mobilization theory)과 정치적 교환이론 (political exchange theory), 그리고 정치적 위기이론(political crisis theory)이다. 이들 이론들은 유럽이나 아시아, 그리고 개발도상국 등 영미국가 이외의 국가파업을 설명하는 데에 유용한 분석틀을 제공하고 있다.

1) 자원동원이론(resource mobilization theory)

경제학적인 모델이 주로 파업의 발생가능성에 초점을 두고 연구하였다면, 이 이론은 파업의 발생뿐만 아니라 지속기간, 그리고 동원 인원 등 파업의 전반적인 현상을 설명하는 데에 초점을 둔 모델이다. 즉, 이 모델은 파업의 세 측면 (발생빈도, 참가인원, 지속기간)을 모두 고려하여 파업을 입체적으로 파악한 이론 인데, 파업의 세 측면을 이용하여 국가들을 파업의 유형별로 구분하였다(예를 들면, 파업빈도가 잦지만 참가인원이 적고 단기간에 파업이 끝나는 유형, 혹은 파업은 자주 일어나지 않지만, 파업이 발생하면 참가인원이 많고 장기간동안 파업이 진행되는 유형 등). 이 모델은 파업의 현상은 파업을 주도하고 뒷받침하는 노동조합이 동원 가능한 자원에 달려있다고 본다. 즉, 노동조합에 대한 노동자와 일반대중의 지지가 미약하여 이들을 파업에 동원하는 것이 어려운 시점에서는 파업의 발생빈도, 지속기간, 동원인원이 모두 저조하지만, 노동조합이 노동자와 일반대중의 지지를 확보하고 이들을 파업에 동원하는 것이 가능한 시점에서는 파업의 발생빈도, 지속기간, 동원인원이 모두 증가한다는 것이다. 이 이론에서는 노동조합의 자원동원능력을 파업의 전제조건으로 보고 있으므로 자원동원이론이라고 불린다. 이 이론은 프랑스 등 민중을 동원하여야 하는 정치적 파업이 빈번한 국가의 경우를 잘 설명하고 있다(Shorter and Tilly, 1974).

2) 정치적 교환이론(political exchange theory)

노동조합에 우호적인 좌파나 사회민주당정권이 정권에 참여하는 북유럽의 정치상황과 파업 간의 관계를 성공적으로 설명한 이론이다. 이 이론에 의하면 노조에 우호적이거나 사회민주주의를 지향하는 정당이 정부의 집권당이 된 경우 파업이 줄어들고, 반면에 노조에 우호적이거나 사회민주주의를 지향하는 정당이 집권당이 되지 못할 경우 파업이 늘어난다는 것이다. 그 이유는 노조에 우호적인 정당이 집권할 경우 노동조합의 요구사항이 대부분 의회를 통하여 해결이 되므로 굳이 파업을 하려고 하지 않는다는 것이다. 반면, 좌파정당이나 사민당정권이 집권하지 못하는 경우에는 의회를 통하기보다는 파업을 통하여 노동자들의 요구사항을 관철하려 하므로 파업이 증가한다는 것이다(Hibbs, 1978).

이 이론은 노조에 우호적인 정당의 집권과 파업발생이 서로 교환관계(혹은 대체관계)에 있다고 하여 정치적 교환이론이라고 불린다. 이 이론은 스웨덴 등 사민당정부가 집권하는 국가의 파업발생성향을 설명한 이론이지만, 다른 국가의 경우에도 적용될 수 있는 이론이다. 예를 들어, 이탈리아나 프랑스에는 좌파정권이 존재하지만, 파업이 줄어들지 않는 이유는 이들 국가의 좌파정권이 거의 집권하지 못하여 노동계의 요구가 의회보다는 주로 파업을 통하여 관철되기 때문이라는 것이다. 한국의 경우 민주노동당이나 진보당 등 노동에 친화적인 정당의 의회진출에도 불구하고 파업이 줄어들지 않는 것은 민주노동당의 의석이 워낙 적어서 정부의 정책에 이들의 주장이 반영될 여지가 없기 때문으로 설명될 수 있다.

3) 정치위기이론(political crisis theory)

산업화과정의 국가나 단체교섭의 제도화가 미비한 국가의 경우 파업의 발생이 정치적인 위기상황에 집중된다는 이론이다(Snyder, 1975). 첫째, 자율적 노동운동이 시작단계여서 단체교섭의 제도화가 미비하고 파업에 대한 정부의 통제가 강한 국가에서 정치적 위기상황이나 경제체제변화 등으로 사회소요가 많이 발생하는 사회혼란 시기에 파업이 집중적으로 발생하는 경향을 보인다는 것이다. 산업화의 초기과정에서 정부와 사용자들은 대체로 자유경쟁을 추구하는 자본가의 이데올로기를 더 중시하여 부의 공정한 분배를 요구하는 노동운동을 통제하고 파업을 억제하려는 경향을 보인다. 이들 국가에서는 노동법이나 정부의 노동정책이나 관행이 파업을 억제하는 방향으로 구성되어 있는 경우가 많다. 이 이론에 의하면, 이들 국가의 파업 특징은 정부의 통제력이 약화되는 시기에 파업이 집중적으로 일어난다고 주장한다. 즉, 평소에는 정부의 감시와 통제를 받아 파업하기 어려웠던 노동자 계층이 대규모 민중시위나 정치적인 위기상황을 맞아 정부가 노동조합을 통제할 여력이 없는 사회적 혼란기에 그간 쌓였던 불만과 요구사항을 분출해내는 창구로 파업이 발생된다는 것이다(Kim, 1993). 산업화과정에서 정치적 위기상황과 파업이 함께 발생한 국가의 예는 1955년 이전의 일본, 1987년 이전의 한국, 1980년대의 대만, 1990년대 이후의 인도네시아와 중국 등이 있다.

둘째, 노동운동이 정치적인 이슈와 연동되며 단체교섭의 제도화가 미비한 프랑스와 이탈리아 같은 정치적 조합주의의 국가들에서도 파업이 정치적 위기상황이나 사회적 혼란기에 발생하는 경향을 보여왔다. 이들 국가에서는 노동조합 조직률이 낮고 단체교섭의 제도화가 널리 이루어지지 않아서 전통적으로 노동자 계층의 요구가 단체교섭보다는 정치적인 시위나 총파업을 통하여 해결되는 경우가 많았다. 이러한 전통이 지속되어 정부가 노동계의 요구에 저항하기 힘든 정치적 사회적 혼란기에는 파업이 집중적으로 일어나며, 파업은 사회적 혼란을 더욱 악화시키는 역할을 한다는 것이다(Snyder, 1975).

지금까지 세 가지의 정치사회학적인 연구에 대하여 살펴보았다. 정치사회학적인 연구는 거시적인 관점에서 파업이 일어나는 정치사회적인 환경을 파악하는 데에 치중하고 있다. 이러한 거시적인 접근법은 경제학적 연구의 미시적인 접근법과 대조를 이룬다.

(4) 파업의 모델에 대한 종합논의

지금까지 논의한 바와 같이, 파업에 대한 이론은 경제학적 이론과 정치사회학적 이론이 대표한다고 할 수 있다. 학자들은 경제학적인 연구와 정치사회학적 연구가 서로 다른 그룹의 이론가들에 의하여 상호작용없이 독립적으로 수행되거나, 이 두 이론이 잘 적용되는 서로 다른 환경요인이 있다는 주장도 있었다

(Franzosi, 1989). 이러한 문제의식에 기반하여 이 두 흐름의 연구를 통합하려는 실증적 시도들도 있었다(Kim, 1993; Snyder, 1975).

하지만, 100년 이상의 파업연구에도 불구하고 연구자들은 그간의 파업연구가 아직 풀지 못한 의문점이 많다고 지적한다. 즉, 파업에 대한 이론들은 어느 주어진 시공간에서는 설명력이 뛰어나지만, 대륙이나 국가의 경계를 넘어서면 잘 들어맞지 않는다는 문제점을 지니고 있다. 예를 들면, 파업의 발생이 경기의 흐름과 긍정적인 상관관계를 가진다는 영미권 파업연구의 대표적 실증연구 결과도 유럽이나 아시아, 혹은 개발도상국에서는 잘 나타나지 않는다. 이는 파업이 시간과 공간에 따라 현저히 다른 특징을 지니기 때문으로 보인다.

예를 들면, 단체협상이 잘 제도화된 미국의 경우 노사가 자본주의의 정당성을 인정하는 가운데 협상은 경제적인 득실을 위한 거래의 일부이고 협상이 결렬되면 파업의 형태로 협상이 진행되는 경향이 강하다. 하지만, 총파업이 잦은 프랑스, 이탈리아, 스페인 등 남유럽에서는 파업이 부의 분배를 둘러싸고 계급 간의 갈등이 표출되는 계급갈등의 장이 되는 경우가 많다. 개발도상국의 파업은 절대적 빈곤하에서 노동자의 생존을 위한 투쟁이거나(예를 들면, 1960~70년대 한국의 파업, 2000년대 남아공 흑인광부의 파업), 정치민주화에 더불어 경제적 민주화를 이루려는 노동자 계층의 집단적인 불만의 표출이거나(예를 들면, 1980년대 한국과 대만, 1990년대의 인도네시아), 혹은 정치적 민주화가 이루어지지 않은 가운데 빠른 경제성장에도 불구하고 생활여건이 나아지지 않는 상대적 박탈감을 표출하는 노동자들의 불법 집단행동(예를 들면, 2010년대의 중국과 베트남)으로 나타나기도 한다.

결국, 국가별로 시로 다른 정치·경제직 상황이 파업형태에 그대로 반영뇌어 있으므로 하나의 이론이 서로 다른 경제사회 발전단계와 정치체제에 있는 국가들의 파업을 모두 설명하기 어려운 것으로 보인다. 이러한 점을 고려한다면 정치, 사회, 경제적 환경변수 등 조절변수의 차이에 따라 다른 설명틀을 적용할 수 있는 파업에 대한 일반 이론의 개발이 필요한 것으로 보인다.

⬡05 파업의 측정과 연구방법

    파업의 측정은 주로 빈도(frequency), 참가자수(number of participants), 존속기간(duration)의 세 가지 차원에서 이루어진다. 파업의 전체적인 양적인 측면을 파악하기 위하여 이 세 가지를 합쳐서(빈도×참가자수×존속기간) 파업규모(volume)로 정의하고 프랑스의 파업을 연구한 사례도 있다(Shorter and Tilly, 1974).

    Poole(1986)는 서구의 주요 국가들을 대상으로 빈도, 참가자수, 존속기간을 각각 x y z 축으로 도표를 그려서 파업의 양상을 분류한 연구를 수행하였다. 즉, 파업기간이 긴 국가(미국, 캐나다, 아일랜드), 참가자수가 많은 국가(이탈리아, 스페인), 파업횟수가 많은 국가(호주, 뉴질랜드), 특정한 패턴이 없는 국가(프랑스, 영국), 파업이 거의 발생하지 않는 국가(일본, 덴마크, 스웨덴)의 5가지 그룹으로 분류한 것이다.

    Kim(2013)은 주요 국가들의 파업을 빈도, 참가자수, 존속기간을 각각 x y z 축으로 도표를 그리고 이 양상이 시대에 따라 변천하는 추세를 분석하였다. 구체적으로, 대부분의 국가들이 시대흐름에도 불구하고 하나의 파업양상을 보이는데 한국 등 일부 국가는 1980년대의 파업과 2010년대의 파업의 양상이 현저히 다르다는 점을 밝혀내었다. 예를 들어, 한국의 1980년대 파업은 빈도와 참가자수가 많지만 기간이 짧고, 2010년대 파업은 빈도와 참가자수가 적지만 기간이 긴 양상을 띠는 것을 발견하였다.

    파업통계의 가장 큰 문제는 국가별로 다른 기준에 의하여 파업이 측정되는 것이다. 예를 들면, 미국은 500인 이상 파업만 집계하고, 일본은 반나절 이상 파업을 모두 집계하는 반면, 한국은 1일 이상 파업한 것만 파업으로 인정하고 불법파업은 파업통계에서 제외한다. 직장폐쇄 등 사용자의 대항행위로 인한 업무중단도 일부 국가는 파업통계에 포함해서 집계하고, 일부 국가는 파업과 직장폐쇄를 각각 별도로 집계하기도 한다. 따라서, 국가 간 엄밀한 횡단비교는 어렵고, 각 국가의 파업추세를 종단적으로 파악하는 것이 가능한 상황이다. 그나마 국가

간 비교가 가능한 통계는 피고용인 1,000명당 파업으로 인한 노동손실일수인데 국가의 규모와 상관없이 파업으로 인한 피해정도를 비교할 수 있다.

과거에는 국가단위별로 파업통계(macro−level strike data)만 확보가능해서 국가별로 비교연구를 진행하는 것만 가능했고 기업단위의 파업연구는 연구자가 직접 데이터를 수집해야 하는 난점이 있었다. 하지만, 최근 개별 기업의 고용관계에 대한 데이터를 정부기구에서 수집하면서 기업단위의 파업관련 데이터 (micro−level strike data)를 포함하여 기업단위의 파업연구도 용이해진 측면이 있다. 예를 들면, 영국의 Workplace Employment Relations Survey와 유사한 데이터가 호주, 캐나다, 한국(한국 노동연구원의 사업체패널 데이터) 등에서 제공되고 있다.

06 갈등의 조정과 중재

　파업 등 노동쟁의는 노사 쌍방의 경제적인 손실은 물론이고 국민경제에도 손실을 가져오기도 한다. 따라서 가급적 노사 쌍방의 노력과 대화에 의하여 사전에 방지하는 것이 이상적이다. 그러나 어느 사회에서나 쟁의의 발생을 완벽히 방지하는 것은 불가능하다. 따라서, 파업 등 쟁의발생의 피해를 줄이기 위하여 국가 등 제3자가 나서서 협상타결을 위해 노력하는 것을 쟁의조정이라고 한다.

　하지만, 쟁의조정에의 지나친 의존과 남용은 노사의 자주적인 분쟁해결능력을 훼손하여 부작용을 가져온다. 쟁의조정에 지나치게 의존한다면 노사 당사자들은 스스로 양보안을 내는 등 협상에 적극적인 자세를 보일 필요가 없어지는 냉각효과(chilling effect)가 발생하며, 많은 노력이 수반되는 당사자 간의 협상보다는 정부의 중재에 갈수록 더 의존하는 중독효과(narcotic effect)가 나타난다. 즉, 노사 간의 갈등해소를 위해서는 노사 간의 자주적인 협상이 가장 바람직하고, 갈등의 피해를 줄이기 위하여 쟁의조정을 활용해야 한다면 지나치지 않은 범위 내에서 적정한 수준에서 사용하는 것이 이상적이다(김동원 외, 2019).

　쟁의조정의 기법은 알선, 조정, 중재로 구분된다. 알선(conciliation)은 분쟁 당사자가 서로 만나서 대화하고 문제를 토론하게 하는 것으로서 가장 간단한 쟁의조정방법이다. 알선자는 갈등해결안을 제시하지 않는 것이 일반적이다. 알선은 실효성이 적어서 최근에는 별로 사용되지 않는다. 조정(mediation)은 조정인이 관계당사자의 의견을 들어 조정안을 작성하여 노사의 수락을 권고한다. 그 권고는 강제가 아니므로 그 수락 여부는 전적으로 당사자들에게 달려있다. 중재(arbitration)는 조정과는 달리 관계 당사자를 구속한다는 데 그 특징이 있다. 중재는 준사법적 절차로서 판사의 판결과 같은 효력을 지니기 때문에 관계 당사자는 중재안을 수용하여야 한다. 본 장에서는 쟁의조정 기법 중 가장 널리 사용되는 조정과 중재를 주로 살펴보기로 한다.

(1) 조정

이하에서는 조정의 종류, 조정의 과정과 효과성에 영향을 미치는 요인들의 순서로 살펴보기로 한다.

1) 조정의 종류

갈등조정에 대한 Kerr(1954)의 고전적인 문헌에서는 조정의 차원과 범주에 따라서 전술적 조정(tactical mediation)과 예방적 전술적 조정(preventive tactical mediation), 전략적 조정(strategic mediation) 세 가지로 구분하였다. 일반적으로 조정이라고 하면 전술적 조정을 의미하며 대부분의 문헌들도 가장 미시적인 전술적 조정에 집중하여 연구가 진행되었다.

전술적 조정은 양 당사자가 협상테이블에 앉은 상태에서 갈등을 거중 중재하는 미시적인 조정을 의미한다. 전술적 조정에서 조정인이 사용하는 5가지 방법은 다음과 같다(Kerr, 1954).

① 당사자의 흥분을 가라앉게 하는 등 비이성적인 측면을 감소하고,
② 당사자에게 정확한 상황 판단과 정보를 주어 비합리적인 부분을 감소하고,
③ 갈등의 해결안을 당사자와 함께 모색하며,
④ 어느 일방이 명예롭게 양보할 수 있도록 명분을 모색하고,
⑤ 갈등지속의 대가를 크게 하는 방법(예를 들면, 조정안에 동의하지 않으면 여론으로 질타를 받을 것임을 언급함)을 사용한다

예방적 전술적 조정은 장기간에 걸친 당사자 간의 관계 개선을 위한 노력이나 당사자들이 공면한 문제에 대한 해결책을 노사합동으로 장기적으로 모색하는 조정이다. 예를 들면, 기업경쟁력의 하락으로 구조조정이 예상될 때 노사가 합동으로 기업경쟁력 회복을 위한 불량률 제로운동을 펼치는 것이다.

전략적 조정은 사회학적인 접근방법으로서 갈등이 일어나지 않도록 사회적인 환경을 조성하는 조정을 의미한다. 장기적인 관점에서 국가나 사회 차원에서 시행가능한 전략이다. 아래의 6가지의 접근방법이 언급된다(Kerr, 1954).

① 노동자와 사용자를 하나의 커뮤니티로 통합 ─ 서로를 적으로 보거나 다른 계층으로 인식하지 않도록 하는 것이 중요함

② 사회전체의 안정성 ─ 불안정한 사회는 계층 간의 갈등을 증폭시키는 경향이 있음

③ 이데올로기의 양립가능성 ─ 노와 사가 가진 이데올로기가 서로를 용인하는 수준이어야 함

④ 안정되고 책임 있는 리더십 ─ 노사 양측의 리더가 안정되고 구성원들의 요구에 책임 있게 반응하여 구성원의 불만이 노사갈등으로 폭발하지 않도록 해야 함

⑤ 불만의 분산 ─ 노동자들의 불만이 특정 인물이나 조직의 한 부분에 집중된다면 갈등이 폭발하기 쉬우므로 갈등이 분산되어 일어나는 것이 바람직함[35]

⑥ 게임의 룰을 구조화 ─ 갈등이 벌어졌을 때 갈등을 해소할 방법이 잘 구조화되어 있으면 갈등이 일어나도 쉽게 해소할 수 있음. 갈등해소제도가 예측가능하게 잘 만들어진 경우 당사자가 갈등해소에 드는 비용과 수익을 계산할 수 있어서 이성적인 해결을 추구하게 됨

2) 조정의 단계별 조정인의 역할

조정인이 조정안을 내지만 조정안의 수락여부는 전적으로 노사 양측에 달려있는 만큼 의사소통이나 설득력 등 조정인의 인간관계적 역량이 중재의 경우보다 더욱 중요하다. 기존 문헌은 조정 단계별 조정인의 역할이 달라져야 한다고 주장한다(Kochan and Katz, 1988). 대체로, 조정인은 처음에는 소극적이고 수동적인 태도였다가 마무리 단계로 갈수록 공격적이고 적극적인 태도를 보이게 된다.

조정의 초기 단계에서 조정인은 노사 쌍방에 좋은 인상을 주고, 주로 질문하고 듣고 이해하려는 수동적인 태도를 보이게 된다. 이는 노사 당사자로부터

---

35) 비슷한 개념으로 superimposition이 있다. 소득, 교육, 사회적 지위, 정치적 지위 등 사회 계층의 모든 차원에서 어느 일방이 항상 우위에 있고 다른 일방은 열등한 위치에 있을 때 갈등은 폭발하기 쉽다는 개념이다(Dahrendorf, 1959).

신뢰와 인정을 받고 존중을 받으려는 노력(acceptability)의 일환이다. 이 단계에서 조정인은 본인의 오랜 경험이나 출중한 자격요건을 암시하고, 쌍방에 대한 신뢰성, 친근감을 표시하는 한편, 노사갈등의 주된 이슈와 타결의 장애물, 노사 쌍방의 인간관계와 태도적인 측면, 그리고 노사 간의 협상력의 분포를 파악하기 위하여 노력하게 된다.

중간 단계에서 조정인이 좀 더 적극적인 역할을 하게 된다. 노사 양측이 서로의 안을 주장하고 반대주장을 주고받는 과정에서 조정인은 적극적인 질문을 통하여 잠재적인 타협의 가능성이 있는지 정확히 파악하는 것이 중요하다. 특히 노사양측의 최종적인 양보가능한 선이 어디까지인지 파악하는 것이 긴요한데, 이 단계에서는 노측의 기대수준을 낮추고 사측이 노조의 입장을 이해하도록 적극적으로 설득하는 과정을 거치게 된다.

마지막 단계에서 조정인은 더욱 적극적이고 공격적인 역할을 하게 된다. 조정인이 노사 각각을 상대로 설득과 위협을 활용하여 공격적인 대리 협상을 하게 된다. 양측이 현실을 정확히 깨닫도록 하고 협상이 결렬될 경우 양측에 어떠한 위험이 있는지를 강조한다. 양측의 입장이 충분히 가까워졌다고 느낀다면 조정안을 내고 쌍방이 수락하도록 권유하게 된다.

3) 조정의 효과성에 영향을 미치는 요인들

기존 연구들은 조정의 효과성에 영향을 미치는 요인들로 조정인의 특징, 갈등의 원인이나 성격, 갈등을 둘러싼 상황적인 요인 등을 들고 있다(Kochan and Katz, 1988).

첫째, 조정인의 특징 중 가장 중요한 것은 소성의 양 당사자인 노사가 조정인을 공정한 심판으로 받아들이는 수용가능성(acceptability)이다. 수용가능성에 영향을 미치는 것은 조정인의 믿음직스러움, 친근함, 지성적인 측면, 사업에 대한 이해도 등이 있다. 실증연구에 의하면 조정인의 경험이 많을수록 조정의 성공 가능성이 크다고 한다.

둘째, 노사갈등의 원인이나 성격도 조정의 성패에 영향을 미친다. 조정은 경제적인 이유나 구조적인 이유로 발생한 갈등, 혹은 조직내부 구성원 간의 다툼으로 발생한 갈등을 해결하는 데에 가장 효과성이 낮다. 이는 조정인의 능력 밖의 일이기 때문이다. 반면, 갈등이 협상당사자의 잘못된 전략, 그릇된 정보, 협상경험이 적어서 오는 미숙함 때문이라면 조정이 효과적으로 성공하기가 쉽다. 이는 조정인이 협상당사자들에게 쉽게 영향을 미칠 수 있는 영역이기 때문이다.

셋째, 상황요인도 조정의 성패에 영향을 미친다. 조정실패 시 노사 쌍방의 피해규모, 노사 쌍방에 대한 압력의 강도, 노사 쌍방의 합의를 위한 동기유발정도가 클수록 조정이 성공할 가능성이 크다. 예를 들면, 협상종료시점이 임박하여 협상에 실패 시 파업을 겪게 되고 파업이 발생할 때 쌍방이 큰 피해를 입게 될 경우에는 노사 쌍방은 조정안을 수락할 가능성이 크다.

(2) 중재

전술한 바와 같이 중재는 관계 당사자를 구속하고 준사법적 절차로서 판결과 같은 효력을 지닌다. 따라서, 중재안은 최종적인(binding and final) 해결안으로서의 성격을 지닌다. 특히, 은행, 전력, 통신, 수송 등 공익사업이나 공공부문에서는 파업이 사회대중에게 미치는 부정적인 충격이 너무 커서 파업을 금지하고 그 대안으로서 중재를 사용하기도 한다. 중재는 다시 전통적인 중재(conventional arbitration)와 최종 제안중재(final offer arbitration)로 구분된다.

1) 전통적인 중재

전통적인 중재는 노사 당사자의 제안과는 무관하게 중재인이 가장 적정하다고 생각하는 중재안을 내는 것이다. 하지만, 평균적으로 보면 노사 당사자 제안의 중간쯤 되는 지점을 중재인이 선택하는(split the half) 경우가 많다. 예를 들면, 올해 임금인상률로 노측이 5%를 주장하고 사측이 1%를 주장하였다면 중재인은 대체로 2.5~3.5% 정도를 중재안으로 낼 가능성이 크다. 이는 중재인이 기업의 사정, 역사, 문화, 관행, 현장 분위기 등을 정확히 파악하기 어려워서 노사의 주장에 근거하여 판단하게 되기 때문이다. 중재인이 중간선을 제시하는 경향은 노사 당사자들이 협상안 제시과정에서 양보를 적게 할수록 유리해지는 결과가 되어 중재가 예상된다면 노사 모두 협상에 소극적으로 임하는 냉각효과(chilling effect)가 발생하는 원인이 된다.

2) 최종제안 중재

이러한 냉각효과를 방지하기 위하여 고안된 중재방식이 최종제안 중재이다. 최종제안 중재는 중재인으로 하여금 노사 양 측이 제출한 각 최종 제안 중에서 어느 하나를 아무런 수정없이 선택하도록 하는 형태의 중재이다. 예를 들어, 올해 임금인상률의 최초안으로 노측이 5%를 주장하고 사측이 1%를 주장하였다면 중재인은 다음 중재회의까지 노사모두 최종안을 제출하도록 요구하게 되는데, 만약 노측이 4%, 사측이 2.5%를 최종안으로 제시했다면 중재인은 최초안보다 더 많이 양보한 사측의 최종안(2.5%)을 더 합리적안으로 간주하여 선택할 수 있을 것이다. 이 제도하에서는 중재인의 선택을 받기 위하여 협상당사자가 가급적 이성적이고 합리적인 안을 내어 당사 간의 협상을 촉진하는 효과가 있다. 이 제도는 미국에서 활발히 사용되고 있고 한국에서도 최저임금심의 시에 활용된 적이 있다. 이 제도의 문제점은 한국의 최저임금위원회의 과거 사례에서 보듯이 노측이 시스템 자체를 불신하고 실리보다는 명분을 중시할 경우 아예 양보안을 내지 않을 가능성이 있다는 점이다.

고충처리

　　노사 간의 갈등이 표출되는 다양한 통로 중 하나는 고충(grievance)을 제기
하는 것이다. 예를 들면, 피고용인이 부당하게 불이익을 당하거나, 징계 혹은 해
고를 당했다고 느낄 경우, 노동조합 등을 통해서 고충을 제기할 수 있다. 대표적
인 고충처리 절차는 다음과 같다. 고충을 제기하면 작업장 단위의 노와 사가 고
충을 청취하고 사실을 파악 후 토의를 거쳐 적절한 대안을 제시하게 된다. 작업
장 단위에서 합의가 안 되는 경우, 공장단위와 기업단위의 노사대표를 거치게 되
고, 해결이 안 되면 최종적으로는 외부의 중재인이 노사양측의 주장을 결정한다.

(1) 고충처리에 대한 주요 연구결과

　　고충처리에 대해서는 많은 연구들이 진행되었다. 고충에 대한 주요 연구의
결과들은 다음과 같다.[36] 첫째, 고충처리에 있어서 선행변수와 과정변수 결과변
수들 간에 상당한 상호작용이 있음을 발견하였다. 노조와 사용자의 특성, 고충
이슈의 범위, 고충처리의 단계, 노조와 사용자의 고충처리 과거 실적들 간에 체
계적인 관련이 있음을 발견하였다. 또한, 고충처리 이후의 관련자에게 어떠한
변화가 있었는지(예를 들면, 고충처리 후 피고용인의 직무성과 변화, 피고용인의 출석
률의 변화, 진급과 이직 등)에 대한 연구도 진행하였다. 또한, 이 이론들은 노와 사
의 고충처리에 대한 과거 경험이 미래의 노사의 행동양식을 변화시킨 점을 발견
하였다고 한다(Knight, 1986).

　　둘째, 널리 알려진 Hirshman(1970)의 이직-의견개진-충성도(exit-voice-
loyalty)이론을 고충처리에 적용한 실증연구가 다수 있었다. Hirshman은 기본적
으로 피고용인들은 불만을 가질 경우 이직이나 의견개진(노조결성 혹은 고충제기)
의 옵션을 가진다고 간주하였다. 그에 의하면, 직원의 충성도가 강한 경우 직원

---

36) 아래의 기술은 Lewin(2008)의 서술을 저자가 일부를 발췌하여 수정한 것이다.

들은 불만이 있을 때 의견개진을 하는 옵션을 택하게 되고, 직원의 충성도가 약한 경우 직원들은 불만이 있을 때 이직을 하게 된다고 한다. 이 이론은 노사관계에 많은 시사점을 던져 주어 Freeman and Medoff(1984) 등 수많은 실증연구가 이루어졌다.

하지만 실증연구들은 대체로 이직－의견개진－충성도이론의 예측과는 다른 결과를 보여주었다. 충성도가 높은 경우, 이직도 하지 않고 의견개진도 하지 않는다는 사실이 밝혀졌다. 충성도가 높은 직원들은 직장에서 억울한 일을 당했을 때 침묵하며 견디는(suffer in silence) 성향이 높은 것으로 밝혀진 것이다(Lewin, 2008). 하지만, 이 이론은 피고용인들에게 이직과 의견개진이 서로 상반되는 옵션이라는 점을 명백히 밝힌 점에 가치가 있고, 이 이론의 명쾌한 프레임은 후대의 많은 실증연구들을 촉발시켰다.

셋째, 비용편익이론(cost－benefits analysis 혹은 compensating differentials theory)에 따라 피고용인이 고충을 제기할 때는 고충제기에 따른 비용과 편익을 비교해서 결정한다는 가설을 검증한 논문이 많았다. 이 연구들은 피고용인이 합리적이고 이성적이며 효용극대화의 논리에 따라 움직인다는 가설을 검증한 것이다. 실증연구의 결과에 의하면 피고용인들은 이직의 비용이 클 경우(현재 상대적으로 높은 임금을 받고 있으며 지역 노동시장의 실업률이 높을 때) 이직보다는 고충제기를 하는 것으로 나타났다(Cappelli and Chauvin, 1991). 이러한 결과는 이직과 고충제기가 상반된 선택의 옵션이라는 이직－의견개진－충성도이론과도 부합하는 결과이다.

넷째, 고충처리와 단체교섭 간의 상관관계를 연구한 실증연구들에 의하면, 고충제기건수는 단체협약의 만료되기 전 단체협상이 진행될 때 유의미하게 늘어나다가 새로운 단체협약이 체결되면 현저하게 줄어들었다(Lewin and Peterson, 1988). 이는 노동조합이 고충처리를 단체협약에 영향을 미치기 위하여 사용자에 대한 전략적인 압력수단으로 사용한다는 의미이다. 더욱이, 단체협상 기간 중 제기되는 고충은 내용적으로 큰 의미가 없는 고충인 경우가 많다는 사실은 이러한 해석을 뒷받침하는 결과이다.[37]

---

37) 한국의 경우에도 연도별 파업 건수와 부당노동행위 건수 사이에는 긍정적인 상관관계가 강한데 이는 파업기간 중 노동조합이 사용자측에 압력을 넣기 위하여 사용자의 부당노동행위를 집중적으로 제기하기 때문인 것으로 해석할 수도 있다.

다섯째, 고충처리 절차를 마친 후 고충을 제기한 피고용인 등 당사자들에게 어떠한 결과가 초래되었는지에 대한 실증연구도 많았다. 실증연구의 결과에 의하면 고충제기자들은 비제기자에 비하여 고충절차종료 후 승진율과 근무성적이 저조하고, 이직률과 결근율이 높은 것으로 나타났다(Lewin and Peterson, 1999; Olson-Buchanan, 1996). 이러한 실증연구의 결과는 조직의 문화와 규율에 맞지 않는 행동을 한 피고용인에게 조직이 고충처리 이후에 은연중 보복과 징계(retaliation effect)를 한 것으로 해석되는 결과이다. 반면, 이 결과에 대하여 고충제기자는 대체로 불만이 많고 근무성적이 낮은 저성과자들인데 고충을 제기함으로써 스스로의 저성과가 상관이나 주변 동료의 눈에 띄게 되어 고충제기 이후 부정적인 결과를 겪게 된다는 해석(signalling effect)도 있다.

여섯째, 고충활동과 고충처리제도의 존재가 직원의 복지와 회사의 경쟁력에 미치는 영향에 대한 연구들이 많이 실시되었다. 먼저, 고충처리 기간 중 기업의 생산성과 품질이 현저히 하락하고 노동비용이 상승한다는 연구결과들이 있다. 즉, 실제로 제기되어 처리되는 고충의 건수가 경영성과에 부정적인 영향을 미친다는 것이다(Katz et al., 1983). 이는 고충을 준비하고 제기하고 노사가 모여서 논의하고 결과를 확정하는 과정에서 많은 시간과 자원이 소요되기 때문인 것으로 해석된다. 결국, 생산활동에 투입될 노동자와 관리자의 시간과 자원이 고충처리에 투입됨으로써 생산활동에 지장을 가져온 것으로 볼 수 있다. 이러한 고충처리활동이 생산활동을 대치한다고 하여 치환효과(displacement effect)라고 부른다.

반면, 고성과작업조직(high performance work organization)과 전략적 인적자원관리(strategic human resource management) 문헌에서는 고용관계와 인적자원관리의 개별적인 제도보다는 이 제도들이 묶음(bundle)으로서 동시에 실시될 때 직원의 복지와 회사의 경쟁력에 긍정적인 영향을 미친다는 연구결과를 보여주고 있다. 이 제도들의 묶음에는 주로 치밀한 선발, 철저한 교육훈련, 정보공유와 경영참여, 고용안정, 성과급, 그리고 공정한 고충처리제도의 존재가 포함된다(이러한 연구들에 대한 종합적인 리뷰는 Frost, 2008와 Ichniowski et al.,1996을 참조할 것). 결국, 공정한 고충처리제도의 존재가 직원과 회사 모두에게 긍정적인 효과를 가져온다는 것이다.

결국, 위 두 가지 흐름의 연구결과를 물리적으로 결합한다면 고충과 관련된 가장 이상적인 상태는 공정한 고충처리제도가 존재하되 이용되지 않는 것(the best grievance system is a good and under-utilized one!)이라는 다소 모순되어 보이는 결론에 도달하게 된다. 고충처리제도와 고충처리활동이 직원들과 기업에 미치는 복잡한 영향에 대해서는 다양한 배경 변수(moderators)를 고려한 보다 정교한 연구가 필요한 것으로 보인다.

(2) 대안적 갈등해소방안

최근 미국과 영국의 무노조기업의 경우 대안적 갈등해소방안(Alternative Dispute Resolution, ADR)이 부각된다. 주로 고충처리제도가 없는 무노조기업의 경우, 고용문제로 갈등이 생기면(예를 들어, 부당징계나 부당해고에 관하여 노사 간에 다툼이 있는 경우) 비용이 많이 드는 소송 대신 대안적인 절차를 통하여 해결한다. 예를 들면, 노동자의 고충에 대하여 회사내부에서 고충에 대한 조정(grievance mediation), 중재(grievance arbitration)하거나, 회사외부인사가 노동자의 불만에 대한 고충에 관하여 조정을 하는 옴부즈맨(Ombudsman)제도 등이다 (Blake et al., 2016).

Recommended Readings and Annotated Bibliography

Franzosi, R. 1989. "One Hundred Years of Strike Statistics: Methodological and Theoretical Issues in Quantitative Strike Research," Industrial and Labor Relations Review. 42(3): 348－362.

파업에 대한 실증연구를 경제학적인 연구와 정치사회학적인 연구로 분류하여 리뷰하고 방법론적인 문제점들을 이론적으로 분석한 글이다. 그동안 경제학적인 연구와 정치사회학적 연구가 서로 다른 그룹의 이론가들에 의하여 상호작용없이 수행되는 한계를 보였고 이 둘을 통합한 통합적인 시각의 연구가 필요하다는 주장을 하였다.

Gall, G. and Hebdon, R. 2008. "Conflict at Work," In P. Blyton, N. Bacon, J. Fiorito, and E. Heery(Eds.) The SAGE Handbook of Industrial Relations. London: SAGE Publications.

작업장에서의 갈등에 대한 다양한 이론적인 이슈들을 리뷰한 글이다. 갈등에 대한 학문적인 정의와 갈등의 성격에 대한 학파별로 다른 주장들을 소개하였다. 최근 세계적인 노사갈등의 추세를 국가별 데이터를 사용하여 설명하였다.

Hebdon, R. and Noh, S. C. 2013. "A Theory of Workplace Conflict Development: From Grievances To Strikes," In G. Gall(Eds.) New Forms and Expressions of Conflict at Work. London: Palgrave.

작업장에서의 노사갈등에 대한 이론을 소개한 글이다. 갈등을 개인/집단, 공식적/비공식적인 차원에서 2×2틀을 사용하여 이론적으로 분류하고 노사갈등에 대한 주요 이론적인 이슈를 소개하였으며 캐나다의 데이터를 이용하여 실증연구를 실시한 글이다.

Hyman, R. 1989. <u>Strikes</u>. Chapter 4. The Institutionalization of Industrial Strikes, London: Macmillan.

고전적인 문헌들을 활용하여 파업을 마르크시스트의 입장에서 이론적으로 설명한 글이다. 현대 자본주의 국가에서 노사갈등이 잘 통제·관리되고 있다는 제도학파의 시각을 비판한 글이다. 제도화의 한계와 자본주의 국가에서 갈등이 내연하는 이유를 논의하였다.

Kerr, C. 1954. "Industrial Conflict and Its Mediation," <u>American Journal of Sociology</u>. 60: 230 – 245.

노사갈등과 쟁의조정에 대하여 다원주의 학파(제도학파)의 주장을 대변한 고전적인 문헌이다. 자본주의 국가에서 갈등의 기본적인 성격을 설명하고, 갈등 조정을 전술적 조정, 예방적 전술적 조정, 전략적 조정으로 구분하고 기법과 사례들을 제시하였다.

Kochan, T. A. and Katz, H. 1988. <u>Collective Bargaining and Industrial Relations</u>. Chapter 9. Dispute Resolution Processes, Homewood, IL: Irwin.

주로 미국의 문헌들을 중심으로 조정과 중재에 대한 기본적인 이론들과 실증연구의 결과들을 소개하였다. 조정의 효과성의 결정요인, 조정의 이론적 모델, 중재에 대한 이론과 실증연구들을 소개한 글이다.

Lewin, D. 2008. "Resolving Conflict," In P. Blyton, N. Bacon, J. Fiorito and E. Heery(Eds.) <u>The SAGE Handbook of Industrial Relations</u>. London: SAGE Publications.

미국의 문헌들을 중심으로 고충처리에 관한 이론적인 이슈를 상세히 리뷰한 글이다. 노사갈등의 근원, 고충처리에 대한 대표적인 이론들을 설명하였고, 대안적 갈등해소방안 등 최근 고충처리의 경향도 소개하였다.

8장

고용관계 주체의
상호작용: 노사협력,
경영참가,
고성과작업조직

노사관계는 대립과 협력이 동전의 양면처럼 공존한다. 최근 들어 세계화와 정보화의 진전으로 인한 경쟁의 격화로 인해 노와 사의 생존과 번영을 위한 노사협력의 중요성이 더욱 강조되고 있다. 노사협력과 경영참가는 인접 개념으로서 비슷한 시기에 연구가 진행되었고, 1990년대 중반부터는 고성과작업조직에 대한 연구가 집중적으로 이루어졌다. 이하에서는 노사협력, 경영참가, 고성과작업조직에 대하여 다루기로 한다.[38]

 # 01 노사협력

(1) 노사협력의 개념적 정의

노사협력의 개념은 다양한 용어들을 통해서 활용되고 있다. 여기서는 주로 전통적인 의미의 노사협력(labor-management cooperation 또는 union-management cooperation) 개념을 중심으로 문헌을 검토하고자 한다.

1940년대 후반 이후 미국을 중심으로 발전해온 노사협력의 정의를 정리하면 표 8-1과 같다. 표 8-1에서 정리한 노사협력의 주요 정의를 단순히 종합해 보면, '신뢰를 기초로 노사가 공동으로 노력할 수 있는 영역을 찾아 목표를 설정하고, 이를 달성하기 위하여 노사가 모두 개입하는 구체적인 협력 프로그램을 설정한 후, 이를 통해 생산성 및 노동자 생활의 질을 증가시켜 싱호이익이 되는 변화를 유도하기 위해 노력하는 것'이라고 할 수 있다. 그런데 노사협력의 정의를 자세히 살펴보면 노사협력의 하위개념들은 저자들마다 강조하고 있는 부분이 다르다.

---

38) 본 장은 김동원·김윤호(2007)의 설명 중 일부를 발췌하고 수정·보완하고 업데이트한 것임을 밝혀둔다.

▼ 표 8-1. 노사협력에 대한 주요 정의

주요저자	노사협력에 대한 주요 정의
Dale(1949)	노사 간의 공동의 이익과 관련한 영역에서 상호신뢰 하에 단체교섭과 별도로 설치되는 협력기구를 통해서 이루어지는 정보의 교환부터 공동결정에 이르는 과정
Harbison and Coleman(1951: 89)	생산의 단위비용을 절감하고 생산성을 증가시켜 기업의 경쟁적 지위를 향상시키기 위한 공동의 활동을 통해 형성된 노사관계
Nadler et al.(1980)	노사 간의 문제해결을 위해 두 당사자가 함께 일하는 동시에 상호이득이 되는 변화를 유도하는 것
Schuster(1984: 3)	조직의 주요 목적을 달성하기 위한 방향으로 노동자들의 이해관계, 헌신 및 노력을 형성하기 위한 시도의 일환으로, 노사공동의 구조적 개입을 기반으로 하는 모든 프로그램
Cooke(1991: 21)	기업과 노동자가 각각 노사관계로부터 가능한 많은 것을 분배받기를 원한다고 전제하고, 노사협력은 당사자 모두가 작업성과에 대한 책임을 공유하고 작업성과의 전체적인 크기를 증가시켜 당사자에게 분배될 수 있는 생산성, 노동자 생활의 질을 증가시키려는 노력
Cohen – Rosental and Burton(1993: 3)	노동조합과 경영자가 함께 일할 수 있는 적어도 한 개 이상의 공동목표를 정의하고, 이 목표를 달성하기 위한 방안을 공동으로 모색하는 것
Roberts (1993: 398 – 399)	적이 아닌 협력체로서 합의의 영역을 확대하고 공동의 목표를 향해 노력하기 위한 노사공동의 노력들. 협력체(alliance)의 개념은 전통적인 단체교섭절차와 구별되는 협력적 프로그램들로 구성

출처: 김동원 · 김윤호(2007)

예를 들어, Dale(1949)은 노사 간의 갈등적 이슈와는 별도로 공동이익과 관련한 특정한 영역(area)을 설정하는 전제조건하에서, 단체교섭과는 독립적인 협력기구(institution or machinery)를 설치하여 이루어지는 정보의 교환과정 및 공동결정에 이르는 과정(process)을 노사협력의 개념으로 규정하고 있다. 반면에, Harbison and Coleman(1951)은 생산의 단위비용을 절감하고 생산성을 증가시키는 산출물(output)과 이를 통해 기업의 경쟁적 지위를 향상시키는 경제적 성과를 노사협력의 목표 또는 이루고자 하는 결과(outcomes)로 제시한 후, 공동의 활동이라는 과정(process)을 통해 형성된 노사 간의 관계 자체를 노사협력의 종국적 결과(outcomes)로서의 개념으로 구성하고 있다.

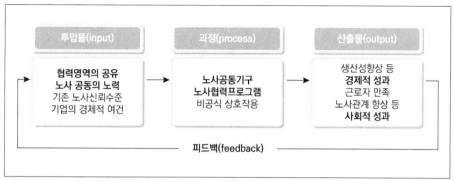

출처: 김동원 · 김윤호(2007)

그림 8-1. 노사협력 시스템 모형

이와 같이, 시스템적 관점에서 노사협력이란 개념을 분해해보면, 기본적으로 노사협력을 달성하기 위한 전제조건, 노사협력의 원칙 등으로 구성되는 투입물(input)의 요소들로 시작하여 노사 간의 구체적인 행동의 상호작용이 일어나는 장을 제공하는 기구 또는 특정한 상호작용을 예정하고 형성된 특정의 프로그램이 노사협력의 과정(process)을 구성한다. 또한, 이와 같은 투입물과 과정을 통해 노사가 얻고자 하는 노사협력의 산출물(output)이 생산성 향상 등의 경제적인 측면과 노동자들의 만족도 향상과 노사 간 신뢰향상이라는 사회적 측면의 결과로 나타나게 되는 것이다. 특히, 노사 간 신뢰향상 등 노사협력의 결과로 형성된 산출물들은 피드백(feedback) 과정을 통해 다음 시점에서 노사협력의 투입물로서 작용함으로써 시스템의 선순환 학습을 가능하도록 한다. 이와 같은 노사협력시스템을 모형화하면 그림 8-1과 같이 표현할 수 있으며, 이에 따라 주요 저자들이 채택하고 있는 노사협력의 주요 하위개념들을 정리하면 표 8-2와 같다.

▼ 표 8-2. 저자별 노사협력 정의의 하위 구성 개념

주요저자	투입물		과정		산출물	
	협력영역	공동노력	협력기구	프로그램	생산성 향상	관계향상
Dale(1949)	●		●	●		
Harbison and Coleman(1951: 89)		●			●	●
Nadler et al.(1980)		●				●
Schuster(1984: 3)		●		●	●	●
Cooke(1991: 21)	●	●			●	
Cohen－Rosental and Burton(1993: 3)	●	●				
Roberts (1993: 398－399)	●	●		●		

출처: 김동원 · 김윤호(2007)

노사협력의 과정을 구성하는 프로그램 및 노사공동기구는 참여경영(participative management), 경영참가(employee/worker involvement), 조직변화 및 개발(organizational change and development), 노사공동위원회(labor－management committee), 근로생활의 질(quality of work life), 품질관리분임조(quality circles) 및 성과배분제(gainsharing: Scanlon plan, Rucker plan) 등과 같은 다양한 협력의 시도들로 구체화 되며, 각각의 프로그램 및 기구들은 특정한 목표달성을 추구하게 된다. 예를 들어, 성과배분제도의 주요한 목적은 생산성 향상이며, 품질관리분임조는 비용절감과 품질향상을 추구하고, 노사공동위원회는 노사관계 및 의사소통의 개선을 그 주요 목적으로 한다. 또한, 근로생활의 질 프로그램은 노동자들의 심리적 행복과 직무만족도의 향상이 그 주된 목적이다(Roberts, 1993: 399).

(2) 노사관계 연속선상의 협력 개념

이 단락에서는 노사관계의 개념을 하나의 차원에서 파악한 연구들과 두 개의 차원에서 파악한 연구들을 차례로 살펴보기로 한다.

1) 단일 차원의 연구

단일 차원의 연구는 노사관계를 대립과 협력의 단일 차원에서 파악한 연구들이다. Harbison and Coleman(1951), Selekman et al.(1964), Walton and McKersie(1965), Fulmer(1982), Cohen-Rosental and Burton(1993), Woodworth and Meek(1995)의 연구들이 이 유형에 포함된다.

Harbison and Coleman(1951)은 단체교섭의 사례연구를 통해서 노사협력의 개념을 분류하였다. 이어서, Cohen-Rosental and Burton(1993)은 이들이 분류한 휴전(armed truce), 조화(working harmony) 및 노사협력(union-management cooperation)에 대립(open warfare)의 개념을 추가하여 노사관계의 연속선을 구성하였다(그림 8-2 참조).

출처: Cohen-Rosental and Burton(1993)

그림 8-2. 노사관계의 연속선

먼저, 대립은 단체교섭과 같은 제도화된 갈등의 해소방법조차 활용되지 않은 전면전(open warfare)을 의미한다. 휴전상태는 경영자는 노조를 필요악으로 인식하고 노조는 경영자들의 조치에 도전하고 항의하는 것이 주요 업무라고 생각한다. 또한, 노사는 공동으로 의사결정해야 할 이슈가 무엇인지에 대하여 기본적인 의견의 불일치를 경험하고 있으며, 문제의 해결은 노사 간의 상대적 권력의 크기에 따라 단체교섭을 통해 결정되므로, 서로 노동자들의 충성을 얻기 위한 노사 간의 경쟁이 존재하는 상태를 의미한다.

조화상태는 사용자가 노조를 부채인 동시에 자산이라는 신념에 근거하여 단체교섭을 진정으로 수용하고, 노조의 목표달성도 회사의 지속적인 번영이 좌우할 수 있다는 신념을 가지고 있다. 노사가 중요한 분야에서 갈등에 처해 있다고 하더라도 양당사자가 각자의 이익향상을 위한 타협의 성사가능성을 인식하고 있고, 공동논의와 협상을 요하는 문제들의 범위를 계속적으로 확대시키는 경향이 있다.

마지막 단계인 노사협력은 노조는 제도를 통해 저비용과 고효율성을 달성하기 위해 직원들과 협력적 활동을 기꺼이 조직하려 하고, 회사는 중요한 관리기능들을 노조와 공유하려는 의지를 가지고 있다. 노사는 생산의 문제점을 해결하고 효율성을 저해하는 장애물들을 제거하기 위하여 공동책임을 지며, 노사협력이 양 당사자들에게 이득이 된다는 분명한 확신과 함께 상호신뢰에 대한 외적인 표명이 있다(Cohen-Rosental and Burton, 1993).

Fulmer(1982)는 Selekman et al.(1964)가 분류한 노사관계의 연속선을 발전시켜 미국의 1970년대와 1980년대의 노사관계 상태를 비교분석하는 데 활용하였다. 분류자체는 Cohen-Rosental and Burton(1993)과 유사하게 4가지로 분류하였고, Fulmer는 이를 조작적으로 정의하여 실제 노사관계 수준을 측정하는 도구로 활용했다는 것이 특징이다. 표 8-3에서 보면, 1970년대에는 대략 견제와 양보수준의 노사관계라고 응답한 반면, 신자유주의적 정책이 도입되고 시장에서의 경쟁이 치열해지는 1980년대에는 상대적으로 협력적 노사관계로 평가하였다.

▼ 표 8-3. 노사관계의 분류(Fulmer, 1982)

구분	개념	척도	응답비율(%)	
			70년대	80년대
갈등 (conflict)	양당사자들은 서로를 용납하지 못함, 강제적으로 그렇게 되지 않는 이상 매우 제한적인 범위에조차 양보하지 않음	1	0.7	0.0
		2	5.1	0.7
견제 (containment)	엄격한 법적 의무에 대한 태도, 계약적 의무이행의 엄격한 관찰에 의존함	3	11.8	13.3
		4	24.6	14.8
양보 (accommodation)	단체교섭이라는 전통적인 영역에서 협력하는 경향, 당사자들은 일상에서 상대방에게 양보하려고 노력함	5	44.1	32.6
		6	10.3	28.9
협력 (cooperation)	임금, 시간 및 근로조건의 범위를 초월하는 호혜적 이슈에 관심을 넓힘. 공통의 이해관계로서 문제를 인정함	7	3.7	9.6

Woodworth and Meek(1995: 188)도 노사관계 상호작용의 유형을 좀 더 세밀하게 분류하여 하나의 연속선상에서 개념화하였다(그림 8-4 참조). 이들은 협조적인 관계는 구조로서가 아니라 과정으로 파악하는 것이 중요하다고 강조한다. 즉, 노사 간의 상호작용 형태에 따라서 대립과 협력의 수준을 파악해야한다는 것이다.

공개적 전쟁상태(open warfare)는 상대방이 자신의 요구에 굴복하도록 가장 극단적이고 치명적인 경제적 무기(노동조합: 파업, 기업유세전술 및 보이콧 등, 사용자: 노동자 대체, 직장폐쇄, 사업장 폐쇄 및 파산신청 등)를 사용하는 정도로까지 악화된다. 이보다 정도가 약한 것은 게릴라 전술(guerrilla tactics)인데, 이것은 노동자들에 의한 태업이나 사보타주 등을 예로 들 수 있다.

중앙에 있는 타협(compromise)의 단계는 전통적으로 단체교섭에서 가장 높은 수준의 협조 또는 가장 낮은 수준의 갈등이다. 타협은 일반적으로 양 당사자가 완전히 만족하지 못하는 협약을 맺기 위하여 그들의 요구사항 중 일부를 마지못해 양보하는 것을 의미한다.

반응적 문제해결(reactive problem solving)은 현 시스템의 운영과 관련하여 문제가 발생하든가 또는 새로운 시스템이나 기술을 실행하는 과정에서 문제가 나타나는 경우, 노사가 공동으로 이들 문제의 원인을 찾고 해결하는 상호작용 유형이다. 이것보다 좀 더 발전한 유형이 예측적 문제해결(anticipatory problem solving)로서, 새로운 시스템의 계획과 실행 단계에서부터 협력하는 것이다. 가장 협력적인 유형(joint future creation)이다. 이 경우에 노사는 공동으로 이상적인 미래의 상태를 창출하기 위해 공동의 전략결정, 계획 및 문제해결 과정에 참여한다.

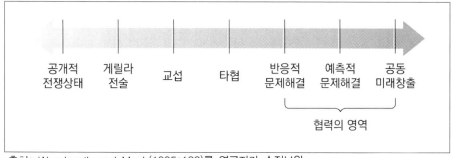

출처: Woodworth and Meek(1995:188)를 연구자가 수정보완.

그림 8-3. 노사관계의 상호작용 유형

마지막으로, Walton and McKersie(1965)는 널리 인용되는 입체적인 노사관계의 유형을 제시하였다(표 8-4 참조). 이들은 노사협조를 양 당사자 간의 사회적 상호작용의 관점에서 분석하여, 당사자의 동기, 상대방 인정도, 신뢰도, 호감도의 여러 차원에서 입체적으로 구분하였다. 이들에 의하면 '갈등'은 상대방을 파괴하고 약화시키기 위하여 노력하는 것으로서 상대방의 정당성을 거부하고 불신하며 증오하는 수준에까지 이른 상태를 의미한다. '견제 및 공격'도 상대방을 파괴하고 약화시키기 위하여 노력하는 것으로서 상대방의 정당성을 마지못해 인정하지만, 여전히 불신하며 반감을 갖는 수준이다.

　　'양보'는 상대방의 의견에 동의하여 자신의 주장을 수정하는 것으로서 현상을 인정하고 상대방에 대하여 제한적인 신뢰를 하고 있으며 호감도는 중간정도에 이르는 상태이다. '협조'는 호의를 가지고 상대방의 정당성을 완전히 인정하는 것에서 출발하며, 노동조합은 경영의 성공이 노동자들에게도 중요한 과제라는 것을 받아들이고 경영진도 안정적이고 효과적인 노동조합운동이 경영에 도움이 된다는 사실을 인정한다. 상대방의 목적을 달성할 수 있도록 하는 노력을 하고, 이것은 서로의 조직을 강화시켜 주는 방식으로 작용한다.

　　마지막으로 '공모'의 유형은 노사가 지나치게 친밀하여 서로의 본질에서 벗어난 행위를 하는 것으로서 노사대표의 어느 일방이나 쌍방이 스스로가 대표하는 구성원의 이해관계를 무시하고 상대방에게 양보하거나 협조하는 행위를 의미한다. 예를 들면, 어용노조 지도부가 노조원의 권익에 피해를 주면서 사용자에게 협조하는 행위를 하거나, 경영자가 회사의 이익을 훼손하면서 직원들에게 과도한 복지를 베푸는 것이 이 유형에 해당한다(표 8-4 참조).

구분	갈등 (conflict)	견제 및 공격(contain ment- aggression)	양보 (accommodation)	협력 (cooperation)	공모 (collusion)
동기적 성향과 상대에 대한 행동성향 (motivational orientation)	파괴 또는 약화를 위한 경쟁성향 (competitive tendencies to destroy or weaken)		준비 없는 개별적 정책 (individualistic policy of hands off)	지원 또는 보존을 위한 협력경향 (cooperative tendencies to assist or preserve)	
정당성에 신념 (belief about legitimacy)	정당성 거부 (denial of legitimacy)	마지못한 인정 (grudging acknowledgement)	현상태 인정 (acceptance of status quo)	완전한 정당성 (complete legitimacy)	미적용 (not applicable)
신뢰의 수준 (trust)	극적 불신 (extreme distrust)	불신 (distrust)	제한적 신뢰 (limited trust)	확장된 신뢰 (extended trust)	상호배신의 가능성에 기초한 신뢰 (trust based on mutual blackmail potential)
호의성 정도 (friendliness)	증오 (hate)	반감 (antagonism)	중립 (neutralism—courteousness)	호의 (friendliness)	친밀 (intimacy—"sweetheart relationship")

출처: Walton and McKersie(1965)

2) 협력과 참여의 2차원적 연구

그간의 연구들은 갈등과 협력을 노사관계의 연속선상의 양극단에 위치시킨 후 그 중간개념들로서 견제와 조화라는 개념을 추가하여 노사관계 수준을 일차원적으로 배치(one-dimensional continuum)하고 있다는 점이 특징이다. 김동원 (2000)은 위와 같은 일차원적 연속선보다는 협력과 참여의 두 차원을 통해서 좀 더 다차원적인 노사협력의 개념을 파악할 수 있음을 제시하고 있다(그림 8-4 참 조). 이 연구에서는 협력-대립의 차원이 노사 간에 서로를 대하는 태도나 자세를 중심으로 분류한 반면, 참여－비참여는 노사가 함께 일하는 구체적인 방법론이라는 점에서 이 분류는 노사관계의 제도적, 이성적 측면(참여－비참여)과 태도적, 감성적 측면(협력－대립)을 분리하고 있다.

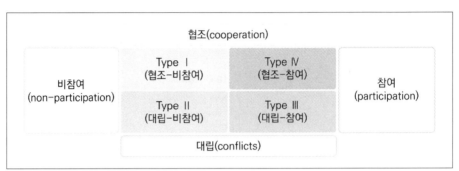

출처: 김동원(2000)

그림 8-4. 노사협력의 두 차원: 협조과 참여

Type I(협조－비참여)은 노조나 노사협의회 등이 사용자의 요구를 수용하여 양보하는 반면 경영에는 적극 참여하지 않는 유형이다. 노동조합이 사용자에 협조적인 반면 노동자를 위한 활동에 소극적인 일본의 기업들이나 비노조정책을 펴던 과거 삼성그룹의 노사관계가 이에 해당한다.

Type II(대립－비참여)는 노조가 사용자와 적대적으로 대립하며 투쟁을 통하여 직원들의 권익을 옹호하려는 유형이며, 사용자와의 생산적인 대화나 경영참가를 거부하는 유형이다. 혹, 노조 집행부가 경영에 참가할 경우 내부적으로 어용시비에 말려서 재선에 실패하는 경우가 많다. 노사관계가 대립적인 자동차산업, 특히, 미국의 GM이나 한국의 자동차기업과 대규모 제조업 중 상당수가 이 유형에 해당한다.

Type III(대립－참여)은 노조가 사용자의 요구에 대립적인 태도를 보이는 반면, 법과 제도로 정해진 경영참가를 통하여 현장의 권력을 행사하는 유형이다. 작업장평의회와 노동이사제 등 공동결정(co－determination)이 법으로 정해진 독일과 스웨덴의 기업이 이 유형에 속한다.

마지막으로, Type IV(협조－참여)는 노조가 사용자의 입장을 이해하여 협상에 반영하는 한편 경영에도 적극 참여하여 적극적으로 직원의 이해관계를 보살

피는 유형이다. Saturn, NUMMI 등 미국의 과거 초우량기업들이나 현재의 카이저 퍼머난테 병원그룹과 한국의 LG그룹이 이 유형에 해당한다.

(3) 노사협력에 대한 학문적 접근

노사협력에 대한 학문적 연구분야를 분류해 보면, 조직개발론적 접근과 교섭이론적 접근 및 경제학적 접근으로 나누어 볼 수 있다.

1) 조직개발론적 접근

초기의 노사협력에 관한 연구들은 주로 노동조합과 사용자 간 관계의 질적 변화를 촉진하는 조직개발(organizational development) 및 변화관리(change management) 프로그램의 일환으로서 노사협력을 접근하였다. Schuster(1984)는 그림 8-5와 같이 노사협력 발전단계를 자극, 도입결정, 프로그램의 성공적 운영, 지속적 노사협력 제도화의 4단계로 구분하였다.

출처: Schuster(1984:19)

그림 8-5. 노사협력 발전단계

보다 구체적으로 노사협력 프로그램을 도입하는 데 영향을 미치는 선행요인들을 탐색하는 것을 주요 목적으로 하는 도입결정모형에 대한 연구도 진행되었다. 대표적인 모형은 Lawler and Drexler(1978)의 모형으로, 이들은 근로생활의 질(QWL) 프로그램의 도입에 긍정적인 영향을 주는 선행요인(촉진요인)들과 부정적인 영향을 주는 선행요인(저해요인)들을 구별하여 모형을 구성하고 있다 (표 8-5 참조).

▼ 표 8-5. 노사협력 프로그램 도입결정모형

프로그램 도입을 촉진하는 요인들	프로그램 도입을 어렵게 하는 요인들
1. 프로그램이 협력적으로 운영된다면 노사공동의 목적을 달성할 수 있을 것이라는 기대 2. 변화에 대한 약한 저항 3. 노동조합은 구성원들을 위해 비경제적인 혜택도 성취할 수 있다는 기대 4. 대립적 관계의 극복을 위한 공감대	1. 목표 갈등(goal differences) – 노동조합: 고용안정, 높은 임금, 직무권리 – 경영진: 이익, 생산성, 조직유효성 2. 프로그램을 구조화할 수 있는 모형의 부족 3. 조직변화, 개발 및 심리, 직무재설계에 대한 지식과 경험부족 4. 장기간 지속된 대립적 관계 5. 관리자들과 노조간부들의 잠재적 권력손실 6. 단체협약에 대한 영향, 전통적인 조항의 개정계획과 실행에 소요되는 시간 7. 프로그램 성과에 대한 차별적 기대 8. 자격을 갖춘 컨설턴트의 부재

출처: Lawler and Drexler(1978)를 정리.

Lawler and Drexler(1978)는 프로그램이 협력적으로 운영된다면 노사공동의 목적을 달성할 수 있을 것이라는 기대가 있거나, 변화에 대한 저항이 약하거나, 대립적 관계의 극복을 위한 공감대가 있을 때, 노사협력 프로그램의 도입이 용이하다는 것이다. 반면, 노사 간 목표 갈등(goal differences)이 강하거나, 프로그램을 구조화할 수 있는 모형이 부족하고, 조직변화, 직무재설계에 대한 지식과 경험이 부족하며, 노사 간 장기간 지속된 대립적 관계가 있고, 자격을 갖춘 컨설턴트를 구하기 어려울 때 노사협력 프로그램의 도입이 어려울 것으로 보고 있다.

Kochan and Dyer(1976)는 프로그램이 도입되어 지속적으로 운영되는 전 단계에 걸친 모형을 구성하였다. 이 모형은 도입결정모형과 지속성모형을 포괄하고 있다는 점에서 통합적 성격을 갖는다(표 8-6 참조). 이 모형에서는 1단계로 변화를 위한 내부적, 외부적 압력이 고조되고, 공식적 노사교섭이 바람직한 효과를 거두지 못할 때 노사 양측은 노사공동 프로그램의 도입을 검토하게 된다고 보았다. 그리고, 2단계에서는 노사가 변화해야 문제를 해결할 수 있다고 인식하고, 당사자들 간에 프로그램의 목표설정을 교섭과 타협이 이루어지면 노사협력 프로그램이 도입된다고 한다. 이 모형의 3단계인 지속적 몰입유지 단계에서는 초기 목표설정의 타당성, 자극요인의 유지, 혜택의 공평한 배분, 협력영역의 유지 등이 존재하면 프로그램이 지속하게 된다고 간주하였다.

▼ 표 8-6. 노사협력 프로그램의 도입결정과 지속성모형

단계	영향요인	결과
1단계: 자극	1. 내부적 압력 고조 2. 외부적 압력 고조 3. 공식적 교섭절차의 효과 감소	공동 프로그램의 고려
2단계: 프로그램 참여결정	4. 문제해결 수단으로서 변화를 인식 5. 당사자들 간의 프로그램의 목표설정을 위한 교섭과 타협 6. 공모(coalition)나 개인적 권력집착에 의한 프로그램 방해시도의 부재	특정한 변화 프로그램 착수
3단계: 지속적인 몰입유지	7. 도입기에 가치 있는 목표달성 8. 향후 가치 있는 목표달성의 높은 가능성 9. 초기목표가 우선순위가 앞선 목표들에 대체되지 않음 10. 프로그램의 자극요인들이 강하게 유지됨 11. 혜택의 공평한 배분 12. 노동조합이 프로그램의 혜택을 수단으로서 인식 13. 프로그램이 전통적인 단체교섭 이슈를 침해하지 않음 14. 프로그램이 경영권을 침해하지 않음 15. 프로그램이 고충처리절차의 관할권을 침해하지 않음 16. 노동조합 간부가 어용화된 것으로 인식되지 않음 17. 프로그램이 교섭전술의 활용으로부터 보호됨 18. 노동조합 간부는 조합원들을 위해 배분적 이슈를 지 속적으로 추구	프로그램을 지속하기 위한 상호몰입

출처: Kochan and Dyer(1976)

2) 교섭이론적 접근

교섭이론적 접근은 이중이해관계모형(dual concerns model)에 그 이론적 근거를 두고 있다. 그림 8-6에서 보듯이 이중이해관계모형은 갈등해소의 여러 유형을 독단성(자신의 이익중시)과 협조성(상대방의 이익중시)의 정도에 의거하여 경쟁(contending), 회피(avoiding), 양보(accommodating), 타협(compromising) 및 협력(collaborating)의 다섯 유형으로 구분하고 있다.

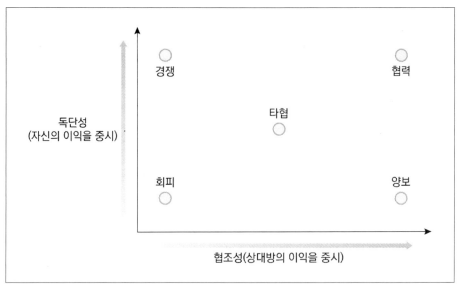

그림 8-6. 노사협력의 이론적 근거: 이중이해관계모형

이를 노사관계에 대입해본다면 경쟁은 노와 사가 서로 대립하며 힘겨루기를 하는 형태이고, 회피는 특정 사안에 대하여 노와 사가 모두 거론하지 않는 경우이며, 양보는 더 큰 이해관계를 고려하여 해당 사안에 대하여는 양보를 하는 것이고, 타협은 노와 사가 서로의 주장에서 조금씩 물러서서 중간점에서 타결하는 것을 의미하며, 협력은 노와 사가 양측의 이익을 함께 달성하기 위하여 쌍방이 당면한 문제해결을 위해 노력하는 것으로 볼 수 있다. 이는 노사 쌍방이 모두 이익을 극대화하는 해법을 찾는다는 의미에서 통합적 교섭(상호이익교섭, 윈 -윈교섭)과 같은 개념으로 볼 수 있다.

3) 경제학적 접근

Cooke(1991)는 노사협력의 원리를 파이 굽기와 나누기(baking and dividing pies)라는 비유를 활용하여 설명하고 있다. 이에 의하면, 노사는 고용관계에서 야기되는 총 효용(total utility, 외적보상과 내적보상을 포함)을 극대화하려는 공통의 이해관계를 가지고 있다. 한편, 노사 각자가 갖게 되는 효용을 절대 효용(absolute utility)이라고 하는데 고용관계는 이해관계의 갈등을 내포하고 있어서, 한쪽 당사자의 이익은 상대방에게는 이익의 감소가 된다. 이와 같은 이익갈등은 특정 시점의 상대적 힘(relative power)에 의해 해소된다.

각 당사자들이 극대화시키려는 절대 효용은 고용관계로부터 도출되는 총 효용에 의존할 수밖에 없다. 총 효용이 줄면 절대 효용도 무한정 늘어나기 어려우므로 총 효용의 분할에 있어서 노사양측이 과도한 힘을 행사하여 총 효용을 줄이는 것을 자제하게 된다. 즉, 노사 양측이 각자의 절대 효용만을 극대화하기 위해 힘을 사용할 경우 결국은 양 당사자 모두 얻는 것이 없게 된다. 결국, 노사 간의 협력을 통해 고용관계의 패턴을 생산적으로 변화시키는 정도에 따라 총 효용의 증대를 가져올 수 있다(그림 8-7 참조). Cooke(1991)는 기업이 대립구도를 극복하고 협력구도로 전환하여 직원존중, 능력개발, 경영참가, 성과배분 등의 정책을 채택하게 되고 노동조합과 노동자들이 이를 이해하고 이에 협력할 경우 그들의 헌신적인 자세 때문에 생산성은 향상되고 총 효용과 절대 효용이 함께 늘어날 수 있다고 주장하였다.

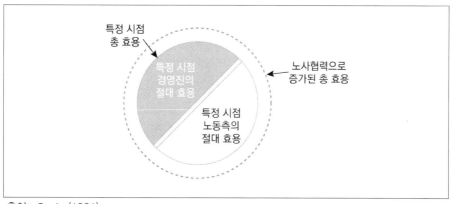

출처: Cooke(1991)

그림 8-7. 절대 효용과 총 효용의 개념도

(4) 노사협력의 측정도구들

기업단위에서 노사협력의 수준을 측정하기 위해서는 응답자의 주관적 인식(perception)을 대상으로 한 설문이 주로 이용되었다. 이는 노사협력이 태도적이고 감성적인 측면의 변수라는 점과 노사협력에 대한 객관적인 지표를 확보하기가 어렵다는 점을 반영하고 있다.

▼ 표 8-7. 노사관계분위기 설문항목

하위개념	세부항목
조화 (harmony)	1. 노사는 회사를 일하기 좋은 곳으로 만들기 위해 함께 노력한다.
	2. 노사는 서로의 목적으로 존중한다.
	3. 노사는 약속을 지킨다.
	4. 노사합동위원회는 구체적인 결과들을 달성한다.
	5. 노사 간에 상대의 견해에 대해 많은 관심을 가진다.
	6. 회사에서 교섭은 상호신뢰의 분위기 속에서 이루어진다.
	7. 노동자들은 노사합동위원회에 대하여 긍정적인 견해를 가진다.
	8. 단체협약은 회사의 노동자들에게 공정한 것으로 여겨진다.
	9. 노동자들은 그들의 고용조건에 대하여 공정하다고 생각한다.
	10. 공정성은 회사의 노사관계를 다루는 데 중요한 기준이다.
냉담 (apathy)	11. 노동자들은 노사관계의 질에 많은 관심을 갖지 않는다.
	12. 회사의 구성원들은 노동조합에 몰입하지 않는다.
	13. 회사에서 노동조합은 조합원들의 강력한 지지를 받는다.
	14. 노동자들은 교섭결과에 대하여 거의 관심을 표현하지 않는다.
	15. 현장활동가들은 존중받는다.*
적대감 (hostility)	16. 노사는 서로를 좋아하지 않는다.
	17. 회사의 노사관계는 적대적이라는 표현이 가장 적합하다.
	18. 경영진은 노조에 의해 주창된 변화에 자주 반대한다.
	19. 당사자들은 중요하지 않은 문제에 대해서도 정기적으로 다툰다.
	20. 목표달성의 최선의 방법은 당사자들이 공격성에 의존하는 것이다.
개방성 (openness)	21. 노사합동위원회는 변화를 이행하는 일반적인 수단이다.
	22. 당사자들은 정보를 자유롭게 교환한다.
	23. 노사 간에는 의사소통의 거의 없다.*
	24. 경영진은 변화를 시도하기 전에 노동조합의 의견을 반영한다.
신속성 (promptness)	25. 고충은 정해진 절차에 따라 신속히 해결된다.
	26. 노사는 그들의 차이를 해소하기 위해 오랜 시간을 소비한다.*

출처: Dastmalchian et al.(1991)

*는 역코딩을 의미함

1980년대부터 이루어진 노사협력에 대한 연구들은 주로 노동조합과 경영진 간의 대립적 관계를 협력적 관계로 전환시킬 수 있는 다양한 프로그램들의 도입 결정 및 프로그램의 성공요인을 파악하는 데 집중하였다. 이러한 연구들(Angle and Perry, 1986; Deery and Iverson, 2005)은 노사 간의 태도변화를 확인하기 위해 노사관계의 효과성변수(고충건수, 이직 등)와 함께 노사관계분위기(IR Climate)라는 변수를 주로 활용하고 있다. 실증연구에 의하면 노사관계분위기는 대체로 생산성, 품질, 서비스의 질 등 기업의 경영성과, 그리고 조직과 노조에 대한 몰입도와 긍정적인 상관관계를 보여준다(Dastmalchian, 2008).

노사관계분위기(industrial relations climate)의 측정도구는 Dastmalchian et al.(1991)과 Angle and Perry(1986)가 대표적이다(표 8-7, 표 8-8 참조). 이들의 측정도구들은 하위구성개념에서 약간의 차이를 보이고 있으나, 조직의 협력적 노사관계의 수준이라는 동일한 개념을 측정하였으며, 신뢰도와 타당도 측면에서 만족할 만한 수준을 보여주어 후대의 연구에서 많이 사용되고 있다. Dastmalchian et al.(1991)은 조화, 냉담, 적대감, 개방성, 신속성의 5가지 차원에서 모두 26개 항목으로 노사관계분위기를 측정하였고, Angle and Perry(1986)는 노사관계 일반, 협상특성, 고충처리의 차원에서 모두 25개의 항목으로 측정하였다.

▼ 표 8-8. 노사관계분위기 세부항목(관리자 응답용)

구분	세부항목
노사관계 일반	1. 노동조합은 경영진을 합리적으로 대우한다.
	2. 노동조합은 노동자 규율을 약화시킨다.
	3. 노동조합은 경영진이 올바른 경우 경영진에게 동의해 줄 것이다.
	4. 노동조합은 경영진에게 솔직하게 대한다.
	5. 노동조합은 그들의 권력을 남용한다.
	6. 노동조합은 경영진과 협력하려고 노력한다.
	7. 노동조합은 경영진의 애로사항을 이해하지 못한다.
	8. 노동조합에 대한 경영진의 관계는 만족스럽다.
	9. 노동조합과 경영진은 본래 적이다.
	10. 회사에서 노동조합과의 관계는 기존보다 향상되었다.
	11. 나는 회사에서 다음 해 안에 파업이 발생할 것으로 예상한다.
	12. 우리 회사에는 특정 이슈에 대한 해결을 규정하는 많은 규칙들이 있다.

협상 특성	13. 노동조합은 압력 전술을 활용한다.
	14. 노동조합과 경영진은 서로에게 적대적이다.
	15. 노동조합은 문제를 최소화하기 위해 양보한다.
	16. 노동조합은 새로운 아이디어를 들으려 하지 않는다.
	17. 노동조합과 경영진은 대부분의 정보를 공유한다.
	18. 노동조합은 그들이 주장하지 않은 어떤 것에도 동의하지 않을 것이다.
	19. 양측 모두는 새로운 해법을 찾기 위해 노력한다.
	20. 노동조합과 경영진은 문제에 대한 창의적인 해법을 찾기 위해 공동으로 노력한다.
고충 처리	21. 노동조합은 경영진측을 이해하기 위해 노력한다.
	22. 노동조합은 압력 전술을 활용한다.
	23. 노동조합은 '무엇이 올바른 것인가'의 문제보다는 조합원들의 지지하는 데 더 많은 관심을 둔다.
	24. 경영진은 적절한 정보를 노동조합과 공유한다.
	25. 노동조합은 모든 적절한 정보를 경영진과 공유한다.

출처: Angle and Perry(1986: 49)

02 경영참가

경영참가는 역사적으로 유럽과 미국의 다양한 시도들을 그 배경으로 하고 있다. 유럽에서는 주로 작업장에서의 산업민주주의(industrial democracy)의 실현을 주된 목적으로 발전된 반면, 미국에서는 테일러주의의 폐해를 줄이면서도 생산의 효율성을 극대화하는 참여경영(participative management)의 시도로서 발전하였다(Benson and Lawler, 2003). 실무적으로도 경영참가는 1970년대까지는 주로 산업민주주의를 확립하고 공장의 인간화를 위한 수단으로 도입되었다. 하지만, 세계화가 가속화되고 경쟁이 격화되는 1980년대 이후에는 경영참가는 주로 경영성과를 향상시키는 도구로서 도입되었다(Lansbury and Wailes, 2008).

경영참가(employee involvement, employee participation)는 참여경영(participative management), 노동자민주주의(worker democracy), 고참여 경영(high involvement management) 등의 여러 명칭으로 불려왔다. 경영참가(employee involvement)는 "조직의 성공에 대한 노동자들의 몰입을 장려하고 이들의 모든 역량을 활용하기 위하여 설계된 참여적 과정"(Cotton, 1993: 3) 혹은 "생산비용 절감, 제품의 품질 향상, 의사소통의 촉진, 직원사기의 진작, 갈등의 감소 등과 같은 목적을 달성하기 위해서 작업과 근로조건에 영향을 미치는 집단적 의사결정에 노동자들을 참여시키는 구조적이고 체계적인 접근"(Cutcher-Gershenfeld, 1991)으로 정의된다. 구체적인 경영참가 프로그램은 현장자율경영팀, 참여형 성과배분제도, Quality Circle, 직원 설문조사, 노사합동위원회, 노동자이사제도, 작업장평의회 등이 있다.

경영참가는 피고용인들에게 그들의 작업에 더 큰 의미를 부여하고 의사결정에 대한 참여를 확대하는 과정을 의미한다. 이러한 과정은 특히, 작업의 최일선에 있는 피고용인들에게 작업방식을 통제할 수 있는 권한을 부여하고, 작업과정을 향상시키기 위해 그들의 지식과 기술을 활용할 수 있도록 하는 특징을 가진다. 이와 같은 활동들은 피고용인들에게 심리적 만족감과 지식의 증대를 가져오고, 최종적으로는 조직의 생산성 향상과 같은 성과의 향상에 기여하는 메커니즘을 형성하고 있는 것이다.

이를 좀 더 구체화시키면, 경영참가는 권한, 정보, 지식, 보상의 4가지 구성요소로 이루어진다. 권한(power)은 조직에서의 의사결정과정을 말하며, 전략적 의사결정부터 일상적 의사결정을 포괄한다. 정보(information)는 경영성과부터 피고용인들의 성과에 대한 것까지 공유된 의사소통의 다양한 형태로 나타난다. 지식(knowledge)은 피고용인들의 기술, 능력 및 지식을 의미하며, 경영참가의 중심에는 의사결정과 조직운영에 대한 피고용인들의 전문성과 지식이 자리하고 있다. 따라서 경영참가의 효과를 극대화하기 위해서는 피고용인들에 대한 훈련과 개발을 강조한다. 마지막으로, 보상(compensation)은 경영참가의 효과성에 핵심적인 요소가 된다. 보상은 피고용인들에게 참여에 의한 성과향상이 보상의 증대로 연계됨을 인식하게 되고, 그로 인하여 권한과 정보 및 지식에 대한 중요성을 부각함으로써 좀 더 효과적인 경영참가의 선순환을 형성하게 된다는 것이다(Lawler, 1988).

(1) 경영참가에 대한 이념적 접근

경영참가를 바라보는 관점은 노사관계의 본질이라고 할 수 있는 갈등에 대하여 어떠한 가정을 하는가에 따라 달라진다. 여기서는 파트너십의 개념을 중심으로 Guest and Peccei(2001)가 분류한 경영참가의 이념적 구분을 소개하기로 한다.

1) 일원론적 접근

이 관점은 사용자와 피고용인의 이해관계 통합을 명시적으로 추구하는 동시에, 개개 피고용인들의 조직에 대한 헌신과 몰입, 만족도의 최대화를 도모한다. 이 관점은 경영참가의 구성요소로서 개별 직원에게 응용가능한 정책과 제도들을 강조하는데 특히, 기업 내의 사용자와 피고용인 사이의 이해관계를 통합하기 위한 주요 기제로서 재무적 인센티브와 지분공유에 초점을 둔다. 노동조합 등을 통한 대의적, 집단적 경영참가를 중시하는 다원주의적 접근과 달리 일상적인 활동에서 직원의 직접적인 참여(direct participation)와 관련한 다양한 형태를 강조한다. 피고용인 개인의 직접적 참여를 통한 공헌을 강조하는 것이다. 참여 방식이 피고용인 개인의 직접 참여로서 개인 직무의 범위를 넘기 어렵다는 점에서 한계를 가진다.

2) 다원주의적 접근

이 관점은 산업민주주의 이념에 의한 경영참여를 그 근간으로 하고 있으며, 노동과 자본은 명백히 다른 이해관계를 가진다는 점을 분명히 하고 있다. 자본이 자발적으로 노동을 위한 잉여가치의 재분배에 동의하기 어려우므로 입법에 의한 제도화를 통해 공동결정, 노사협의 및 의사소통의 권리를 규정하는 방식이 도입되어야 한다고 본다. 이러한 예는 독일이 대표적이며 유럽의 작업장평의회(european works council)도 이러한 관점을 따르고 있다. 다원주의적 접근방식의 핵심적 특징은 피고용인의 직접적인 경영참여보다는 대의기구(a representative system)의 활용이다. 이 대의기구는 반드시 노동조합일 필요는 없으며 주로 직접 선출된 대표기구를 포함한다. 이와 같은 대의기구는 기업에서 독립적인 피고용인의 의견개진의 가능성을 확보하기 위한 간접적 참여방식을 구성한다.

3) 혼합적 접근

혼합적 접근방식은 위의 두 가지 접근방식의 요소들을 결합하고 있다. 이 관점은 다원주의적 가정을 기초로 하고 대의시스템의 중요성을 인정하는 동시에, 개별 직원들의 직접 참여방식의 이점과 경영참가가 양측모두에게 이득이 된다는 것을 강조한다. 이것은 Kochan and Osterman(1994)의 상호이익모형(the mutual gains model)이 개인 또는 이를 대표하는 기구가 경영진과 협력할 때 고용안정, 유연성 확보 및 생산성 향상이라는 성과를 공유할 수 있다는 주장과 일치하는 것이다.

혼합형 접근방식의 핵심적인 아이디어는 경영참가가 장기적으로 뿌리내리고 발전하기 위해서는 직원의 개별적인 경영참가와 대의적 경영참가가 동시에 이루어지는 것이 더 효과적이라는 것이다. 특히, 대의적인 경영참가는 경영측에 의한 일방적인 지배를 방지하는 데 필요하다는 믿음이 자리 잡고 있다. 혼합적 접근의 개념은 일원주의에서 강조하는 개인주의적 인적자원관리활동과 다원주의에서 강조하는 집단주의적 노사관계활동을 모두 포함한다.

4) 급진적 접근

급진적 접근은 자본과 노동 간의 근본적인 완전한 갈등(pure conflict)을 가정하고 있어서 노사 간에는 화해할 수 없는 대립적 이해관계가 존재한다고 본다. 노동조합은 노동자를 위한 존재이긴 하지만 자본주의 체제하에서 노동자의 근로조건을 피상적으로 향상시켜서 근본적인 계급갈등을 드러나지 않게 하여 계급혁명을 저해하는 역할을 한다고 주장한다. Engels의 주장대로 계급갈등은 '오도된 의식(false consciousness)'에 의해 가려질 수는 있지만, 자본주의사회에서는 항상 존재한다고 본다.

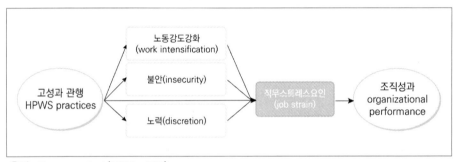

출처: Ramsey et al.(2000: 506)

그림 8-8. 비판적 노동과정모형(labor process model)

구체적으로, Ramsey et al.(2000: 501)은 고성과관행이라는 이름하에 행해지는 경영참가는 노사의 상호이익 추구라는 가면을 쓰고 있지만, 실제로는 전통적인 생산방식에 비하여 노동강도·불안감·노력을 더 강화시키고 직원들의 스트레스를 증가시켜서 조직성과를 향상시키는 기만적인 시스템일 뿐이라고 주장한다. 이는 Braverman(1974)의 노동과정개념화(labor process conceptualization)를 경영참가에 적용시킨 것이며, 자본은 어떠한 명목이든 착취를 위해 노동강도 강화를 통해 이윤을 창출하는 경향을 가진다고 주장한다(Ramsey et al., 2000).

▼ 표 8-9. 경영참가에 대한 시각차이: 이념적 접근에 따른 구분

구분	일원론적 접근	다원주의 접근	혼합적 접근	급진적 접근
노동조합	불필요한 제3자	대표적 대의기구	협력적 노동조합의 중요성	필요한 존재이지만 갈등의 호도 가능성
경영참가	직접참여 강조	독립적 대의조직 강조	대의적 참여, 직접참여 모두 중요	갈등의 호도 가능성

출처: 김동원 · 김윤호(2007)

이러한 논의와 관련하여, 노동조합의 협상력이 현저히 하락한 상황에서는 경영참가가 경영성과 향상의 도구로만 활용되는 현실을 보여주는 연구들이 있다. 폐기가능 사업장(disposable workplace) 가설(Drago, 1996)에서는 경영참가가 공장 간 경쟁(집단토너먼트)을 통해 열등한 공장을 구조조정하는 환경에서 피고용인들이 경영성과를 올려 구조조정을 피하기 위하여 자발적으로 경영참가에 동의하고 실시한다는 점을 보여준다. 이 가설은 최근의 경영참가가 경영성과는 올려주지만, 노동자들의 복지는 향상시키지 않는다는 점을 의미한다는 점에서 급진적인 접근과 비슷한 측면이 있다. 또, 무한경쟁하에서 공장 간 경쟁을 통한 구조조정을 피하기 위해 노조지부에서 상급노조단체의 방침에 반하는 노사협력과 경영참여를 결정한다는 wildcat cooperation(Streeck, 1984) 현상도 비슷한 맥락을 보여주는 것이다.

(2) 경영참가와 조직성과[39]

산업민주주의를 실현하기 위한 시도로써 경영참가제도가 정착된 유럽의 경우(예를 들면, 독일, 스웨덴의 co-determination 제도)와는 달리, 미국의 경우에는 이 제도가 기업의 경영성과를 향상시킨다는 보다 실질적인 이유로 인해서 경영참가제도가 도입되어 왔다. 또한, 기업들이 경영참가에 관심을 보이고 있는 가

---

39) 이 부분은 김동원(1996)의 설명을 수정·보완하고 업데이트한 것임을 밝혀둔다.

장 큰 이유도 이 제도가 기업의 경쟁력향상에 기여할 수 있을 것이라는 믿음에 근거한 것이다.

경영참가제도와 조직효율성과의 상관관계는 이 분야에서 가장 많이 다루어진 주제 중의 하나로서 지난 수세기 동안 경영참가를 예찬하는 학파와 이를 비판하는 학파사이에 많은 논의와 실증적인 연구들이 진행되어 왔었다. 이하에서는 경영참가제도가 기업의 경영성과에 미치는 영향에 대한 이론적인 논의들과 실증적 연구결과를 소개하기로 한다. 우선 경영참가제도가 조직의 효율성에 미치는 영향을 논의한 학설들을 대리인/거래비용모형, 집단압력모형, 관료주의적 통제모형, 그리고 이성적 참가와 감성적 참가모형의 순서로 소개하고자 한다. 경영참가제도가 조직의 효율성에 부정적인 영향을 미치는 것으로 보는 시각도 있지만, 대부분의 이론들은 긍정적인 영향을 미치는 것으로 예측하고 있다.

1) 대리인/거래비용모형(agency/transaction cost model)

대리인/거래비용모형은 신고전주의 경제학이론에 근거한 대리인이론과 거래비용이론으로 경영참여제도의 효과를 예측한 학설로서 Levine and Tyson(1990)이 비판적 시각에서 이 모형을 소개한 바 있다. 대리인이론(agency cost model)에 의하면, 조직의 자본을 소유한 자본가는 자신을 대신하여 기업을 운영할 대리인을 선정하게 되는데, 이들 대리인이 기업을 운영하면서 자본가의 이익을 극대화하는 방향으로 기업을 경영하도록 동기를 유발하는 데에 소요되는 비용을 대리인비용(agency cost)으로 본다. 대리인이론에 의하면 한 조직 내에 대리인의 숫자가 많으면 많을수록 대리인들을 감시감독하는 비용(monitoring cost)이 증가하여 그 기업의 경영이 비효율적으로 된다는 것이다. 따라서 자본가의 입장에서는 대리인의 숫자를 줄이면서 각 대리인이 자본가의 이익을 위하여 기업을 경영할 수 있도록 하는 것이 효율적이라는 결론을 유추할 수 있다. 이러한 대리인이론의 견해에서 경영참가제도를 고찰하면, 경영참가제도는 그 정의상 보다 많은 직원들을 기업의 경영과 관련된 의사결정에 참여시키는 제도이므로 감시감독비용의 필연적인 증가로 인하여 기업의 효율성이 떨어질 수밖에 없다는 결론에 도달하게 된다.

이와 비슷한 논리로, 거래비용모형(transaction cost model)에서도 경영참가제도의 실시는 기업의 경영성과에 부정적인 영향을 미치는 것으로 보고 있다. 거래비용은 기업 내부의 의사결정과정에서 파생되는 비용으로서, 의사결정과정에서 참가자들 사이의 의사소통과 이해조정의 시간과 비용을 의미한다. 거래비용모형에 의하면 경영자 혹은 관리자의 숫자가 많아질수록 기업의 의사결정에 걸리는 의사소통의 시간과 비용이 많이 든다고 한다. 따라서, 의사결정에 참여하는 참가자의 숫자를 증가시키는 경영참가제도는 이 제도를 실시하지 않고 경영자들에게 의사결정권을 일임하는 경우보다 거래비용이 커지게 되므로, 경영참가제도는 기업의 경영의 비효율성을 초래한다는 것이 거래비용모형의 논리적 귀결이다.

이러한 대리인/거래비용모형(agency/transaction cost model)에 의하면, 직원들의 노력여하에 상관없이 경영참가제도를 실시하는 것은 기업의 경영성과에 부정적인 영향을 미친다는 것이다. 그러나, 이 모형은 대리인/거래비용이론을 경영참가제도에 대입하여 형식적으로 논리를 전개한 성격이 강하다. 이 모형들에 의하면, 경영참가제도를 실시하는 기업은 경영참가제도를 실시하지 않는 기업보다 비효율적이라는 입장을 취하고 있는데, 이는 경영참가제도가 기업의 경영성과에 긍정적 효과를 갖는다는 많은 수의 실증적 연구결과와 상충된다.

2) 집단압력모형(group monitoring and sanctioning model)

집단압력모형은 전술한 대리인이론과 비슷한 논리를 전개하지만 경영참가제도가 기업의 효율성에 미치는 영향에 관하여 정반대의 결론을 내리고 있다. Levine and Tyson(1990)에 의하여 소개된 이 모형은 기업의 내부경영을 게임이론의 틀 속에서 설명하고 있다. 즉, 모든 직원들이 열심히 일하고 그 보상을 함께 나누어 가지는 것이 조직의 가장 이상적인 형태이지만, 실제 기업경영에서는 일부의 직원들이 열심히 일하지 않고도(shirking) 보상을 받는 것이 가능한데 그 이유로는 기업의 감시감독기능(monitoring)이 완벽하지 않기 때문이라는 것이다. 따라서, 경영참가제도는 기업의 감시감독기능을 강화하고 직원들이 나태해지는 것을 방지하기 위한 수단으로 채택된 것으로 보고 있다. 집단압력모형에 의하면, 경영참가제도를 실시할 경우, 직원들이 경영에 대한 책임을 나누어 가짐으로써, 일부 직원들이 열심히 일하지 않는 것을 동료집단의 압력을 통하여 방지한다는 것이다. 따라서, 경영참가제도를 실시하는 경우 직원들 스스로가 감시감독기능(monitoring)을 수행하는 것으로 보고 있다. 즉, 경영참가제도는 직원들의 자발적인 노력을 이끌어 냄으로써, 기업의 전반적인 감시감독비용(monitoring cost)을 감소시킬 수 있다는 것이다. 따라서, 집단압력모형에서는 경영참가제도는 집단적 감시감독기능을 통하여 조직의 효율성을 증진시킬 것으로 예측하고 있다.

3) 관료주의적 통제모형(bureaucratic control model)

관료주의적 통제모형은 조직사회학적인 측면에서 경영참가제도를 분석한 것이다. Kelley and Harrison(1992)에 의하면, 대부분의 기업(특히 대기업)의 경우 직무세분화와 세밀한 규정에 의한 경직된 조직운영으로 관료주의의 폐해를 경험하고 있는 것으로 보고 있다. 즉, 관료주의제도는 조직의 효율성보다는 상대적으로 조직운영과정의 적법성과 자원배분의 공평성을 강조하여 조직의 운영규정을 세밀하게 규정함으로써, 외부의 도전에 기민하게 대응할 수 없도록 조직을 경직적으로 노화시키고 조직 내부의 의사결정에 드는 비용을 증가시켜서 조직을 비효율적으로 만든다는 것이다. 관료주의적 통제모형에 의하면, 경영참가제도는 조직의 하부구성원들이 기존의 경직된 규정에 얽매이지 않고 조직의 활성화를 위한 창의적 제안을 함으로써 조직이 지나치게 관료화되는 것을 방지하는 수단이 된다는 것이다. 즉, 경영참가제도는 기업의 의사결정구조를 보다 탄력적이고 융통성 있게 변화시킴으로써 기업의 효율성을 증가시킨다는 것이다. 관료주의적 통제모형에서는 경영참가제도를 실시함으로써 관료주의의 장점인 공평성(fairness)은 저하될 가능성이 있지만, 그 반면 조직의 경직성을 완화하여 효율성을 제고할 수 있다고 보고 있다.

4) 이성적 참가와 감성적 참가모형(cognitive and affective model)

이성적 참가와 감성적 참가모형은 Miller and Monge(1986)에 의해 처음 제시되었다. 이성적 참가모형은 직접 업무에 종사하는 직원들이 감독자나 관리자보다 업무에 대한 이해와 지식이 깊으므로, 경영참가제도를 통하여 이들을 의사결정과정에 참가시킴으로써 작업방식의 개선과 효율향상에 긍정적인 효과를 거둘 수 있다고 보는 견해이다. 이성적 참가모형에 의하면, 직원들이 경영에 참가하는 과정에서 그들의 업무지식이 확충되어 작업효율을 더욱 향상시키는 효과를 거둘 수 있다.

한편, 감성적 참가모형에서는 직원들이 의사소통과 경영에 참가함으로써 자기실현욕구의 충족을 통한 직무만족도가 증가하고 동기유발과 사기진작이 이루어져 작업의 성과가 향상된다고 주장한다. 감성적 참가모형에 의하면, 경영참가제도는 조직의 성과에 직접적 영향을 미치기보다는, 직원의 직무만족과 사기증진이라는 간접적인 통로를 통하여 조직의 효율성을 증진시킨다고 보는 것이다.

Cummings and Worley(2005)는 이 논의를 더욱 발전시켜서 경영참가는 의사소통, 동기부여(감성적 참가), 업무능력(이성적 참가)의 향상을 통하여 생산성 향상을 가져온다는 모형을 제시하였다(그림 8-9 참조).

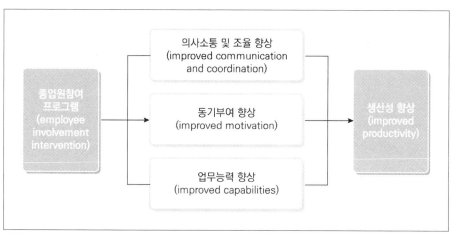

출처: Cummings and Worley(2005)

그림 8-9. 경영참가와 생산성과의 관계

5) 경영참가와 조직성과에 대한 실증연구의 결과

실증적인 연구결과를 보면 대부분의 경영참가 프로그램들이 생산성, 품질 등 조직의 성과와 만족도, 몰입도 등 직원의 태도에 긍정적인 관계를 보이고 있는 것으로 나타난다. 따라서, 위의 이론적 모형의 예측과 대체로 일치하는 결과를 보여준다.

하지만, 경영참가제도는 그 형태의 다양성만큼이나, 그 효과면에서 각 유형별로 많은 차이를 보여주고 있다. 또한, 같은 형태의 경영참가제도를 실시하는 기업들의 경우에도 각 기업이 처한 환경이나 직원들의 성향, 실시방법의 차이에 따라서 서로 상이한 성과를 거두게 되는 것으로 기존의 문헌들은 보여주고 있다. 대표적인 경영참가제도에 대한 실증적인 연구결과들을 종합하여 보면 다음과 같이 결론을 내릴 수 있다.

첫째, 다른 형태의 경영참가제도와 비교할 때, 현장자율경영팀과 참여형 성과배분제도가 기업의 경영성과 향상과 직원 근무태도개선에 보다 긍정적인 효과를 거두는 것으로 결론지을 수 있다. 이 두 제도는 기존의 조직을 자율경영조직으로 철저히 개조하거나(현장자율경영팀의 경우), 직원의 참여욕구와 금전욕구를 함께 충족시키는 것을 목표로 할 경우(참여형 성과배분제도의 경우), 경영참가제도가 긍정적인 효과를 거둘 가능성이 크다는 것을 시사하고 있다. 특히, 참여형 성과배분제도에 관한 연구결과는 경영참가제도의 효율성증대를 위해서는 급여제도의 개혁을 수반하는 것이 바람직하다는 점을 보여주고 있다. 다만, 이러한 제도들은 실시과정이 비교적 복잡하고 그 실시에 앞서서 참여형 기업문화의 존재가 요구되는 제도로서, 다른 제도보다는 그 시행이 어렵다는 점이 단점이라고 할 수 있다.

둘째, 경영참가제도 중 경영참가의 정도가 가장 미약한 제도인 Quality Circle과 직원설문조사제도는 경영성과의 향상에도 큰 영향을 미치지 못하고 있다. Quality Circle의 경우 구성원들의 주관적 평가에서 비교적 바람직한 결과를 보여주고 있으나 생산성 및 품질향상 등 실질적인 경영성과 개선의 증거는 미약하며, 직원설문조사 또한 의사소통을 원활히 하는 효과를 가지는 데 그치는 것으로 보인다. 이 두 제도와 전술한 현장자율경영팀을 비교한다면, 직원이 의사결정에 실질적으로 참여하는 정도와 그 제도의 효과는 서로 비례한다는 단순한 결론을 내릴 수도 있다. Quality Circle과 직원설문조사제도는 조직의 기업문화가 아직은 본격적인 경영참가제도를 시행하기에 부적합한 권위주의적 체제하에 있을 때, 보다 적극적인 경영참가제도의 도입에 앞서서 실시할 수 있는 시험적인 제도로 사용될 수 있을 것이다.

셋째, 노사합동위원회는 기업의 경영성과 향상보다는 노사관계의 증진에 더 큰 영향을 미치는 것으로 보이는데, 이는 노사합동위원회가 기존 조직의 의사결정구조를 근본적으로 변경시키는 제도가 아니며 자문기구로서의 성격이 강한 점에 기인한 것으로 볼 수 있다. 다만, 노동조합이 기업의 전략적인 의사결정에 실질적으로 참여할 경우에는 경영성과의 증진에도 긍정적인 기여를 하는 것으로 밝혀지고 있다. 그 이유로는 노사합동위원회의 효과는 노사합동위원회에 참여하는 경영층과 노조간부가 조직 내부에서 가지는 권한에 상당 부분 달려 있으며, 전략적인 의사결정에는 노사 쌍방의 최고의사결정권자(노조위원장, 사장 등)가 함께 참여하여 이들의 합의가 조직의 의사결정구조에 보다 심대한 영향을 미치기 때문인 것으로 해석할 수 있다. 이러한 결과는 경영참가제도의 성공을 위해서는 노사양측의 상부의사결정집단이 이 제도를 지지하고 참여하는 것이 중요하다는 점을 시사해주고 있다.

마지막으로, 주로 유럽에서 법률에 의하여 그 실시가 규정되어 있는 노동자 이사제도와 작업장평의회(works council)는 기업의 실질적인 경영성과(즉, 생산성, 품질, 조직효율성 등)에 미치는 영향이 미약한 것으로 나타나고 있다. 이러한 제도들은 기업차원이나 작업장에서의 산업민주주의 실현이라는 상징적인 효과가 기업의 경영성과나 작업환경개선이라는 실질적인 효과보다 더 뚜렷한 제도라고 할 수 있다.

이 제도들을 실시하고 있는 각 국가별로 진행된 연구들을 살펴보면 이 제도의 효과를 거두는 정도가 나라별로도 현저하게 차이가 난다는 점을 보여주고 있는데, 이러한 국가별로 상이한 결과는 단지 노동자이사제도의 시행상의 차이점에서 기인한 것이라기보다는 그 나라의 노사관계 시스템의 전반적인 특징과 관련이 있는 것으로 보인다. 독일의 경우, 오랜 노사공동결정(co-determination)의 역사와 강력한 노조의 존재와 지지, 사회민주주의 정치적 성향 등이 복합적으로 작용하여, 이러한 법률적인 경영참가제도가 직원의 실질적인 참여를 이끌어 낼 수 있는 환경이 조성되어 있다고 할 수 있다. 실제로, 작업장평의회의 성과를 실증적으로 검증한 연구에 의하면 독일 등 일부 국가의 긍정적인 결과를 도출하고 있으나 그 외의 국가에서는 미미한 성과를 거둔 것으로 나타난다 (Frege, 2002; Jenkins and Blyton, 2008; Kleiner and Lee, 1997; Kim and Kim, 2004; Rogers and Streeck, 1995). 이러한 사실은 경영참가제도도 한 국가의 노사관계 시스템의 일부로서, 이 제도가 바람직한 결과를 거두기 위해서는 전체 시스템과의 조화가 필요하다는 점을 보여주고 있다(김동원, 1996; Cotton, 1993; Godard, 2004).

(3) 경영참가가 노동조합에 미치는 영향

경영참가제도는 노동조합에 있어서 기회임과 동시에 위기로 인식된다. 먼저, 경영참가제도가 노동조합에 갖는 부정적인 측면으로는, 우선 경영참가제도가 실시됨으로 인해서 노조원들이 노조에 갖는 흥미를 감소시킬 수 있는 가능성이 있다는 점이다. 경영참가제도를 통하여 사측에서 경영성과뿐만 아니라 직원의 근무환경개선을 위하여 각 직원들의 의견을 경영에 반영하게 될 때, 직원은 노조를 거치지 않고도 자신의 이익을 대변할 수 있는 통로가 생기는 것이다. 즉, 경영참가제도가 노조의 역할을 대신하게 되는 경우인데, 노조가 없는 기업의 경우 노조결성 움직임을 저지하기 위하여 경영참가제도를 실시하는 경우가 있음을 볼 때 노조측의 이러한 우려는 단순한 기우라고 볼 수만은 없는 것이다. 또한 일부 기업에서는 기존 노조의 세력을 약화시키기 위한 방안의 하나로 경영참가제도를 도입하는 사례도 같은 맥락에서 이해될 수 있다.

경영참가제도가 노동조합에 미치는 또 하나의 부정적인 영향으로는 노동조합과 회사가 체결한 단체협상의 규정들이 경영참가제도의 결과로 인하여 변경되는 경우이다. 예를 들면, 작업조직이나, 시간외 근무 등에 대한 단체협약사항이 경영참가제도를 실시과정에서 변경되는 경우, 이는 노동조합이 사내에서 갖는 위상을 위협하는 계기가 된다. 대부분의 경우, 경영참가제도는 단체협약에 규정된 사항을 변경할 수 없는 것으로 노사 간에 합의를 한 후 이 제도를 시행하게 되지만, 이러한 경우에도 직원들에게는 노동조합이 오히려 경영참가제도의 원활한 운영에 걸림돌이 된다고 여겨지게 될 가능성이 있다.

한편, 경영참가제도가 노동조합에 미치는 긍정적인 영향으로는 경영참가제도의 결과 회사의 경쟁력이 강화될 경우 이는 장기적으로 조합원의 고용안정과 소득증대를 위한 발판이 되는데, 이러한 성과들은 노조원의 이익보호라는 노조의 전통적인 목표에 합치하는 것이다. 또한, 갈수록 무한경쟁에 시달리는 기업현실을 생각할 때, 기업의 경쟁력강화는 궁극적으로 조합원의 해고를 방지하여 노조의 존립기반을 공고히 한다는 점에서 이러한 결과는 노조에 있어서도 더할 나위 없이 소중한 것이다. 특히 노동조합이 경영참가제도에 적극 협조하여 이러한 바람직한 성과를 이끌어 내었을 경우, 이는 노조의 위상을 강화하고 노동조합 집행부에 대한 조합원들의 지지를 확충할 수 있는 계기가 될 수도 있다.

03 고성과작업조직

고성과작업조직에 대한 연구는 먼저 고몰입 인적자원관리(high commitment HRM), 혹은 고몰입 관리(high commitment management)에 대한 연구로부터 시작되었다. 이를 이어받아 1990년대 중반부터 고성과작업조직에 대한 연구가 진행되었다.

(1) 고몰입 인적자원관리

고몰입 인적자원관리의 개념은 Walton(1985)이 제시한 몰입형 인력관리전략에서 유래되었다. 그에 의하면 노동자들이 조직과 그들의 직무에 대하여 높은 수준으로 몰입함으로써 인력관리의 다양한 목표들을 최대화할 수 있다고 하였다. 그는 몰입, 통제 등 고용관계를 관통하는 철학이나 논리에 따라 개개의 인적자원관리 기법들이 묶음(bundle)으로 함께 실행된다는 점을 지적하였다는 점에서 후대의 고성과작업조직 이론의 시발점이 된 것으로 볼 수 있다.

Walton(1985)은 전통적인 통제형, 전환형, 가장 이상적인 몰입형으로 인력관리전략을 구분하였다. 몰입형 인력관리 유형의 구성내용을 보면, 팀과 유연한 직무정의 및 개인책임으로 구성되는 직무설계의 원리나 정보공유와 참여를 강조하는 의견개진경로의 마련 등의 부분에서 경영참가의 개념을 포괄하고 있다. 반면, 공유된 목표, 가치, 전통에 기초한 조정과 통제, 집단성과의 강조 및 고용안정에 대한 노력 등 개인과 조직의 가치일치 및 개인노동자들의 몰입과 헌신을 유도하려는 관행들이 몰입형 인적자원관리의 특징적 구성요소로 분류된다.

(2) 고성과작업조직

고몰입 인적자원관리와 비슷한 맥락하에 1990년대 중반부터 보다 정교한 고성과작업시스템에 대한 연구가 고용관계 분야에서는 고성과작업조직(high performance work system)이라는 이름으로(Cappelli and Neumark, 2001; Ichniowski et al., 1996; MacDuffie, 1995; Osterman, 2000; Ramsey et al., 2000), 인적자원관리 분야에서는 전략적 인적자원관리(Strategic Human Resource Management, SHRM)라는 명칭으로(Arthur, 1994; Delery and Doty, 1996; Huselid, 1995) 비슷한 시기에 진행되었다.

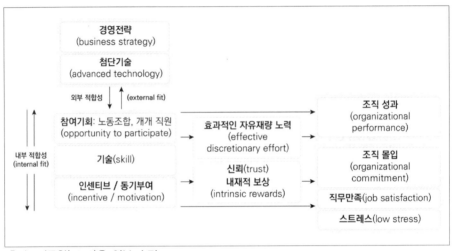

출처: 김동원(2000)을 일부 수정.

그림 8-10. 고성과작업시스템의 이론적 틀

고성과작업시스템은 광범위한 분야의 혁신이 하나의 묶음(bundle)으로 실시되는 것을 의미하며 작업장혁신(innovative workplace, workplace innovations)이라고도 불린다.

그림 8-10에서 나타나듯이, 일반적으로 고성과작업시스템은 ① 고기술/다기능의 인력개발(skill, knowledge) ② 직원이 조직성과의 극대화를 위하여 헌신할 수 있는 인센티브와 성과보상 등 동기유발요인의 제공(motivation, incentives), ③ 직원의 적극적이고 광범위한 경영참가 및 노조와 사용자 간의 원활한 의사소통과 동반자관계(opportunity to participate)와 같은 인적자원의 운영요소가 서로 유기적으로 결합된 작업형태를 의미한다. 고성과작업시스템의 구체적인 하위 구성요소와 조작적 정의는 표 8-10과 같다.

▼ 표 8-10. 고성과작업시스템 변수의 조작적 정의 사례(노동자 설문용)

구분	하위구성요소	대표적인 질문 및 측정방법
참여 기회	의사결정의 자율성(autonomy in decision making)	• 나는 직무에 관해 많은 발언권을 가지고 있다. • 나의 직무는 나의 일이라고 느낄 정도로 나의 의사결정 에 의해 이루어진다.
	자율작업팀 (self-directed team)	당신의 작업일과에서, 당신은 함께 일하고 과업할당에 대 하여 공동으로 결정하는 작업팀의 구성원인가?(직종이나 산업에 따라 구체적인 질문결정)
	오프라인팀(off-line team)	당신은 제품개발이나 설계를 특별히 처리하는 팀, 위원회 및 태스크포스 등에서 일하는가?(품질개선, 비용절감, 근 무조건, 훈련 등 다양에 따라 구체적인 질문 결정)
	의사소통 (communication)	당신은 작업과 관련하여 다른 노동자들과 얼마나 많이 의사소통을 하는가?(작업팀외부, 감독, 관리자, 전문가)
기술	공식훈련 (formal training)	• 지난 1년간 강의실 훈련을 받았는가? • 지난 1년간 직무상에서 감독자나 훈련관에게 일대일 훈련을 받았는가?
	비공식훈련 (informal training)	다른 노동자들이 당신에게 직무기술, 시간단축, 문제해결 이나 당신의 작업을 개선할 수 있는 방식에 대해 언급해주 는 정도는?
	연공(seniority)	당신이 이 회사에서 처음으로 근무한 년도는?
	교육(education)	당신이 최종적으로 졸업한 학력은?
동기 부여 / 인센 티브	고용안정(employment security)	회사의 매출액이 급감한 경우, 당신의 회사는 해고를 회 피하기 위한 절차를 밟을 것이다.
	기업경쟁력 (company competitiveness)	전반적으로, 회사는 좀 더 효과적인 경쟁을 위하여 변화 하고 있다.
	승진기회 (promotion opportunity)	• 나는 상위직무로 이동할 수 있는 기회를 가진다. • 나는 결국 회사의 간부직(supervisory position)으로 이 동할 수 있는 기회를 가질 수 있을 것이다.
	업무-개인생활조화 (company help with work-family conflicts)	당신의 회사는 노동자들의 업무와 가정생활의 균형을 달 성할 수 있도록 도와준다.
	임금(pay)	주별 소득

임금공정성(pay id fair)	당신의 임금에 대한 공정성에 만족하는가?
성과급 (pay for performance)	• 당신의 임금에서 이익분배나 기업의 성과에 연동된 부분은 어느 정도인가? • 당신의 임금에서 작업그룹이나 부서의 품질(생산)목표 달성에 연동된 부분은 어느 정도인가?

출처: Appelbaum et al.(2000: 118-120)

어느 한 조직에서 이 세 가지 고성과작업시스템의 주요 요소가 서로 잘 어울려서 최선의 결과를 창출할 때 이 세 요소 간의 내적 적합성(internal fit)이 존재하는 것으로 볼 수 있다. 즉, 고기술·다기능의 지식노동자가 조직성과의 극대화를 위하여 헌신할 수 있도록 동기가 유발되고 이들이 자신의 지식과 기술을 충분히 활용할 수 있는 경영참가의 기회가 주어질 때 그 조직은 노사양측에 최선의 결과를 가져다 줄 수 있을 것이다.

고성과작업시스템은 이와 같이 각종 혁신적 작업관행들 간의 상호보완성(complementarities)을 의미하는 내적적합성(internal fit) 이외에도 조직의 환경적인 요소와 서로 친화하는 외적인 적합성(external fit)을 가질 때 가장 긍정적인 효과를 발휘할 수 있다. 즉, ① 양보다는 질, 생산성보다는 품질을 우선하는 소비자 위주의 경영전략(customer-oriented, quality-oriented business strategy)과 ② 발달한 과학기술이 위의 세 요소(인적자원개발, 동기유발, 경영참가)와 적절히 조화를 이룰 때에 최선의 결과를 가져오게 된다(김동원, 2000).

(3) 고성과작업조직에 대한 실증연구

경영참가의 경우와 마찬가지로 고성과작업조직의 성격에 대하여도 두 가지의 시각이 대립하고 있다. 한편으로는 Kochan and Osterman(1994)과 Appelbaum et al.(2000)의 상호이익(the mutual gains model) 가설에서 주장하듯이 고성과작업조직이 임금인상, 고용안정 등 노동자들에게 이익을 가져오고, 유연성 확보 및 품질과 생산성 향상을 가져와서 기업에도 이득이 되는 상생의 제도라고 주장한다.

반면, 급진적인 관점에서는 고성과작업조직이 이름만을 달리한 노동자 착취의 새로운 기재로서 노동강도와 스트레스를 강화시켜서 기업의 이윤을 증가시키는 야비하고 강압적인(mean and coercive) 경영수단이라는 착취가설을 주장한다(Parker and Slaughter, 1994; Ramsey et al., 2000).

실증연구의 결과를 종합하면 위 두 입장 중 어느 시각이 더 타당한지를 판단할 수 있을 것이다. 고성과작업조직에 대해서는 1990년대 이후 많은 실증연구가 이루어졌다(예를 들면, Appelbaum et al., 2000; Arthur, 1994; Cappelli and Neumark, 2001; Delery and Doty, 1996; Huselid, 1995; Osterman, 2000; Ramsey et al., 2000).

기존의 실증연구들을 광범위하게 리뷰한 문헌들(Delaney, 2008; Frost, 2008; Ichniowski et al., 1996)의 결론을 종합하면 다음과 같다. ① 고성과작업조직은 광범위하게 확산되지는 않은 것으로 보인다. 즉, 고성과작업조직의 요소를 부분적으로 도입한 기업은 많지만 요소를 모두 도입한 기업은 드문 것으로 나타났다. ② 고성과작업조직은 기업의 경영성과, 즉, 생산성, 품질 등을 대체적으로 향상시키는 것으로 나타났다. ③ 노동자들에 대하여 고성과작업조직은 직무만족도나 조직몰입도를 높여주고 스트레스를 줄여주고, 직원들의 기술수준이 높아짐에 따라 임금도 인상될 가능성이 큰 것으로 나타났다. 하지만, 고성과작업조직을 도입한 기업은 구조조정을 실시할 가능성도 더 커서 피고용인이 해고의 위험도 커지는 것으로 나타났다. ④ 고성과작업조직은 기업의 성격에 따라 다른 결과를 가져오는 것으로 나타났다. 즉, 제조업과 고임금 서비스업종은 경영성과나 직원들에게도 긍정적인 결과를 거둘 가능성이 크지만, 저임금 서비스업종에서는 실패할 확률이 큰 것으로 보인다. ⑤ 고성과작업조직은 제도적 환경의 영향을 크게 받는 것으로 나타난다. 즉, 미국이나 영국 등 자유시장경제(LME)보다는 독일, 일본 등 조정시장경제(CME)국가에서 성공할 확률이 더 큰 것으로 나타났다. 이상의 연구결과를 종합한다면 상호이익가설이나 착취가설 모두 전체를 다 설명하지는 못하는 것으로 보이고 고성과작업조직은 상반된 두 가지의 성격을 동시에 지니고 있는 것으로 보인다.

고성과작업조직의 성과를 측정하는 실증연구들은 방법론상 개선해야 할 여러 이슈들을 떠안고 있다(Godard and Delaney, 2000; Ichniowski et al., 1996). 우선, 기업문화 등 고성과작업조직의 결과에 영향을 미치는 변수들이 측정상의 문제로 방정식에 독립변수로 포함되지 않는 경우가 많다. 둘째, 대부분의 연구가 사업장으로부터 1명의 응답자(주로 인사담당자)가 대답한 설문을 토대로 분석하는데 이는 응답자의 주관적 응답오류(response bias)로부터 자유롭지 못하다. 셋째, 독립변수인 고성과작업조직은 사업장 단위에서 결정되는 것이 일반적인데, 종속변수인 경영성과는 주로 기업단위에서 측정되어 관찰단위(unit of observation)가 일치하지 않는다. 예를 들어, 여러 공장을 가진 기업의 경우 공장마다 고성과작업조직을 실시하는 정도가 다른데 종속변수는 모든 공장을 포괄하는 기업단위의 데이터로 측정한다면 종속변수의 측정은 오염될 수밖에 없다. 넷째, 고성과작업조직의 묶음(bundle)으로 포함되는 인적자원관리의 관행들이 연구마다 달라서 연구의 결과를 비교하기가 어렵다. 이러한 방법론상의 문제는 고성과작업조직의 성과에 대한 확신을 갖기 어렵게 만드는 또 하나의 이유가 되었다.

⬡04 결론

　노사협력, 경영참가, 고몰입 인적자원관리, 그리고 고성과작업조직은 유사한 개념들이며 서로 중복되는 부분도 있다. 그 이유는 기본적으로 고성과작업시스템까지의 개념형성과정이 노사협력과 경영참가, 고몰입 인적자원관리의 개념이 진화하면서 탄생했다는 것에서 찾을 수 있을 것이다. 이를 주요 발전시기, 핵심 프로그램 및 원칙, 주안점 등으로 구분하여 정리하면 표 8-11과 같다.

　세계화에 따른 무한경쟁의 경영환경에서 고용관계가 경쟁력의 원천이 되기 위해서는 노사가 정서적으로 서로를 돕는 노사협력과 직원의 잠재된 능력과 창의성을 활용하는 경영참가가 갈수록 중요해지고 있다. 향후 이 분야는 다양한 형태를 띠며 지속적으로 확장될 것으로 예상된다.

▼ 표 8-11. 노사협력, 경영참가, 고몰입 인적자원관리, 그리고 고성과작업조직의 개념 비교

구분	노사협력 (LMC)	경영참가 (EI)	고몰입 인적자원관리 (HCM)	고성과 작업시스템 (HPWS)
주요발전시기	1970년대 ~1980년대	1970년대 ~1990년대	1980년대 ~1990년대	1990년대 ~현재
핵심 프로그램 및 원칙	노사합동위원회 등의 공동기구	자율작업팀 직무설계 훈련	조직과의 가치일치 및 평등주의 문화 고용안정	경제적 성과와 직원 복지에 긍정적 영향을 미치는 통합적 관행
주안점	노조-경영자관계 (union-management relations)	작업조직 (work organization)	고용관계 (employee relations)	생산과 고용시스템 (production and employment system)

Recommended Readings and Annotated Bibliography

Frost, A. C. 2008. "The High Performance Work Systems Literature in Industrial Relations," In P. Blyton, N. Bacon, J. Fiorito, and E. Heery(Eds.) The SAGE Handbook of Industrial Relations. London: SAGE Publication.

비판적인 시각에서 고성과작업조직에 대한 문헌을 폭넓게 리뷰하고 간명하게 요약한 글이다. 고성과작업조직에 대하여 다소 비판적인 전망을 하였다. 고성과작업조직 초기의 주요 문헌들을 설명하고 고성과작업조직이 기업, 노동자, 노조에 미치는 영향을 논의한 후 비판적인 시각들을 소개하였다.

Godard, J. and Delaney, J. T. 2000. "Reflections on the 'High Performance' Paradigm's Implications for Industrial Relations as a Field," Industrial and Labor Relations Review. 53(3): 482−502.

1990년대 이후 등장한 고성과작업조직의 패러다임이 갈등을 다루는 전통적인 다원주의 노사관계에서 벗어나 일원주의에 가깝다고 비판한 글이다. 고성과작업조직의 실증연구들이 방법론상에도 여러 문제를 안고 있어서 결과를 신뢰하기 어렵다고 주장하였다.

Ichniowski, C., Kochan, T. A., Levine, D., Olson, C. and Strauss, G. 1996. "What Works at Work: Overview and Assessment," Industrial Relations. 35(3): 299−333.

고성과작업조직에 대한 주요 연구자 등이 비교적 긍정적인 시각으로 방대한 이론과 실증연구 문헌들을 리뷰한 글이다. 제조업과 비제조업으로 나누어 고성과작업조직의 도입정도, 기업과 노동자에게 미치는 영향에 대하여 종합적으로 논하였다. 실증연구의 방법론상의 이슈들을 제기하였고, 향후 연구에 대한 가설을 제시하였다.

Jenkins, J. and P. Blyton. 2008. "Works Councils," In P. Blyton, N. Bacon, J. Fiorito and E. Heery(Eds.) <u>The Sage Handbook of Industrial Relations</u>. London: SAGE Publication.

한국에서는 노사협의회로 알려진 작업장평의회에 대하여 간명하게 조망한 글이다. 작업장평의회의 대표적인 국가인 독일의 사례와 실증연구들을 소개하고 최근 강제된 유럽연합의 작업장평의회에 대하여 설명한 후, 최근의 국가별 동향을 언급하였다.

Ramsey, H., Scholarios, D. and Harley. B. 2000. "Employees and High−Performance Work Systems: Testing inside the Black Box," <u>British Journal of Industrial Relations</u>. 38(4): 501−531.

마르크시즘의 입장에서 고성과작업조직이 노동자 착취의 새로운 기재로서 노동강도와 스트레스를 강화시켜서 기업의 이윤을 증가시킨다는 착취가설을 주장하였다. 영국의 데이터를 활용하여 실증적 검증에서 유의미한 결과를 얻지는 못하였지만, 이론적으로 의미가 있는 논문이다.

9장

국제비교고용관계

국제비교고용관계(International and Comparative Employment Relations, ICER) 분야 중 국제고용관계(international employment relations)는 국가의 경계를 벗어나는 타국의 고용관계를 연구하는 분야이고, 비교고용관계(comparative employment relations)는 2개 이상 여러 국가들의 고용관계를 비교분석하는 분야이다(Bean, 1994). 국제비교노사관계는 이 둘을 모두 수행하는 분야이다.

국제비교고용관계를 연구하는 이유는 ① 세계화와 더불어 외국에 사업장을 열기도 하고 국내 사업장에 외국인을 고용하기도 하면서 외국인들과 해외에서 혹은 국내에서 교류하고 협력할 일이 많아지면서 외국의 고용관계를 연구할 필요가 커지기 때문이며, ② 자국의 노사정이 정책이나 전략을 수립하는 데에 외국의 고용관계 사례들이 유용한 참고자료가 될 수 있고, ③ 국가 간 비교연구를 통하여 각 변수들의 성격을 정확히 파악할 수 있고 조절변수의 중요성이 확인되고 인과관계에 대한 추론이 가능하게 하여 새로운 이론개발에 도움이 되기 때문이다(Bamber et al., 2016).

국제비교고용관계는 노사관계학문의 발아기인 1920년대부터 다양한 저술들이 존재했고(e.g., Perlman, 1928), 냉전시대에도 주요 저술들이 있었지만(e.g., Kerr et al., 1960; Kassalow, 1969) 1980년대부터 널리 알려진 대학원 수준의 교과서 같은 저술들이 출판되면서(e.g., Bean, 1994; Bamber and Lansbury, 1993; Poole, 1986) 학자들과 정책입안자로부터 주목받는 분야로서 성장하기 시작하였다.

국제비교고용관계 분야는 필연적으로 고용관계, 노동경제, 노동법, 산업사회학, 정치학, 인류학 등 노동관련 여러 학문들이 상호작용하는 종합학문적인 분야로서 이론 간의 교류와 결합이 가능하고 국가 간의 비교분석과정에서 새로운 이론개발의 가능성이 높은 분야로 여겨진다(Frege and Kelly, 2013). 새로운 이론개발이 필요하다는 평을 받는 고용관계 분야에서(Adams and Meltz, 1993; Kaufman, 2004b; Hyman, 2004) 국제비교고용관계 분야는 새로운 이론적 돌파구를 열 분야로 기대된다.

 # 01 국제비교고용관계의 연구방법에 대하여

국제비교고용관계는 국가 간 고용관계의 비교분석하는 과정에서 여러 어려움들을 안고 있다. 우선, 국가 간 용어가 통일되지 않거나, 같은 용어가 서로 다른 개념을 의미하는 경우가 있어서 혼선이 있을 수 있다. 예를 들면, 중재(arbitration)는 국가에 따라 최종적이고 강제적인 해결책을 의미하기도 하고(예를 들면, 미국, 호주, 한국), 당사자가 수용하지 않아도 되는 임의적인 해결책(예를 들면, 인도)을 의미하기도 한다(Bamber et al., 2016).

또한, 국제비교연구에서는 국제기구 등에서 수집한 국가별 데이터를 사용하는 경우가 많은데 국가 간 해당 변수의 정의가 달라서 직접적인 비교가 어려운 경우도 있다. 예를 들면, 국가별로 다른 기준에 의하여 파업이 측정되는 것인데, 미국은 500인 이상 파업만 집계하고, 일본은 반나절 이상 파업을 모두 집계하는 반면, 한국은 1일 이상 파업한 것만 파업으로 인정하고 불법파업은 파업통계에서 제외한다. 직장폐쇄 등 사용자의 대항행위로 인한 업무중단도 일부 국가는 파업통계에 포함해서 집계하고, 일부 국가는 파업과 직장폐쇄를 각각 별도로 집계하기도 한다(제7장 참고).

국가 간 비교분석에는 기본적으로 아래의 두 가지의 연구디자인 방법을 사용한다(Bamber et al., 2016). 첫째, 유사사례비교법(most similar case comparison)은 관련 독립변수들의 측면에서 두 국가가 대부분 동일하지만 한 두개의 독립변수 측면에서는 현저히 다른 두 국가를 비교분석하는 경우이다. 이 경우, 종속변수의 차이는 주요 변수의 차이에 기인한다는 결론을 도출할 수 있다. 예를 들면, 문화, 산업, 역사, 지역적 위치가 비슷하지만 노동법이 다른 A국가와 B국가의 비교연구를 수행하여 종속변수인 노동조합 조직률의 차이가 독립변수인 노동법의 차이에 근거한다는 결론을 도출할 수 있을 것이다.

반면, 대조사례비교법(most different case comparison)은 대부분의 독립변수의 측면에서 서로 다르지만 한 두개의 주요 독립변수가 같은 두 국가를 비교하는 경우이다. 만약, 종속변수의 측면에서 두 국가가 비슷하다면 종속변수의 유사점은 한 두개의 주요 독립변수의 유사함에 기인한다는 결론을 도출할 수 있다. 예를 들면, 두 국가가 정치시스템, 문화, 산업, 역사, 노동법 등에서 아주 다르지만 노조의 자원동원능력이 뛰어난 공통점을 지니고 있고, 종속변수인 노사협상의 결과가 두 국가 모두 비슷하다면, 노조의 뛰어난 자원동원능력이 비슷한 노사협상의 결과를 가져왔다는 결론을 내릴 수 있을 것이다.

02 국제비교노사관계의 초기 연구
: Selig Perlman

국제비교노사관계의 대표적인 초기 연구는 Selig Perlman의 저술을 들 수 있다. Commons의 제자인 Selig Perlman(1928)은 세계 각국의 노동운동에 대한 장기간에 걸친 연구를 통해서 정교하고 포괄적인 노동이론을 정립하였다. 모든 국가의 노동운동 방향을 결정하는 요인은 자본가/기업가(capitalist or entrepreneur), 지식인(intellectuals) 및 육체노동자(manual worker) 등의 세 집단과 이들 집단의 상이한 의식구조와의 영향력 및 연계성이라고 Perlman은 주장한다. Perlman에 의하면 자본가/기업가는 기회가 풍요하다는 의식이 있고 새로운 것에 도전하는 정신을 가지며, 노동자는 자신에게 주어진 기회가 희소하다는 의식이 있고, 또한 지식인은 혁명을 추구하는 방향의식을 갖는다고 한다.

Perlman은 어느 나라에서나 노동운동은 위의 세 집단의 상관적 힘과 영향력에 의해 노동운동의 성격과 형태가 형성된다고 한다. 예를 들어, 미국처럼 자본주의가 안정되고 경제적인 노동조합주의는 ① 강력한 자본주의체제, ② 지식인들의 영향이 미미한 노동운동 및 ③ 육체노동자들의 높은 성숙도 등의 특징을 지닌 사회에서 나타난다고 한다. 그에 반하여 소련처럼 노동운동이 성숙되기 전에 지식인이 영향력을 획득하게 되면 노동조합이 사회적 정치적 활동에 관심을 갖게 되어 1917년의 러시아 볼셰비키와 같은 혁명이 발생하게 된다고 주장한다. 소련처럼 혁명적 지식인들이 영향을 발휘할 경우 ① 약한 자본주의체제, ② 지식인들에 의해 지배된 노동운동 및 ③ 육체노동자들의 경제적 조합주의에 대한 저성숙도 등의 특징이 나타난다는 것이다.

자본주의 사회에서 노동운동이란 결국은 혁명과는 동떨어진 경제적인 목적을 위해 기능하게 되며, 다원화된 사회 내의 비대립적인 이익집단이 될 것이라고 주장한다. 즉, Perlman은 노동조합을 자본주의 사회체제에 저항하기보다는 자본주의 사회에 노동자계급이 적응하기 위한 메커니즘으로 본다. 구체적으로 Perlman

은 대부분의 육체노동자는 기본적으로 기회의 희소의식을 갖고 있기 때문에 노동운동이 성숙하면 자연스럽게 경제적 조합주의로 발전하게 된다고 주장한다. 즉, Perlman의 주장에 따르면 노동자가 기업을 경영할 능력이 없기 때문에 직업 안정, 임금향상 및 근로시간 단축 등과 같은 직무에 관련된 한정된 문제에 관심을 갖게 된다는 것이다. 이러한 상황에서는 기회를 집단적으로 공평하게 배분할 수단으로서 단체교섭을 활용하게 되며, 기회가 공평하게 배분되는 한 노동자들은 자본주의체제의 테두리 안에서 노동운동을 하는 것에 동의하게 된다는 것이다.

Perlman의 주장은 노동운동에 대한 일반적 이해를 증진하는 데 많은 도움을 주었을 뿐만 아니라 초기 미국의 노동조합연맹인 AFL의 정책기조에 이론적 근거를 제시하였다. 그러나, 지식인, 기업인, 노동자 등 세 집단의 의식구조가 마치 고유하고 고정적인 형태를 갖고 있는 것과 같이 주장한다는 비판을 받고 있다. 예를 들어, '기회의 희소의식'이 육체노동자만의 고유 의식구조인 것처럼 주장하지만 다른 모든 집단에서도 볼 수 있는 현상이기 때문이다.

국제비교고용관계에서는 그간 여러 이론들이 명멸되어왔으나 현재까지도 시사점을 주고 있는 이 분야의 대표적인 이론적 흐름은 시대순으로 보아 1960년대 이후의 수렴이론, 1990년대부터의 세계화 이론, 2000년대의 자본주의 다양성이론 등이 있다. 이하에서는 이들을 차례로 살펴보고자 한다.

03 수렴이론

　노사관계 분야는 1960년대 냉전시대의 산물인 수렴이론의 등장으로 이론적인 논쟁을 불러일으키고 전기를 맞게 된다.[40] 1960년대 당시 미국노사관계 학문을 대표하던 4명의 학자인 KDHM(Clark Kerr, John Dunlop, Frederick Harbison, and Charles A. Myers)은 자본주의의 노동문제를 통찰하는 큰 이론(grand theory)을 구축하려고 시도하였으므로 'Four Horsemen'[41]이라는 별명으로도 불린다 (Kerr et al., 1960). 이들은 2차세계대전 이후의 풍요한 시기에 그 당시 자본주의의 성숙에 걸맞고 Marx사상에 대항할 수 있는 노동운동의 새로운 이론을 개발하려고 노력하였다. 이들에 의하면, Commons나 Perlman 등의 이론은 지나치게 직무통제(job control)나 경제적 노동조합주의(business unionism)에 편중되어 있어 보편성이 결여되었고 또 Marx는 노동운동의 성격을 지나치게 급진적, 획일적으로 보는 잘못을 범하였으므로 보다 광범위한 상황에 적용될 노동운동의 전개에 대한 일반 이론을 구성하여야 한다고 주장하였다.

　이들의 주장은 산업화에 있어서 엘리트역할이론과 다원주의사회에서 노동조합의 역할이론으로 구분할 수 있다. 이들의 주장에 따르면 각국의 경제발전단계는 각 단계별로 중요한 역할을 수행한 엘리트집단(산업화집단)의 역할에 따라 노동운동의 성격이 상이하게 나타난다고 한다. 이들이 주장한 엘리트집단은 다음과 같다.

① 왕조엘리트(dynastic elite)
② 중산계층엘리트(middle class elite)

---

40) 모든 자본주의국가들이 필연적인 계급갈등을 거쳐 무산자계급의 혁명으로 공산주의화한다고 예측한 Karl Marx도 일종의 수렴이론을 주장한 것으로 볼 수 있다.

41) 1960년대 미국에서 유행하였던 영화, Ben-Hur에서 4명의 경주마가 마차를 함께 이끌어 가듯이 이들이 자본주의에서 노동운동의 역할에 대한 큰 이론 틀을 구성하기 위해 노력하였다는 의미에서 이런 별명으로 불렸다.

③ 혁명적 지성엘리트(revolutionary intellectual elite)

④ 식민지관리자(colonial elite)

⑤ 민족적 엘리트(nationalistic elite)

KDHM은 세계 각국이 위의 다섯 가지 형태의 다양한 엘리트들에 의하여 산업화가 이루어지지만 결국은 한 가지로 수렴될 것으로 예측하였다. 각 국가별로 산업화 행로의 차이에도 불구하고, 기술의 발전에 강한 영향을 받고 국가 간 강제적인 비교과정을(orbit of coersive comparision) 거쳐서 결국 영미식 다원주의 산업사회로 수렴된다는 것이다. 즉, 향후의 사회가 1960년대 미국처럼 다양한 이해관계집단이 상호공존하는 다원적 사회(pluralistic society)가 될 것이라 믿고 이 다원적인 사회는 다양한 엘리트집단에 의해 이끌릴 것이라고 예견하였다. 이들은 다양한 엘리트집단 간의 이해관계를 조정하는 정부의 기능도 더욱 중요해질 것으로 예측하였다.

KDHM은 산업사회가 진행되면서 적대적인 계급갈등이 사라지고 노사 간 이익 갈등이 간헐적으로 해소되는 다원주의 산업사회로 수렴된다고 주장한다. 다원주의 산업사회는 계층 간 사회이동 증가, 계급이 아닌 집단(group)에 기반한 노사관계 시스템, 단체교섭으로 조절되는 이해관계를 특징으로 하며 노동계급은 중산층으로 흡수되는 과정에서 파편화되며, 노동조합은 사용자단체, 소비자단체 등과 같은 하나의 이해관계집단으로 기능할 것으로 보았다. 즉, 경제의 발전과 함께 노동자들의 기술수준과 교육수준이 향상되고 노동자의 조직도 점점 전문적 단체(professional organization)로서의 성격을 띠게 된다는 것이다. 다원적인 사회에서는 가진 자와 못가진 자 사이의 갈등이나 투쟁보다는, 노동조합을 비롯한 다양한 이해관계집단이 서로 상충되는 목표를 달성하기 위한 협상과 로비활동을 주로 하는 것으로 예견하였다. 즉, KDHM은 이데올로기 논쟁이 없는 계급 없는 사회(classless society)의 도래를 예측한 것이다. KDHM은 정부와 노조 등 제도의 역할을 중시함으로써 결국 Commons와 Perlman의 맥을 잇는 신제도학파(neo-institutionalists)로 분류된다.

이러한 KDHM의 주장에 대한 비판으로는 기술의 발전과 산업화가 고용관계를 결정한다는 환경결정론적인 주장이 지나치게 단순하다는 점과 설득력 있는 근거없이 1960년대 미국사회를 수렴의 대상으로 삼았다는 점, 그리고 궁극적으로 이데올로기 논쟁이나 노사갈등이 없는 사회로의 이행을 주장하였지만 21세기에 들어선 지금에 와서도 어느 사회에서나 이데올로기와 노사갈등을 둘러싼 논쟁이 그치지 않는다는 점을 들 수 있다. 또한, 후대에 와서 인류학자인 Ronald Dore(1973)는 산업화에 있어서 first mover인 영국과 late developer인 일본의 전자산업이 같은 기술을 채택했지만 심대한 문화의 차이로 인해서 극명히 다른 노사관행을 보여주고 있다는 점을 밝혀내어 KDHM의 기술과 산업화로 인한 수렴론에 반대하는 증거를 제시하였다.

  KDHM의 이론적 기반을 이루는 수렴론 자체에 대한 비판도 있다. Kochan et al.(1986)은 수렴이론의 환경결정론을 비판하였다. 즉, 국가의 고용관계는 환경의 영향을 일정하게 받지만 당사자의 전략적인 선택(strategic choice)에 의하여 상당한 수준의 재량에 의한 분산이 나타난다고 주장하였다. Katz and Darbishire (2000)는 국가별 고용관계 패턴의 차이는 줄어드는 대신에, 각국의 국내에서는 다양성이 증가하고 있다고 바라보았다. 저자들에 따르면, 미국을 비롯한 7개 선진국의 자동차산업과 통신산업을 대상으로 고용관계 변화를 검토한 결과, 모든 나라에서 네 가지 공통된 현상이 발견된다. Katz and Darbishire(2000)는 이를 저임금 유형, HRM 유형, 일본지향형, 공동팀 유형으로 구분했으며, 이를 다양성으로의 수렴(converging divergence)이라고 지칭한다. 최근 Hall and Soskice(2001)는 산업화의 진전에도 불구하고 자본주의체제는 조정시장경제와 자유시장경제로 뚜렷이 나누어지고 고용관계도 이에 따라 현저히 다른 특징을 보인다는 점을 지적하여 수렴이론에 대한 비판에 가세하였다.

  이러한 맥락의 비판은 1960년대와 1970년대에도 존재하였고, 결국 Kerr(1983)는 다원주의의 기본 가정을 유지하는 가운데 이러한 비판을 부분적으로 수용하며 부분적 수렴이론(partial convergency)을 제시하게 된다. 그는 선진국의 노사관계 시스템 변화를 목도할 때, 거시 수준에서는 유사해 보이지만 미시 수준에서는 상당한 차이가 발견되어 부분적인 수렴현상을 보이게 된다고 설명하였다. 또한, 상당수의 개발도상국들은 여러 장벽으로 인해 산업사회로 전환하지 못하고 있기 때문에, 다원주의 산업사회로의 수렴이 전체적인 현상은 아니라고 하여 처음의 수렴이론에서 후퇴한 논점을 보여주었다.

04 세계화 이론

21세기 사회과학의 가장 큰 화두 중 하나는 세계화일 것이다. 세계화의 원인으로는 수송수단의 발달과 정보통신기술(Information and Computer Technology, ICT)의 발달이 꼽히고 있다. 세계화가 진행되면서 고용관계에 미치는 영향에 대한 연구도 함께 수행되었다.

(1) 세계화와 고용관계에 대한 세 가지 가설

세계화와 고용관계의 관련성에 대하여는 세 가지 경쟁가설(Held et al., 2004; Kuruvilla and Lakhani, 2013)이 존재한다. 첫째, 절대적 세계화(hyper-globalist) 가설은 세계화가 국가의 힘을 압도한다는 이론이다. 세계화로 인하여 여러 산업(예를 들면, 섬유산업)에서 생산의 중심축이 개발도상국으로 이동하였지만, 시장의 힘은 여전히 선진국의 소매업자들에게 남아있는 현상이 벌어진다고 한다. 이 이론은 세계화로 인하여 세계시장에 대한 기업 간의 경쟁으로 기업의 행위에 대한 국가의 통제력은 쇠퇴한다고 주장하였다. 결국, 세계의 시장은 통합되어 국경없는 세계(bordless business world)와 통합된 세계시장으로 이끌어간다고 주장한다(Strange, 1996). 이 주장의 논리적인 귀결은 '세계화의 진전은 고용관계도 각 국가의 법이나 제도의 영향력을 감소시킨다는 것'이다. 이 주장은 일종의 수렴이론으로 세계화가 고용관계의 다양성을 줄이는 수렴의 원동력으로 보고 있다.

이 가설은 정치적으로 양극단이 모두 지지하는 경향을 보인다. 신자유주의자들은 세계화를 옹호하여 낙관적인 전망을 한다. 이들은 시장기능이 세계화의 이득을 모든 사람이 향유하도록 하는 것을 가능하게 하였다고 주장한다(the "rising tide lifts all boats" view). 예를 들면, 아시아의 한국, 중국, 인도, 베트남 등의 국가에서 20년 전보다 실질임금이 월등히 올라간 것은 세계화 덕분이라는 것이다.

한편, 신마르크스주의자도 이 가설에 따르며 비관적인 전망을 한다. 세계화는 국가 간, 국가 내에서 무한경쟁을 유발하고, 국제적인 분업을 초래하여 개별 국가들은 노동조건을 더 낮추어 외국 투자를 끌어들이는 경쟁(race to the bottom, social dumping)을 한다는 것이다. 이들은 아프리카와 남미의 개발도상국들은 경쟁력을 갈수록 상실하고 있으며 한 국가 내에서도 교육수준이 낮은 인력들은 빈곤층으로 내몰리는 현상은 세계화가 가져오는 국가 내, 국가 간 양극화의 귀결이라고 주장한다.

둘째, 세계화에 대한 회의론자들은 절대적 세계화 주창자들과는 정반대의 주장을 한다. 이들은 역사적인 통계를 보면 오히려 세계의 경제와 시장은 과거보다 덜 통합되었음을 지적하고 있다. 또한, 세계시장에서의 기업 간 경쟁이 국가의 통제력을 제어할 정도로 큰 경우는 일부 생산부문을 제외하면 극히 드물다고 주장하며 세계화에도 불구하고 대부분 국가의 고용관계 시스템은 특유의 특징을 유지하고 있다고 주장한다. Hall and Soskice(2001)이 제시한대로 세계화와 시장의 작용에도 불구하고 조정시장경제와 자유시장경제체제가 견고하게 유지되는 점이 회의론자들의 주장을 뒷받침하는 증거이다.

마지막으로, 변형주의자(transformationalist)는 절대적 세계화론자와 회의주의자들 간의 중간적인 시각을 유지한다. 국가의 전략에 따라 세계화의 진전 자체가 영향을 받는다고 주장한다. 고용관계에서 충격에 대한 대응전략은 이미 존재하는 제도의 영향을 받게 되어 같은 충격에도 다양한 반응을 보이게 된다는 것이다(Jacoby, 2004; Streeck and Yamamura, 2001). 이들은 세계화는 진전이 되지만 국가별로 고르지 않게 적용되고 있고, 세계화의 영향은 절대적이지 않으며 국가의 제도에 의하여 조정되어 적용될 것으로 본다. 즉, 세계화는 국가와 노동조합 등 기존 제도적 장치의 역할에 따라 고용관계에 긍정적, 혹은 부정적인 영향을 모두 미칠 수 있다고 본다. 이들은 개별국가의 정부는 여전히 중요한 역할을 할 것이며, 개별 국가와 지역을 통합하는 세계기구들이 갈수록 중요해질 것으로 예측한다. 세계화의 충격에도 불구하고 세계화가 많이 진전된 국가나 지역이 있고 세계화에 소외된 국가나 지역이 존재하는 것이 바로 세계화가 절대적이지 않다는 증거라고 주장한다.

이러한 상반된 주장을 검증하는 것은 극히 어렵다. 이유는 세계화 자체가 다른 여러 변수와 동시에 진행되는 오염된 변수(contaminated variable)이어서 세계화의 영향을 따로 나누어서 측정하기가 거의 불가능하기 때문이다. 또한, 세계화의 긍정적인 영향과 부정적인 영향을 보여주는 증거가 동시에 발견되어 어느 한 주장의 손을 들어주기는 어려운 것도 사실이다(Kuruvilla and Lakhani, 2013). 세계화는 분야에 따라 긍정적, 부정적인 영향을 미치는 것으로 보이고 실증적으로 net effect를 측정하기에는 극히 어려운 상황인 것으로 보인다.

이러한 한계점에도 불구하고 세계화와 고용관계에 대하여는 다수의 실증연구가 이루어졌다. 세계화가 고용관계에 미치는 영향에 대한 실증적 연구의 결과를 보면 대부분이 세계화로 인하여 노동조합의 조직률이 감소하고, 노조와 노동자들의 협상력이 약화되어, 근로기준의 전반적인 하락을 보여주는 것으로 나온다. 세계화가 진행되면서 사용자들은 노동조합의 결성에 더욱 완강히 반대하고, 선진국에서는 high road 전략이 후퇴하는 가운데 개발도상국에서는 low road 전략이 더욱 확산되었다는 보고도 있다(Kuruvilla and Lakhani, 2013).

대부분의 연구가 위와 같이 부정적인 영향을 보고한 가운데, 일부 연구는 세계화가 노동운동과 근로기준에 미치는 긍정적인 영향을 보고하였다. Kelly(2011)는 인도나 중국 등 개발도상국의 global supply chain에 관련된 많은 노동자들이 세계화가 진행되는 기간에 실질임금의 상승으로 빈곤에서 탈피한 점을 지적하였다. 또한, 노동운동이 활성화된 국가의 경우(예를 들면, 한국) 세계화로 인한 경제위기를 겪으면서 파업 등 노동자들의 집단행동이 증가하고 기업별 노조의 산별화가 이루어져 사회전체에서의 노조의 협상력과 존재감이 상대적으로 커지고, ILO와 OECD 등 국제기구의 영향을 더 받으면서 공무원 노조의 허용 등 집단적 수준의 노동기준 향상이 일어났다는 것이다(Kim and Kim, 2003).

(2) 세계화에 대응하는 정책대안

근로기준에 대한 국가나 노동조합의 규제는 강제적 규정(hard regulations)과 임의적 규정(soft regulations)으로 구분이 가능하다(Kuruvilla and Lakhani, 2013). 강제적 규정은 주로 국가의 법령으로 강제적이고 준수하지 않으면 처벌이 따르는 것이다(예를 들면, 최저임금과 근로시간 등). 반면, 임의적 규정은 강제하기 곤란한 경우에 사용되는 것으로서 일반적인 원칙, 권고, 의견, 선언 등의 형태를 띠고 도덕적인 설득, 감시와 피드백, 동종업계의 감시, 보고서에 언급하는 등의 수단으로 지켜지도록 노력한다. 국제수준의 노동기준에 대하여는 개별 국가의 강제력이 동원되지 않으므로 임의적 규정에 의존할 수밖에 없으며 확실한 효과를 기대하기는 어렵다. 임의적 규정에는 다음과 같은 예들이 있다.

첫째, 국제노동기구(International Labour Organization, ILO)등 국제기구가 나서는 방법이다. ILO는 협약을 통하여 회원국으로 하여금 국제기준을 준수하도록 압력을 행사하고 있다. 미준수국가의 이름을 거명하여 외교적 부담을 주는(naming and shaming) 방법을 사용하지만, 강제력이 없어서 효과는 제한적이다. 둘째, EU, NAFTA 등 지역 내의 경제기구를 통하여 이 기구에 가입한 모든 국가들이 근로기준을 준수하도록 하는 방법이다. 셋째, 무역과 근로기준을 연결하는 방법으로서 자유무역협정(FTA)을 맺을 때 노동기준을 명시하는 방법이다. 주로 ILO의 노동기준들이 준거로 이용된다. 넷째, 기업의 자발적인 방법으로서 기업의 사회적 책임(corporate social responsibility)의 준수 차원에서 기업의 행동규범(code of conduct)을 만들어 스스로 일정한 수준의 근로기준을 지키도록 하는 것이다. 장난감, 의류, 신발, 커피 등 소비자의 여론에 민감한 소비산업에서 먼저 시작된 방법이다. 마지막으로 인증과 보고를 통한 방법이 있다. 인증방법은 RUGMARK가 대표적인 예인데 양탄자 제조과정에서 아동노동을 사용하지 않았다는 양탄자업계의 인증이다. 이외에도 인증방법은 SA8000, AA1000, ISO14001 등이 있다. 보고방법은 기업이 자발적으로 참여하여 근로기준을 보고하도록 하는 방법이며 GRI(Global Report Initiative), UN Gloabl Compact 등이 대표적인 예이나. 보고방법은 자발석이고 감시절차가 없어서 효과성에 한계가 있다.

이외에 노동조합이 직접 나서는 경우도 있다. 자본의 세계화추세에 대항하여 노동조합 간의 국제적인 협력을 위하여 국제노동조합조직이 설립되었다. 예를 들면, 국제자유노련(International Confederation of Free Trade Unions, ICFTU), 세계노동조합연맹(World Federation of Trade Union, WFTU), 국제노동조합연합(World Confederation of Labour, WCL), 경제협력개발기구(OECD)의 노동조합자문회의(Trade Union Advisory Committee to the OECD) 등이 있다. 하지만 이들 조직이 개별 국가 간 노동조합의 상호 교류, 정보 교환 등을 하지만 국경을 넘어 적용되는 국제적인 단체협상을 하는 등의 행위를 하기 어려워서 세계화에 대응하여 노동자를 보호하고 대변하기에는 역부족이다(김동원 외, 2019).

⑤ 자본주의 다양성이론

자본주의의 다양성이론(Varieties of Capitalism, VoC)(Hall and Soskice, 2001)은 지난 20년간 고용관계에서 가장 유력한 분석틀을 제공한 이론이며 수렴이론과 절대적 세계화 이론을 배격하고 제도의 중요성을 재확인한 이론이다. 이 이론은 기업과 재무시장이 자본주의에서의 핵심 역할을 수행하는 것으로 간주하고 정부와 노동조합에는 상대적으로 미약한 역할을 가정하였다. 기업중심의 정치경제적인 이론으로서 기업이 다른 조직들과 전략적인 관계를 수립(relational view of firms)한다고 보았다.

VoC이론은 제도의 중요성을 다시 한번 인식시킨 연구인데, 제도는 기업 활동에 중요한 고용관계, 직업훈련과 교육, 지배구조, 기업 간 관계의 네 가지 분야의 조정역할을 하기 때문에 중요하다고 인식하였다. 서로 다른 제도가 상호 협력하고 각자의 기능을 재강화하도록 돕는 역할(제도적 보완물, institutional complementarities)이 기업의 경쟁력을 유지하고 국가의 경쟁력이 향상되는 주춧돌 역할을 한다고 간주하였다. 고용관계 역시 다른 제도적 보완물을 고려하지 않고 독립적으로 떨어뜨려 생각할 수 없다는 점을 강하게 시사하였다. 제도는 상당한 수준의 견고함을 가져서 시장이 급격히 변해도 잘 무너지지 않는데 그 이유는 경로의존성(path dependency)때문이고, 이는 한번 형성되면 다른 경로를 찾아 돌아가기 힘들기 때문이라고 주장하였다.

VoC는 세계화에 불구하고 개별 국가의 고용관계 시스템이 여전히 고유한 특징을 유지하는 이유를 설명하며, 자본주의 유형은 자유시장경제(Liberal Market Economy, LME)와 조정시장경제(Coordinated Market Economy, CME)의 두 가지로 정립된다고 보았다. 자유시장경제는 미국, 영국, 캐나다가 대표적이며 기업 간 경쟁을 기본 원리로 하고 탈규제적이고 대립적인 고용관계를 가지고 있고, 직원들에게 일반적인 기술을 훈련시키고 시장에서 구입하는(buy) 인적자원을 활용하며, 공개적인 지식에 의거한 주식시장을 통한 자금조달이 특징이다.

조정시장경제는 독일, 일본이 대표적이며, 한국의 재벌시스템도 조정시장경제의 한 예로 언급하였다. 기업 간 협력과 조정을 기본 원리로 하고 협력적이고 참여적인 고용관계, 기업특수 기술을 훈련시키고 숙련이 중요하여 사내에서 육성하는(make) 인적자원, 비공개적인 지식에 의거한 명성관리에 따른 은행을 통한 자금조달이 특징이다. 저자는 이 두 체제 중 어느 것이 더 우월한지는 언급하지 않았으며 두 체제 모두 사회가 공면한 문제를 해결하는 방법을 제공하는 시스템으로 이해하였다.

VoC는 영향력이 큰 이론인만큼 비판도 많았다. 실증연구에 의하면, 유럽국가들 중에서도 프랑스, 그리스, 스페인, 포르투갈 등 남유럽국가는 고용지표면에서 CME, LME와는 다른 패턴을 보여주어 제3의 유형으로 간주하여야 한다는 주장이 있다(Kim et al., 2015). 지나치게 단순하게 두 가지의 유형만을 고려함으로써 동아시아 모델, 러시아, 중국, 동유럽 등 (구)공산권 모델, 아프리카, 남미 등 개발도상국 모델을 도외시한 점도 한계로 꼽힌다. 특히, 애당초 LME와 CME를 형성하게 한 요인에 대한 설명이 없는 점과 대부분의 제도적 보완물들이 국내적인 변수이고 국제적인 환경에 대한 고려가 없다는 것(Bamber et al., 2016)도 비판의 대상이다.

06 국제비교노사관계의 최근 동향[42]

　　다양한 국가들의 노사관계의 동향을 몇 가지로 요약정리하는 것은 당연히 과잉단순화(over-simplification)의 위험을 가지게 될 것이지만, 본 장에서는 주로 우리에게 친숙한 국가들을 대상으로 비교적 일반적인 현상을 요약하고자 한다. 그럼에도 불구하고 아래에 서술한 일반적인 경향에는 상당한 예외가 존재함을 인정하여야 할 것으로 생각된다.

　　2000년 이후 세계각국이 겪고 있는 노사관계환경의 공통점은 세계화와 정보화에 따른 시장에서의 경쟁의 격화, 그리고 국가차원에서의 경쟁력강화를 위한 움직임으로서 민영화와 구조조정의 일상화 현상, 양극화의 심화에 따른 사회갈등 등을 들 수 있다. 이러한 환경하에서 노사정은 스스로의 역량과 전략에 바탕하여 다양한 상호작용을 보여주고 있다. 아래에서는 국제노사관계의 최근 동향을 6가지로 요약하여 설명하기로 한다.

　　먼저, 노조의 위축과 비노조대표조직의 등장이 두드러진다. 세계의 노동운동은 지난 수십 년간 조직률 하락현상을 겪고 있으며, 이러한 추세는 21세기에 들어서도 멈추지 않고 있다. 조직률 하락을 보이는 것은 세계적인 공통점이지만 하락의 추세는 국가별로는 조금씩 차이를 보이고 있다. 조직률 하락현상은 자유시장경제국가(LME)들에게서 지속적으로 나타나고 있으며 북유럽국가나 조정시장경제국가(CME)들은 대체로 노조조직률을 유지하는 편이다.[43] 개발도상국들은 원래 조직률이 낮았는데 최근 들어서도 침체상태를 벗어나지 못하고 있다.

　　노동조합의 영향력이 퇴조함에 따라 노동조합의 대표성에 대한 심각한 의문을 제기하는 현상이 생기고 있다. 예를 들면, 프랑스의 경우 기업 내 노동자대

---

42) 이 부분은 김동원(2003)의 설명을 발췌·요약하고 업데이트한 것임을 밝혀둔다.

43) 반면, 한국은 1989년 20%에 근접한 노조조직률을 보이다가 1990년대 내내 지속적인 하락세를 보여 2000년대에는 전성기의 절반정도인 10.3% 정도에 머물렀다. 문재인정부 집권 이후 노동친화적인 정책의 영향으로 노조조직률이 늘어나서 2018년말 기준으로 11.8%를 기록하고 있다. 한국의 노동조합 조직률이 늘어난 것은 최근 들어 세계적으로 보기 드문 사례이다.

표기구의 구성과 관련하여 비노조원이 출마할 수 있도록 해달라는 주장이 있으며(박우성, 2003), 미국의 경우에도 사업장 내 비노조노동자기구의 적법성을 강화시켜달라는 입법안이 부결된 바 있다. 또한, 한국에서도 경제사회노동위원회에 한국노총이나 민주노총 이외에도 비정규직이나 외국인노동자를 대표하는 집단을 노동계의 대표로 포함하여야 한다는 주장이 있다. 이러한 현상은 모두 노조의 조직률 하락과 대표성의 위기에서부터 촉발된 움직임으로 볼 수 있다.

더욱 중요한 현상은 지속적인 노동조합 조직률의 하락, 주변부 및 비정규직 노동자들의 증가에 따라 시민사회단체(civil society organization)와 준노조(準勞組, quasi-union) 등 노동이해대변의 새로운 행위자들이 선진국과 개발도상국 모두에서 나타나는 점이다. 전통적인 노동조합 조직이 대규모 기업, 전통 제조업, 정규직 중심으로 노동자의 이해 대변을 수행하는 반면, 시민사회단체(civil society organization)와 준노조(準勞組, quasi-union) 등은 노동조합에 의해 보호를 받지 못하지만 숫자가 지속적으로 늘어나는 주변부노동자(영세중소기업, 저임의 서비스업 종사자, 비정규직, 이민자, 고령자, 연소자)들을 대상으로 활동하고 있다. 새로운 행위자들은 협상력의 부족으로 단체교섭을 수행하기보다는 상호부조, 사회적압력 제기 및 법률 제정과 개정 등의 기능을 수행하고 있다.

둘째, 노동조합의 지속적인 하락과 더불어 위기의식을 느낀 각국의 노동조합연맹에서는 노동조합 조직률을 향상시키기 위한 적극적이고 대대적인 노력을 기울이고 있다. 이러한 노력을 크게 두 가지 방향으로 전개되고 있다.

우선, 새로이 부상하는 피고용인집단을 조직하기 위하여 신규노조 조직사업에 대한 투자를 강화하는 작업이다. 예를 들면, 신규조직 전문가를 양성하기 위하여 미국의 AFL-CIO는 대학원생을 노동조합조직의 운동가(student organizers)로 활용하여 신규노조조직의 저변을 확대하기 위하여 노력하고 있으며, 영국의 TUC는 노조조직 아카데미(organizing academy)를 설립하여 신규노조 조직전문가를 양성하고 있다. 그러나, 아직은 이러한 활동이 노조조직률 하락현상을 반전시킬만한 성과를 거두지는 못하고 있는 것으로 보인다.

그리고, 여러 국가의 노동조합은 노조조직률 하락에 따른 세력위축과 재정위기, 산업차원의 구조조정에 대한 효과적인 대응을 위하여 기업별 노조의 산별화, 산별연맹체의 강화, 노조의 합병들을 지속적으로 추구하고 있다. 예를 들면,

한국과 일본에서는 지속적인 노동조합 조직률의 하락을 겪으면서 기업별 노조를 산업별로 재편하거나(한국의 경우), 산업별 연맹체의 권한과 기능을 강화하려는(주로 일본의 경우) 움직임이 진행되고 있다. 특히, 한국의 경우는 산별노조화 움직임이 1990년대 말부터 시작되어 2020년 현재 약 절반 정도의 노동조합원이 산별노조에 가입하여 단기간에 급속도로 산별노조화한 사례에 속한다. 일본의 경우, 전통적인 기업별 노조의 약점을 보완하기 위하여 산별단체의 역할과 기능을 강화하고 기업별 노조를 재편하려는 움직임이 일고 있다(안희탁, 2003).

전통적으로 기업별 노조를 운영하던 한국과 일본에서의 이러한 움직임은 최근 부각된 기업별 노동조합의 약점에 기인한 것으로 보인다. 우선, 기업별 노동조합은 기업바깥의 인력을 노조화하려는 인센티브가 존재하지 않으므로 노조원의 확충을 위한 적극적인 노력을 펴지 않음으로써 국가전체의 노동조합 조직률 하락에 기여하였다는 비판을 받고 있다. 또한, 최근의 구조조정의 압력은 주로 산별차원에서 이루어지므로 기업별 노조의 차원에서는 효과적인 대응에 한계가 있다는 것이다.

또한, 이미 산별노조가 정착된 서구의 국가에서는 산별노조 간의 통합과 합병을 통한 대형화가 활발히 진행되고 있다. 조직률 향상노력의 일환으로 진행되는 노동조합 간의 합병현상은 스웨덴, 미국, 독일, 영국, 독일, 이탈리아 등에서 일어나고 있다. 예를 들면, 미국의 경우 1990년대 말 섬유직물계통의 산별노조가 통합하여 단일 섬유노조(UNITE)가 탄생하였으며, 영국의 경우 1990년대에 공공부문의 산별노조가 통합하여 최대규모의 공공노조(UNISON)이 결성되었고(허찬영, 2003), 독일의 경우 거대산별노조 간의 통합작업으로서 2000년 공공과 민간의 서비스부문의 노조가 통합되어 단일서비스노조를 결성함으로써 독일 최대 노조가 되었다(선한승, 2003). 이러한 노조통합의 움직임은 노조의 규모확대로 인한 교섭력, 재정능력, 정책영향력 강화를 겨냥한 것이다.

이러한 노동조합의 집중화현상은 노사관계의 분권화(예를 들면, Katz, 1993)에 대한 중요한 반작용으로 볼 수 있다. 즉, 사용자의 주도에 의한 단체협상의 분권화현상에 대하여 노동조합의 대응현상으로 노동조합이 위기를 깨치기 위하여 전개하는 전략적인 선택으로 보아야 할 것이다(Kim and Kim, 2003).

셋째, 노동운동의 중심이 민간제조업에서 공공서비스부문으로 옮겨지는 현상이 일어나고 있다. 산업혁명 이후 노동운동의 중심은 민간제조업에 위치하여 왔다. 그러나, 장기적으로 제조업이 쇠퇴하고 서비스업이 비중이 커지는 후기산업사회로 접어들면서 노동조합운동의 성격도 변화하고 있다. 민간부문의 노동운동이 경쟁의 격화에 따른 사용자의 노조약화전략으로 쇠퇴하는 반면, 독점적인 사업을 운영하는 공공부문의 노동운동은 상대적으로 안정된 모습을 보인다. 따라서, 과거에는 민간부문, 제조업이 각국 노동운동의 중심이었지만, 21세기 들어 노동운동의 중심이 공공부문과 서비스업으로 옮겨지는 현상이 가속화되는 것이다.

민간부문의 노동운동이 현저히 약화되고 공공부문의 노동운동이 강화되는 추세는 거의 모든 주요 국가에서 관찰된다. 예를 들면, 미국의 경우 공공부문의 노동조합 조직률은 40% 정도로서 안정세를 보이지만, 민간부문의 조직률은 지속적으로 감소하여 현재 10% 미만에 불과하다. 다른 국가의 경우도 공공부문의 노동조합 조직률이 민간부문보다 대체로 높은 현상을 보인다. 또한, 여러 국가에서 공공부문 노조가 각 국가별로 최대노조의 위치를 점하고 있다. 즉, 한국의 전교조, 미국 NEA(교원노조), 영국의 UNISON(공공노조), 독일 공공노조 등이 과거 민간부문 노조가 차지하던 최대 노조의 처리를 차지한 것이다. 따라서, 노동운동의 내부에서 공공부문의 목소리가 더욱 커지면서 발언권도 세어지고, 장기적으로는 공공부문 노조가 노동운동의 중심세력으로 자리잡을 것으로 보인다. 공공부문이 보다 안정된 조직률을 보이는 이유는 독점적인 서비스를 제공하는 공공부문의 선출직 혹은 임명직 사용자가 노조에 대한 적극적인 반대를 할 인센티브가 상대적으로 적기 때문이다. 따라서, 민간부문노동조합의 조직률이 빠른 하락세를 보임에 비하여, 공공부문은 한번 노조가 결성되면 그 규모가 축소되지 않는 특징을 보이는 것이다.

넷째, 사용자의 노사관계전략의 양극화현상(polarization of employer strategy)이 관찰된다. 이는 수렴이론(Kerr et al., 1960)의 주장과 대치되고 오히려 Katz and Darbishire(2000) 등과 유사한 분산가설(divergency hypothesis)에 힘을 실어주는 현상이다. 사용자들이 노동조합에 대하여 서로 상충되는 두 가지의 전략을 동시에 사용하는 양극화현상이 여러 국가에서 관찰되고 있다.

전통적으로 사용자의 노사관계전략은 크게 세 가지로 구분이 된다. 즉, 참여협력, 대립과 공존, 노조회피의 세 가지 전략이다. 이중 첫 번째와 세 번째 전략의 비중이 커짐에 비하여 두 번째의 전략의 비중은 갈수록 줄어들고 있다. 즉, 이미 강력한 노조가 결성되어 있어서 노동조합을 회피할 수 없는 상황에서는 참여와 협력전략을 사용하고 있는데, 카이저 퍼머난테병원, Xerox, Saturn, NUMMI, AT&T, Levi Strauss 등 미국의 고성과작업조직들에서 이러한 성향이 강하게 나타난다. 이들 기업에서는 노동조합의 경영참여가 일상화, 제도화되어 있어서 노동조합원이 자율경영팀활동을 통하여 현장작업과정에 깊이 참여함은 물론, 노조의 집행부는 신규투자, 공장증설 등 기업의 전략적인 결정에도 참여하고 있다. 다른 한쪽의 극단에서는 가능한 한 노동조합을 약화시키거나 회피하려는 전략을 쓰고 있다. 즉, 노동조합이 있는 사업장에 투자를 줄이고 노동조합이 없거나 약한 지역과 국가로 사업장을 이전하는 움직임이 회피전략에 해당된다.

위에서 언급한 참여와 협력, 노조회피의 두 가지 전략 중, 21세기 들어 노조회피전략을 선택하는 기업이 더욱 늘어나고 있는 것으로 보인다. 특히, 최근 수년간 참여협력의 전략을 사용한 고성과작업조직(high performance work organizations)의 경영성과가 기대에 미치지 못하는 경향을 보이면서(Frost, 2008) 이 전략의 매력도가 감소하고 있다. 예를 들면, 참여협력적 노사관계의 대명사였던 미국의 Saturn과 NUMMI는 2008년 금융위기를 견디지 못하고 폐쇄되었다. 고성과작업조직의 대표적인 Xerox, AT&T, Corning의 경영성과가 기대수준을 밑돌면서 이들 기업에서도 참여협력전략을 탈피하고자 하는 움직임이 있다. 예를 들면, AT&T에서는 참여협력과 대량해고를 동시에 추구하여 노사갈등을 불러일으켜 왔다(노용진, 2000). 또한, Corning의 경우에도 이중전략(double-breast feeding strategy)을 사용하여 노조가 강한 사업장의 참여협력전략을 채택하고 노조가 약하거나 무노조인 경우에는 노조를 회피하려는 전략을 사용하고 있는 것이다(이영면, 2000). 1950년대 이후 1970년대까지는 노동조합의 존재를 인정하면서 대립적인 관계를 설정하는 중간적인 전략이 대부분 사용자의 대노조 정책이었으나, 최근에 와서는 대립과 공존이라는 중간적인 전략보다는 참여협력 혹은 회피라는 양극단으로 사용자의 전략이 이동하고 있는 것이다.

이에 덧붙여서 고용전략의 측면에서도 ① 직원들에게 경영참가와 고임금, 기술숙련을 제공하는 high road strategy를 추구하는 주로 대기업, 첨단업종의 사용자 그룹과 ② 저임금과 강압적 관리방식, 탈기술화(de-skilling)된 직무를 제공하는 low road strategy를 사용하는 사용자 그룹으로 이분화되는 현상이 더욱 뚜렷해지고 있다. 심지어 동일 사용자가 사업장에 따라서 high road strategy 와 low road strategy를 각기 적용하는 사례도 있다. 전자는 품질과 차별화를 주된 기업의 핵심역량으로 간주하는 반면, 후자는 대량생산과 비용절감을 경쟁력의 기반으로 하고 있는 것이다. 최근 들어서는, 한 작업장의 노동자들의 신분이 정규직, 비정규직, 하청업체직원, 용역업체 직원, 파견직, 컨설턴트, 인턴 등의 균열된 직업군으로 구성되는 현상인 균열일터(fissured workplace)(Weil, 2014) 현상도 가속화되고 있다.

이러한 현상들은 마치 최근 개인의 차원에서 중산층이 없어지고 부자와 빈자로 사회가 양극화되는 것처럼, 기업의 노사관계와 인력정책의 차원에서도 중간적인 전략을 채택하는 기업이 줄어들고 양극단으로 분포되는 기업이 갈수록 많아진다는 것을 의미한다. 이러한 현상은 사회와 경제의 이분화현상을 더욱 심화시키는 요인으로 작용할 것이다.

다섯째, 무노조경영에 대한 관심이 증가하는 현상도 나타난다. 노조의 쇠퇴와 더불어 각국의 사용자들 사이에 무노조(혹은 비노조)경영에 대한 관심이 높아지고 있다. 특히, 과거에는 사회정의를 위한 노동조합의 존재가치가 인정되어 사용자가 일반대중의 여론을 고려하여 공개적인 노조회피전략을 쓰는 것을 꺼렸지만 노동조합에 대한 사회의 지지가 다소 소극적으로 바뀌면서 다수의 기업들이 공식적으로 무노조전략을 수립하기에 이른 것이다. 무노조경영방식의 등장의 배경은 단체협약을 통한 노동비용의 절감에 한계가 있고 노조회피전략의 매력도가 증가하였다고 사용자가 인식한 결과이다. 특히, 1990년대 이후 IBM, HP, Motorola, FedEx, Google, Apple 등 미국의 우량 무노조기업이 세계적인 벤치마킹대상으로 떠오르고, 이들 기업의 무노조 인적자원관리(non-union human resource management)전략이 다국적컨설팅회사를 통하여 외국으로도 널리 전파되면서 더욱 주목을 받게 되었다. 이러한 현상을 반영하여 학계에서도 무노조에 대한 연구가 활발해지고 있다(예를 들면, Kaufman and Taras, 2000).

이에 덧붙여, 미국식 무노조경영방식(Human Resource Management, HRM)이 전세계에 전파되는 현상이 일어나고 있다. HRM의 확산은 영국, 한국, 일본, 독일, 브라질, 멕시코 등 거의 모든 국가에서 관찰되고 있으며, 심지어 미국문화에 소극적인 프랑스의 기업도 미국식 HRM을 글로벌 스탠다드로 여겨서 도입하는 경향(박우성, 2003)을 보인다. 이는 세계화의 경향에 편승한 움직임으로 보이는데, 다국적기업과 다국적 경영컨설팅회사의 영향이 가장 큰 이유이다.

마지막으로, 노동조합의 약화는 필연적으로 고용관계에 대한 정부의 역할을 강화시키는 결과를 가져오고 있는데 특히 개별노동법의 강화 현상이 두드러진다. 노동조합이 위축되어 개별노동자를 보호하는 기능이 약해짐에 따라 국가에서는 모성보호법, 장애인보호법, 차별금지법 등 개별고용관계법을 잇달아 제정하여 개별노동자를 보호하려는 양상이 다수의 국가에서 관찰되고 있다. 노동조합이 약화됨에 따라 개별노동자를 보호하기 위하여 정부의 입법이 이루어졌지만, 개별고용관계법의 확장현상은 노동조합의 필요성을 더욱 감소시키는 역할을 하기도 한다. 즉, 개별고용법의 확장은 노동조합의 반등을 위해서는 오히려 부정적인 역할을 할 가능성이 큰 것으로 보인다.

또한, 여러 국가에서는 노동조합의 위축으로 말미암아, 개별 노동자가 노동조합에 호소할 수 없으므로 법정을 통하여 사용자를 상대로 소송을 제기하는 현상이 증가하고 있다(Gall and Hebdon, 2008). 즉, 과거 노조가 해결하던 문제가 이제는 노동자개인의 법적소송으로 옮겨가는 현상이며, 이는 노사 간의 분쟁이 집단 간의 분쟁에서 개별분쟁으로 전이하는 것으로 볼 수 있다. 이러한 현상들은 모두 조합원을 대표하고 보호하는 노동조합의 고유 기능이 위축된 결과이며, 사용자의 입장에서도 의도하지 않았던 노조위축의 부작용으로 받아들여지고 있다. 즉, 고용관계의 개별화현상은 사용자에게도 반드시 긍정적인 영향만을 미치지는 않는 것이다.

2차대전 이후의 노사관계는 다원주의(pluralism)의 원리에 따라 형성되어 왔다. 즉, 한 사회 내에 여러 개의 세력센터(power center)들이 공존하며 상호 견제하고 조절하여 효율성(efficiency)과 형평성(equity)이 균형을 갖는 상태를 유지하는 것이 사회구성원과 사회전체의 유지발전을 위하여 바람직한 상태라는 믿음을 공유해온 것이다(Commons, 1918; Kerr et al., 1960). 그러나, 사회 내의 세력센터 중 하나인 노동계가 위축되고 사용자의 세력이 강해지는 현상이 오래 지속되면서 결국은 효율성과 형평성의 균형이 무너지고 효율성만이 지나치게 강조된 결과가 노사관계의 이분화, 양극화현상으로 나타난 것으로 볼 수 있을 것이다. 이러한 현상은 장기적으로 노동조합의 지속적인 침체가 사회전체의 안정을 위하여 바람직하지 않은 현상이라는 점을 시사하고 있다. 최근, 세계화와 양극화에 반대하는 시위가 전 세계를 휩쓸고 있는 현상이나 양극화의 희생양인 서민층과 빈민층을 대변하는 인기영합주의 정치의 득세는 사회균형이 무너진 결과물로 볼 수 있다. 노동조합이든 다른 조직이든 사회전체의 형평성을 대변하는 조직이 부상하여, 장기적으로는 효율성과 형평성의 균형을 이룰 수 있는 상태로 복원되는 것이 바람직한 현상일 것이다.

Recommended Readings and Annotated Bibliography

Bamber, G. J., Lansbury, R. D., Wailes, N. and Wright, C. F.(Eds.) 2016. International and Comparative Employment Relations. the 6th Edition, London: Sage Publication.

> 이 책은 국제비교노사관계론의 대표적인 교과서 중 하나이다. 미국, 영국, 프랑스, 독일, 일본 등 선진국과 중국, 한국, 인도 등 떠오르는 아시아국가의 고용관계를 소개하였다. 서론과 결론에서는 국제비교고용관계의 최근의 이론적인 이슈들을 다루었다.

Barry, M. and Wilkinson, A.(Eds.) 2011. Research Handbook of Comparative Employment Relations. Cheltenham, U.K.: Edward Elger.

> 이 책에서는 제도론, 정치경제, 법률측면, 문화측면 등 비교고용관계의 주제별 이슈들을 먼저 다루고 칠레와 아르헨티나, 중국과 인도, 일본과 한국 등 비슷한 국가끼리의 비교 사례연구를 소개하였다. 마지막 부분에서는 조합주의(corporatism)와 신자유주의, 다국적기업의 역할 등 최근의 이슈들을 논의하였다.

Frege, C. M. and Kelly, J. 2013. "Theoretical Perspectives on Comparative Employment Relations," In C. M. Frege and J. Kelly(Eds.) Comparative Employment Relations in the Global Economy. London: Routledge.

> 비교고용관계에서 주요 이론들을 다룬 글이다. 주요 이론들을 ① 시장중심 이론(수렴이론, 세계화 이론, 자본주의 다양성이론)과 정치경제적 이론(조합주의와 역사제도학파)으로 나누어 상세히 비판적으로 소개하였다.

Hall, P. and Soskice, D.(Eds.) 2001. "An Introduction to Varieties of Capitalism," In P. Hall and D. Soskice(Eds.) Varieties of Capitalism: the Institutional Foundations of Comparative Advantages. Oxford: Oxford University Press.

> 자본주의의 다양성이론은 수렴이론과 절대적 세계화 이론을 배격하고 제도의 중요성을 재확인한 이론이다. 기업중심의 정치경제적인 이론으로서 기업이 다른 조직들과 전략적인 관계를 수립(relational view of firms)한다고 보았다. VoC이론은 자본주의 유형은 자유시장경제(Liberal Market Economy, LME)와 조정시장경제(Coordinated Market Economy, CME)의 두 가지로 정립된다고 간주하였고 제도적 보완물과 경로의존성이 이 유형들을 유지하게 하는 역할을 한다고 주장하였다.

Katz, H. C. and Darbishire, O. 2000. Converging Divergences: Worldwide Changes in Employment Systems. Ithaca, NY: Cornell University Press.

> 저자들은 수렴이론에 반대하여 국가별 고용관계 패턴의 차이는 줄어드는 대신에, 각국의 국내에서는 다양성이 증가하고 있다고 바라보았다. 미국을 비롯한 7개 선진국의 자동차산업과 통신산업을 대상으로 고용관계 변화를 검토한 결과, 모든 나라에서 네 가지 공통된 현상(저임금, HRM, 일본지향, 공동팀)이 나타나며 이를 다양성으로의 수렴(converging divergence)이라고 지칭하였다.

Kuruvilla, S. and Lakhani, T. 2013. "Globalization," In C. M. Frege and J. Kelly(Eds.) Comparative Employment Relations in the Global Economy. London: Routledge.

> 세계화와 고용관계에 대하여 주요 이슈들을 체계적으로 정리한 글이다. 세계화에 대한 세 가지 경쟁가설, 세계화의 원인과 결과, 세계화와 고용관계에 대한 학술적인 문헌, 세계화에 대응하는 국제적인 정책대안, 글로벌 가치사슬과 고용관계 등을 차례로 설명하였다.

10장

결론: 학문으로서의 고용관계론의 미래

고용관계론의 과거를 먼저 파악하고 현 위치에 대한 정확한 이해가 선행되어야 미래를 적절히 논의할 수 있을 것이다. 마지막 장에서는 지난 수십 년 동안의 고용관계론 연구에 대한 동향 분석(trend analysis) 결과를 설명한 이후, 학문으로서 고용관계론의 새로운 방향에 대하여 논의하고자 한다.[44)]

고용관계론의 연구동향 분석, 1947~2014년

고용관계 학문의 선구자인 Webbs(1897, 1898)와 Commons(1918)가 처음에 구상한 학문의 범위가 매우 광범위했다. 당시에는 노동문제(labor problems) 혹은 노사관계(industrial relations)라는 이름하에 인적자원관리, 노동법, 노조 및 단체교섭, 거시경제 안정화를 아우르는 폭넓은 분야가 노사관계 학문의 범주에 포함되었다. 하지만, 1930년대 대공황 이후 급성장한 노조와 단체교섭이 노동문제를 해결하는 데 있어 성공적인 도구로서 작동하면서, 노동조합과 단체교섭이 고용관계론의 핵심으로 떠올랐고, 1960년대에 이르러서는 노조와 단체교섭이 다른 모든 세부 분야를 압도할 정도로 이 분야의 중심이 되었다(Kaufman, 2008). 이 현상은 한 세부 분야의 성공이 결국 전체 분야의 폭을 좁혀버린 역량 함정(competency trap)의 한 사례이다. 즉, 한 분야에서의 성공이 구성원들로 하여금 그 분야에만 집중하게 만들어 다른 분야에 소홀하게 되는 현상이 벌어진 것이다. 하지만, 1980년대 이후의 복잡다단해진 사회경제적 환경 하에서는 노동조합과 단체교섭 이외의 다양한 갈등해결 메커니즘이 필요하게 되었고, 고용관계론의 좁아진 포커스를 우려하는 목소리가 커지고 있다.

본 장에서는 먼저 고용관계론 연구의 현황을 파악하기 위하여 수행한 실증

---

44) 본 장은 영문으로 쓰여진 Kim(2020)의 일부를 발췌하여 수정하고 한글로 의역한 것임을 밝혀둔다. 고려대학교 김정훈연구원이 초벌 번역을 담당하였고 필자가 다시 수정하였다.

연구를 소개하고자 한다. Kim and Kim(2018)의 연구는 1947년부터 2014년까지 주요 고용관계론 학술지의 초록을 분석했다. 이 분석에 포함된 것은 4개의 서구 국가(호주, 캐나다, 영국, 미국)의 대표적인 고용관계론 5개 학술지의 모든 초록이다. 이 5개의 학술지는 영국의 British Journal of Industrial Relations, 미국의 Industrial and Labor Relations Review와 Industrial Relations, 호주의 Journal of Industrial Relations, 캐나다의 Relations Industrielles/Industrial Relations이다. Kim and Kim(2018)은 키워드 출현 빈도분석과 동시발생 행렬 분석을 통하여 다음의 결과를 얻었다.

첫째, 키워드 출현 빈도의 결과 놀랍게도 노동조합에 관한 연구는 1940년대 이래 일정 정도 꾸준히 증가해 왔다. 노조와 관련된 일반적인 주제를 다루는 연구의 수는 안정적으로 유지되었지만, 1980년대 이래로 노조 쇠퇴 또는 노조 재활성화 주제에 대한 연구는 증가해왔다. 그 결과, 노동조합에 대한 총 연구 수는 계속 증가하게 되었다. 마찬가지로 단체교섭, 파업, 조정 및 중재와 같은 고용관계론의 다른 전통적인 주제도 쇠퇴의 조짐을 별로 보이지 않고 있다. 반면, 비노조, 임시 및 비정규직, 가족, 젠더, 여성 및 이민자와 같은 새로운 주제에 대한 연구는 미미하게 증가하였다. 또한 고용관계론 연구가 인적자원관리 주제와 점점 더 밀접한 관계를 보이고 있으며 경제학 및 법학과의 전통적인 밀접한 관계도 계속 유지되고 있었다.

둘째, 데이터 간의 네트워크 관계를 정량적으로 검토하는 데 일반적으로 사용되는 동시발생 행렬 분석(co-occurence matrix analysis)을 사용하여 80년(1940~2010년대) 동안 가장 빈번하게 사용된 20개의 키워드 간의 관계를 조사했다. 표 10-1은 고용관계 분야가 그간 진화했지만 학문의 핵심은 그대로 유지했음을 보여주고 있다. 일부 전통적인 키워드(예를 들면, strike, industrial)는 순위에서 하락했거나 상위 20개 키워드에서 완전히 사라졌지만, 대부분의 전통적인 주제들(예를 들면, union, wage, relations)은 일관되게 상위 랭킹을 유지했다. 새로운 고용관계 주제(예를 들면, women, job, workplace)가 학계로부터 점점 더 많은 관심을 받았지만, 상위 순위에 포함되지는 않았다. 고용관계론의 전반적인 연구 방향은 경제학에서 경영학으로, 국가에서 시장으로, 집단적 고용관계에서 개별 고용관계로 이동한 것으로 나타났다.

▼ 표 10-1. 상위 20개 키워드, 1940년대~2010년대

순위	키워드							
	1940 년도	1950 년도	1960 년도	1970 년도	1980 년도	1990 년도	2000 년도	2010 년도
1	labor	union	labor	union	union	union	union	union
2	union	labor	union	industrial	industrial	industrial	employ	work
3	relations	industrial	industrial	labor	relations	relations	worker	employ
4	industrial	relations	wage	relations	wage	wage	work	worker
5	bargain	wage	relations	wage	labor	worker	wage	labor
6	manage	worker	state	bargain	employ	employ	relations	relations
7	organ	employ	employ	employ	worker	labor	labor	employe
8	wage	bargain	develop	state	work	firm	industrial	wage
9	employ	state	worker	unit	bargain	work	employe	industrial
10	problem	organ	economy	worker	job	job	job	job
11	economy	economy	Unit	unemploy	strike	employe	workplace	firm
12	act	collect	bargain	collect	model	bargain	market	new
13	strike	problem	problem	system	system	manage	new	bargain
14	worker	trade	public	public	market	market	manage	workplace
15	arbitration	movement	collect	employe	arbitration	new	system	collect
16	collect	act	organ	model	manage	product	firm	organ
17	product	program	present	develop	develop	women	practice	research
18	state	issue	unemploy	policiy	policiy	system	association	practice
19	plan	develop	market	economy	new	signific	organ	market
20	disput	present	policiy	determine	women	policiy	develop	women

출처: Kim and Kim(2018)

전반적인 분석 결과는 고용관계론 연구에서 여전히 노조 관련 주제가 압도적임을 보여준다. 이러한 현상을 보면, 고용관계 분야에서 노조와 단체교섭에 대한 현재의 지속적인 관심이 바람직한지 의문을 품게 한다.

고용관계론 연구의 새로운 방향에
대한 제언

　　고용관계 분야는 현재의 급변하는 환경에서 발생하는 고용관계에서의 복잡
성과 다양성이 나날이 증가하는 상황을 고려한다면 행위자, 의제, 갈등 해결, 참
여협력의 차원에서 새로운 접근방식이 개발되고 확장될 여지가 크다. 특히, 고
용관계론이 단일 학문분야에 매여 있지 않고 학제 간의 상호작용을 중시하는 종
합학문(inter-disciplinary)인 점은 점증하는 환경의 복잡성에 대응할 잠재력이 크
다는 점을 의미한다.

　　노동문제는 사회양극화의 진전에 따라 대부분의 국가에서 여전히 중요하거
나 혹은 점점 더 중요해지고 있다. 세계화와 급변하는 기술로 인해 제품 및 서
비스 시장에서 경쟁이 격화되면서 구조조정 및 해고를 동반하는 전통적인 산업
의 창의적인 파괴가 잇달아 발생하고 있다. 그 결과 대중매체는 거의 매일 구조
조정, 취업과 실업, 임금, 파업, 재택근무 등 노동문제에 대한 기사를 헤드라인
으로 보도하고 있다. 노동문제는 SNS에서도 가장 중요한 키워드로 떠오르고 있
다. 고용관계론의 주제인 노동문제가 현대 사회의 중심적인 위치에 있다는 것은
의심의 여지가 없다. 노동문제에 대한 사회적 관심이 급증에 발맞추어 이 분야
도 노동조합과 단체교섭에만 집중한 과거의 패러다임에서 벗어나 "대중의 상상
력을 사로잡는 방식으로" 문제를 다루어야 할 것이다(Delaney, 2006: 500).

　　노동문제에 대한 오늘날 대중매체의 헤드라인은 노동조합과 단체교섭을 훨
씬 넘어선 다양하고 확장된 범주를 보여주고 있다. 기존의 노조와 단체교섭을
넘어서, 변화하는 사회적 요구를 충족시키기 위해 이 분야를 재조정하고 재구성
해서 고용관계론의 패러다임을 획기적으로 넓힐 필요가 있는 것이다. 고용관계
의 노동조합과 단체교섭에 고정된 초점을 넘기 위해서는 최소한 다음 5가지의
새로운 주제, 이슈들을 고용관계론의 연구분야로 끌어들여야 한다.

　　첫째, 준노조, 노동센터, 시민사회조직, 노동인권단체, 노동NGO와 같은 새

로운 주체에 대한 연구를 심화시킬 필요가 있다. 이러한 조직들은 전통적인 노조가 간과하는 여성, 소수 민족, 이민자, 노인 및 장애인, 성소수자 등 다양한 정체성을 가진 집단을 포함하고 있다. 고용관계론 분야는 자본−노동이라는 이분법에 초점을 맞추는 것에서 다양한 정체성 집단 간의 다차원적인 사회−경제적 관계를 통합하는 것으로 확장된 이론 틀을 제시하여야 한다. 이분법에 바탕한 Dunlop(1958)과 Kochan et al.(1986)의 이론 틀 이후로 다자간의 갈등을 다루는 널리 알려진 이론 틀이 제시되지 못한 것은 안타까운 일이다. 새로운 이론 틀은 사회 운동, 집회, 시위에 대한 사회학 이론과 정치적 행위자에 대한 정치학 이론과 긴밀히 연결되어야 할 것이다. 또한, 노동자와 직장 간의 연결성이 약화되는 긱경제 하에서 노조와 단체교섭 자체도 매우 다른 형태를 취해야 할 것으로 보인다. 새로운 형태의 노조와 단체교섭을 포괄할 수 있는 이론적 틀을 개발할 필요가 있다.

둘째, 대부분의 선진국에서 발생하는 파업의 수가 감소하고 있지만 이것은 노사갈등이 안정화됐기 때문이 아니고, 오히려 많은 노동자들이 노동조합에 가입하지 못하거나, 협상력 측면에서 사용자에 비하여 열세에 처한 노조가 파업할 여력이 없기 때문이다(Gall and Hebdon, 2008). 노동쟁의의 형태가 과거의 파업에서 점점 집회나 시위, 소셜 미디어를 활용하는 항의, 시민단체의 기자회견, 인접 분야의 시민단체나 일반대중을 동원한 여론에의 호소 등 새로운 형태로 변화하고 있다. 이러한 현상은 노사 간의 대체적인 힘의 균형을 가정하고 설정된 전통적인 영미권의 다원주의 이론(pluralism)에 심각한 회의를 던져주고 있으며 다원주의를 대체할 새로운 고용관계 이론 틀에 대한 관심을 높이고 있다.

더욱 직접적인 문제는 파업에 비하여 이러한 대안적인 노동쟁의수단(alternative labor disputes)에 대한 이론적인 바탕도 부족하고, 통계로서 집계도 어렵다는 점이다. 노동쟁의에 대한 정부의 통계도 공식적인 파업에만 국한되어 있어 현실을 전혀 반영하지 못하고 있다. 예를 들면, 여러 국가의 사례에서 보듯이, 정부가 집계하는 공식적인 파업의 수는 안정되거나 감소추세를 보이지만, 파업을 할 수 없는 노동자들과 노동단체들이 거리에서 벌이는 집회와 시위는 매년 급증한다면, 공식적인 노동통계는 현실을 전혀 반영하지 못하는 무용지물일 것이며 오히려 현실을 오도하여 그릇된 정책대안을 양산할 가능성이 커서 사태를 더욱 악화시킬 뿐이다. 고용관계 분야에서는 대안적인 노동쟁의수단에 대한 체계적인 연구를 통한 이론 틀의 개발이 시급하다. 이에 바탕하여 각국의 정부와 ILO, OECD 등 국제기구의 통계도 공식적인 파업뿐만 아니라 대안적인 노동쟁의수단을 포함하여 발표하여야 할 것이다.

셋째, 전통적으로 고용관계 분야는 선진국의 노동문제에 주로 집중되어 있었고 개발도상국의 노동문제에는 관심이 부족했다. 그러나, 정치적, 경제적, 인구적으로 개발도상국의 중요성이 꾸준히 증가하면서 이들 국가에 대한 더 많은 관심이 절실히 필요해졌다. 기존의 연구들이 지적하는 대로 선진국의 경험을 바탕으로 한 이론적 틀은 신흥국들의 노사관계를 충분히 설명하지 못한다. 예를 들어, 개발도상국의 노사관계가 유럽이나 영미국가의 패턴과는 다른 독특한 유형을 보인다는 점은 이미 잘 알려져 있다(Bean, 1994; Kim, 2006; Ng et al., 2019). 또한 개발도상국의 노사관계는 모든 측면에서 국가의 역할이 매우 중요하다. 그러나 고용관계 학문의 자율주의/다원주의적 이론 틀은 이러한 국가의 역할이 간과되어 있다(Hyman, 2008).

개발도상국 고용관계에 대한 연구의 부족은 현실적으로 여러 문제들을 잉태하고 있다. 예를 들면, 서구의 경험을 중심으로 쓰인 교과서가 개발도상국의 현상에 잘 맞지 않음에도 불구하고 개발도상국의 대학에서는 대안의 부재로 서구의 교과서를 사용하는 경우도 많다.[45] 고용관계 학문의 실용성을 높이고 늘어나는 신흥국가들의 정책수요에 대응하기 위하여 개발도상국의 노동문제의 특징을 감안한 새로운 이론 틀이 요구된다.

넷째, 고용관계론은 기술과 노동의 관계를 연구해 온 오랜 전통을 지니고 있다(예를 들면, Braverman, 1974; Marx, 1867; Piore and Sable, 1986). 현재 진행 중인 4차산업혁명이 고용문제에 미치는 영향을 고려할 때 이러한 전통은 미래에 더욱 강화되어야 할 것으로 보인다. 고용관계 분야가 기술의 문제를 고용관계의 영역으로 끌어들이지 않는다면 기술을 연구하는 학자들이 고용문제를 언급하게 될 것이다.

기술 혁명과 인간노동에 대하여 고용관계 분야에서는 여러 연구 이슈들이

---

45) Katz et al.(2018)은 이러한 문제의식을 공유하여 개발도상국의 경험을 수용하려고 노력한 드문 사례이다.

제기될 수 있다. 예를 들면, ① 어떠한 상황에서 기계가 인간노동을 보완 혹은 대체하는 지에 대한 연구, ② 인공지능을 통하여 기계가 인간노동을 감독하거나 지배할 경우 발생할 고용문제에 대한 연구, ③ 기계의 인체 이식이나 인간과 기술의 물리적 융합이 가져올 윤리적인 문제, ④ 기계의 인체 이식이나 인간과 기술의 물리적 융합이 노동 및 고용관계에 미치는 영향에 대한 연구, ⑤ 작업장에서 인공지능의 등장에 대한 노동법의 과제에 연구 등을 생각해 볼 수 있다.

마지막으로, 고려할 문제는 기존의 노동법과 새로운 일의 세계가 서로 양립하기 점점 힘들어지고 있다는 점이다. 현재의 노동법은 정규직의 안정된 고용관계를 가정하고 형성되었으나, 이 노동법의 범주를 벗어나는 고용관계 현상이 증가하고 있다. 단체결성권, 단체교섭권, 단체행동권 등 노동 3권은 노동기본권의 중추였으나, 최근의 새로운 고용관계(new employment relations)현상들은 노동 3권의 범주 밖에 있는 현상이 많다. 예를 들면, 준노조, 노동센터, 시민사회조직, 노동인권단체, 노동NGO 등은 실질적으로 노동자를 보호하는 대안적 노동조직이지만 단체결성권의 보호를 받지 못하고 있고, 전술한 집회나 시위, 소셜 미디어를 활용하는 항의, 시민단체의 기자회견, 인접 분야의 시민단체나 일반대중을 동원한 여론에의 호소 등 대안적인 노동쟁의수단(alternative labor disputes) 역시 단체행동권의 보호를 받지 못하고 있다. 이러한 대안적 노동조직이 노동조합보다 더욱 협상력이 약한 노동시장의 약자인데도 단체결성권의 보호를 받지 못하는 점과 대안적 노동쟁의수단이 파업보다 직접적인 당사자에게 미치는 영향력이 더 적은 사회적 약자의 절박한 수단인데도 단체행동권의 보호를 받지 못하는 점은 현재 노동법 체계의 모순을 극명하게 보여주는 것이다. 따라서, 현재 및 미래의 현실에 맞게 노동법을 근본적으로 개정하는 것이 시급한 과제이다. 지금까지 언급한 이슈들에 대하여 이미 일부 학자들은 관심이 있지만 이 주제들의 중요성이 분야 내에서 지금보다 훨씬 더 커져야 할 것으로 생각된다.

03 결론

　지난 수십 년간 고용관계 분야의 학회들은 고용관계 분야의 좁아진 패러다임이 갖는 잠재적인 문제점에 대하여 우려해왔다. 이러한 우려에도 불구하고, 본 논문에서 분석한 1940~2010년대 기간 중의 고용관계 분야 연구패턴을 보면 고용관계론이 여전히 노조와 단체교섭을 중심으로 형성된 분야임을 보여준다(표 10-1 참조). 고용관계의 학문분야가 더 넓은 일과 노동의 세계를 포용하기 위하여 최소한 ① 대안적 노동조직, ② 대안적 노동쟁의, ③ 개발도상국의 고용관계, ④ 기술혁명과 인간노동의 문제, ⑤ 새로운 일과 노동의 세계에 맞는 노동법의 재편에 대한 연구들을 시도하여야 한다.

　하지만, 노조와 단체교섭에 대한 연구의 대대적인 축소는 바람직하지 않으며 이에 대한 연구는 앞으로도 지속되어야 한다. 즉, 새로운 이슈들에 추가하여 전통적인 핵심 주제들도 보존해야 할 것이다. 왜냐하면, 노조와 단체교섭의 비중이 미래 사회에서 줄어들겠지만, 여전히 고용관계의 핵심요소 중 하나로 계속 남을 가능성이 높기 때문이다. 최소한, 노조와 단체교섭은 대기업과 공공부문에서 그 중요성을 유지해 나갈 것으로 보인다.

　과거 노동조합과 단체교섭의 큰 성공이 이 분야의 현재와 미래의 변화에 짐이 되고 있다. 고용관계 분야의 학자들은 고용관계론의 재활성화를 위한 과감한 전략적 결정을 해야 한다. 고용관계의 핵심을 유지하는 한편 새로운 추세를 반영하기 위해 학문분야를 재구성하고 확장하는 것이 중요하다.

참고문헌

강나빌레라. 2019. "한국노사관계에서 시민단체의 시대적 변천에 관한 연구" 고려대학교 일반대학원 경영학과 석사학위논문.

김기승·김명환. 2013. "노동조합은 정규직과 비정규직 간의 임금격차를 줄이는가" 『산업관계연구』 23권 1호 71−92쪽.

김동원. 1996. 『종업원참여제도의 이론과 실제』 한국노동연구원.

김동원. 2000. 『신노사문화 노사참여 활성화 방안 연구』 연구보고서, 노동부.

김동원. 2003a. "노동조합의 미래에 대한 소고: 서론에 대하여" 김동원(편저) 『세계의 노사관계 변화와 전망』 한국국제노동재단, 9−30쪽.

김동원. 2003b. "결론: 세계 노사관계 동향과 전망" 김동원(편저) 『세계의 노사관계 변화와 전망』 한국국제노동재단, 341−368쪽.

김동원. 2003c. "짧은 성공과 긴 좌절: 한국 노사정위원회에 대한 이론적 분석과 정책적 시사점" 『산업관계연구』 13권 2호 1−25쪽.

김동원. 2019. "혁신에 맞서는 일자리 투쟁의 위험성" 문화일보 오피니언 포럼, 7월 8일.

김동원·김윤호. 2007. "노사협력의 개념에 대한 이론적 검토" 『경영논총』 43집 151−186쪽.

김동원·이규용·권순식·김동주·김윤호·김주희·손동희·송민수·유병홍·이수영·정흥준. 2019. 『고용관계론』 제2판, 박영사.

김동원·전인·김영두. 2007. 『한국의 사용자와 사용자단체에 관한 연구』 한국노총 중앙연구원.

김동원·정경은·이정훈. 2013. "노사자율주의와 다원주의의 한계와 발전방향: 한국 노사관계에 주는 시사점" 조성재등(공저) 『한국 노사관계 시스템 진단과 발전방향 모색』 한국노동연구원, 15−73쪽.

김동원·정흥준. 2009. "노동조합의 미래와 세계금융위기: 시계추가설에 대한 斷想" 『한국노사관계학회 2009년 하계학술대회 발표논문집』 1−33쪽, 6월 23일, 성신여자대학교.

김승호·김영두·김종진·유형근·인수범. 2007. 『노동운동의 재활성화 전략』 연구보고서, 한국노동사회연구소.

남성일·전재식. 2013. "노동조합은 기업의 생산성을 높이는가? 경로별 요인분해를 통한 분석" 『산업관계연구』 23권 4호 45−66쪽.

노용진. 2000. "AT&T" 한국노동연구원(편집) 『세계 초우량기업의 작업장 혁신 사례 연구』 노동부.

류재우. 2005. "노동조합의 임금과 고용효과" 『노동경제논집』 28권 1호 105−134쪽.

류재우. 2007. "노동조합과 임금구조" 『노동경제논집』 30권 1호 31－53쪽.

박우성. 2003. "프랑스의 노사관계와 최근 변화" 김동원(편저) 『세계노사관계의 변화와 전망』 한국국제노동재단, 142－172쪽.

선한승. 2003. "독일의 노사관계모형과 참여정부의 과제" 김동원(편저) 『세계노사관계의 변화와 전망』 한국국제노동재단, 173－194쪽.

성재민. 2010. "국제적으로 본 한국의 임금불평등: 미국과의 비교를 중심으로" 『산업노동연구』, 16권 1호 61－101쪽.

신수식·김동원·이규용. 2002. 『현대고용관계론』 박영사.

신수식·김동원·이규용. 2008. 『현대고용관계론』 제3판, 박영사.

안희탁. 2003. "일본의 최근 노사관계 변화" 김동원(편저) 『세계노사관계의 변화와 전망』 한국국제노동재단, 79－106쪽.

오삼교. 2003. "브라질 노사관계" 김동원(편저) 『세계노사관계의 변화와 전망』 한국국제노동재단, 295－320쪽.

우석훈. 2003. "스웨덴의 노사관계" 김동원(편저) 『세계노사관계의 변화와 전망』 한국국제노동재단, 220－242쪽.

유경준·강창희. 2014. "노동조합이 사업체의 고용규모와 성과지표에 미치는 영향" 『경제학연구』, 62권 4호 35－65쪽.

이명기·김진산. 2018. "기업지배구조가 경제적 부가가치에 미치는 영향－기업지배구조 지수, 지품시장경쟁도, 노동조합－" 『금융지식연구』 16권 3호 147－182쪽.

이성형. 1998. "멕시코 코포라티즘의 위기: 1994－1997" 최영기·이장원(편저) 『구조조정기의 국가와 노동』 나무와 숲, 107－150쪽.

이영면. 2000. "AT&T" 한국노동연구원(편집) 『세계 초우량기업의 작업장 혁신 사례 연구』 노동부.

이영면. 2012. 『고용관계론』 경문사.

이제민·조준모. 2011. "노동조합이 기업 이윤율에 미치는 영향의 장기적 추세" 『한국경제학보』 18권 1호 44－77쪽.

이준범. 1997. 『현대노사관계론』 박영사.

최장집. 1988. 『한국의 노동운동과 국가』 열음사.

최종태. 1998. 『현대 노사관계론』 경문사.

황선웅. 2017. "노동조합이 비조합원 임금에 미치는 영향: 지역 수준 분석" 『산업노동연구』 23권 2호 79－108쪽.

홍장표·김종호·김성원. 2016. "계층적 원하청구조에서 노동조합의 임금효과" 『Journal of the Korean Data Analysis Society』 18권 3호 1423－1439쪽.

Aaron, B., Najita, J. M. and Stern, J. L. 1988. Public－Sector Bargaining. Washington, D.C.: The Bureau of National Affairs.

Ackers, P. 2002. "Reframing Employment Relations: the Case for Neo－Pluralism," Industrial Relations Journal. 33(1): 2－19.

Ackers, P. 2015. "Trade Unions as Professional Associations," In S. Johnstone and P. Ackers (Eds.) Finding a Voice at Work? New Perspectives on Employment Relations. Oxford: Oxford University Press, pp. 95－126.

Adams, R. J. and Meltz, N. M. 1993. Industrial Relations Theory: Its nature, Scope, and Pedagogy. N.J.: The Scarecrow Press.

Angle, H. L. and Perry, J. L. 1986. "Dual Commitment and Labor－Management Relationship Climates," Academy of Management Journal. 29(1): 31－50.

Appelbaum, E., Bailey, T., Berg, P. and Kalleberg, A. L. 2000. Manufacturing Advantage: Why High－Performance Work Systems Pay Off. Ithaca, NY: Cornell University Press.

Aronowitz, S. 1973. False Promises. Boston, MA: McGraw－Hill Book Co.

Arthur, J. B. 1994. "Effects of Human Resource Systems on Manufacturing Performance and Turnover," Academy of Management Journal. 37(3): 670－687.

Ashenfelter, O. and Johnson, G. E. 1969. "Bargaining Theory, Trade Unions, and Industrial Strike Activity," American Economic Review. 59(1): 35－49.

Ashenfelter, O. and Pencavel, J. H. 1969. "American Trade Union Growth, 1900－1960," Quarterly Journal of Economics. 83(3): 434－448.

Baccaro, L. 2003. "What Is Alive and What Is Dead in the Theory of Corporatism," British Journal of Industrial Relations. 53(4): 579－601.

Bacon, N. 2008. "Management Strategy and Industrial Relations," In P. Blyton, N. Bacon, J. Fiorito and E. Heery(Eds.) The SAGE Handbook of Industrial Relations. London: SAGE Publications.

Bahrami, B., Bitzan, J. D., and Leitch, J. A. 2009. "Union Worker Wage Effect in the Public Sector," Journal of Labor Research. 30(1): 35－51.

Bamber, G. J. and Lansbury, R. D. 1993. International and Comparative Industrial Relations. London: International Thomson Business Press.

Bamber, G. J. and Lansbury, R. D. 1998. International and Comparative Employment Relations. the 3rd Edition, London: Sage Publications.

Bamber, G. J., Lansbury, R. D., Wailes, N. and Wright, C. F.(Eds.) 2016. International and Comparative Employment Relations. the 6th Edition, London: Sage Publications.

Barbash, J. 1984. The Elements of Industrial Relations. Madison, WI: The University of Wisconsin Press.

Barry, M. and Wilkinson, A.(Eds.) 2011. Research Handbook of Comparative Employment Relations. Cheltenham, U.K.: Edward Elger.

Batt, R. and Welbourne, T. M. 2002. "Performance and Growth in Entrepreneurial Firms: Revisiting the Union—performance Relationship," In J. A. Katz and T. M. Welbourne(Eds.) Managing people in Entrepreneurial Organization. Bingley, U.K.: Emerald Group Publishing Ltd.

Bean, R. 1994. Comparative Industrial Relations: An Introduction To Cross—National Perspectives. London: Routledge.

Beechey, V., and Perkins, T. 1987. A Matter of Hours: Women, Part—Time Work and the Labour Market. Oxford, U.K.: Wiley—Blackwell.

Befort, S. F. 1984. "Public Sector Bargaining: Fiscal Crisis and Unilateral Change," Minnesota Law Review. 69: 1221—1275.

Behrens, M., Hamann, K., and Hurd, R. W. 2004. "Conceptualizing labour union revitalization," In C. M. Frege and J. Kelly(Eds.) Varieties of Unionism: Strategies for Union Revitalization in a Globalizing Economy. Oxford, U.K.: Oxford University Press.

Beissinger, M. R. 1988. Scientific Management, Socialist Discipline, and Soviet Power. Boston, MA: Harvard University Press.

Belman, D., Gunderson, M., and Hyatt, D. 1996. Public Sector Employment: In a Time of Transition. Madison, WI: Industrial Relations Research Association.

Benson, G. S. and Lawler, E. E. III. 2003. "Employee Involvement: Utilization, Impacts, and Future Prospects," In D. Holman, T. Wall, C. Clegg, P. Sparrow, and A. Howard(Eds.) The New Workplace: A Guide to the Human Impact of Modern Working Practices. John Wiley & Sons.

Black, S. E., and Lynch, L. M. 2001. "How to Compete: The Impact of Workplace Practices and Information Technology on Productivity," Review of Economics and Statistics. 83(3): 434—445.

Blake, S. H., Browne, J. and Sime, S. 2016. A Practical Approach to Alternative

Dispute Resolution. Oxford, U.K.: Oxford University Press.

Blanchflower, D. G. and Bryson, A. 2004. The Union Wage Premium in the US and the UK. London: Centre for Economic Performance, London School of Economics and Political Science.

Blyton, P., Bacon, N., Fiorito, J. and Heery, E.(Eds.) 2008. The Sage Handbook of Industrial Relations. London: SAGE Publication.

Boxall, P. 2008. "Trade Union Strategy," In P. Blyton, N. Bacon, J. Fiorito and E. Heery(Eds.) The SAGE Handbook of Industrial Relations. London: SAGE Publications.

Braverman, H. 1974. Labor and Monopoly Capital. New York: Monthly Review. Press.

Brigden, C. 2012. "Tracing and Placing Women Trade Union Leaders: A Study of the Female Confectioners Union," Journal of Industrial Relations. 54(2): 238−255.

Brown, H. A. 2012. Marx on Gender and the Family: A Critical Study. Leiden, the Netherlands: Brill.

Bryson, A. 2002. The Union Membership Wage Premium: an Analysis Using Propensity Score Matching. London: Centre for Economic Performance, London School of Economics and Political Science.

Bryson, A., Ebbinghaus, B. and Visser, J. 2011. "Introduction: Causes, Consequences and Cures of Union Decline," European Journal of Industrial Relations. 17(2): 97−105.

Budd, J. 2003. Labor Relations: Striking a Balance. Boston, MA: McGraw−Hill Irwin.

Budd, J. 2004. Employment with a Human Face: Balancing Efficiency, Equity and Voice. Ithaca, NY: ILR Press.

Budd, J. 2011. The Thought of Work. Ithaca, NY: Cornell University Press.

Budd, J. and Bhave, D. 2008. "Values, Ideologies, and Frames of References in Industrial Relations," In P. Blyton, N. Bacon, J. Fiorito, and E. Heery(Eds.) The SAGE Handbook of Industrial Relations. London: SAGE Publications.

Calmfors, L. and Driffill, J. 1988. "Bargaining Structure, Corporatism and Macroeconomic Performance," Economic Policy. 3(6): 13−61.

Cappelli, P. 1985. "Theory Construction in IR and Some Implications for

Research," Industrial Relations. 24(1): 90−112.

Cappelli, P. and Chauvin, K. 1991. "A Test of an Efficiency Model of Grievance Activity," Industrial and Labor Relations Review. 45(1): 3−14.

Cappelli, P. and Neumark, D. 2001. "Do 'High−Performance' Work Practices Improve Establishment−Level Outcomes?" Industrial and Labor Relations Review. 54(4): 757−775.

Card, D. 1990. "Strikes and Wages: A Test of an Asymmetric Information Model," Quarterly Journal of Economics. 105(3): 625−659.

Clarke, S. 2005. "Post−Socialist Trade Unions: China and Russia," Industrial Relations Journal. 36(1): 2−18.

Clegg, H. A. 1975. "Pluralism in Industrial Relations," British Journal of Industrial Relations. 13(3): 309−316.

Cohen−Rosenthal, E. and Burton, C. 1993. Mutual Gains: A Guide to Union−Management Cooperation. New York: Cornell University Press.

Cohn, S. and Eaton, A. 1989. "Historical Limits on Neoclassical Strike Theories: Evidence from French Coal Mining, 1890−1935," Industrial and Labor Relations Review. 42(4): 649−662.

Colgan, F., and Ledwith, S. 2002. "Gender and Diversity: Reshaping Union Democracy," Employee Relations. 24(2): 167−189.

Commons, J. R. 1909. "American Shoemakers, 1648−1895: A Sketch of Industrial Evolution," Quarterly Journal of Economics. 24(1): 39−84.

Commons, J. R. 1911. A Documentary History of America Industrial Society. Cleveland, OH: Arthur H. Clark.

Commons, J. R. 1918. History of Labor in the United States. New York: Macmillan.

Conyon, M. J. and Freeman, R. B. 2002. "Shared Modes of Compensation and Firm Performance: U.K. Evidence," In D. Card, R. Blundell and R. B. Freeman(Eds.) In Seeking a Premiere League Economy. Chicago: University of Chicago Press.

Cook, M. L. 1998. "Toward a Flexible Industrial Relations? Neo−Liberalism, Democracy, and Labor Reform in Latin America," Indutrial Relations. 37(3): 311−336.

Cooke, W. N. 1991. Labor−Management Cooperation: New Partnership or Going in Circles? Kalamazoo, MI: W. E. Upjohn Institute for Employment Research.

Cooper, B. S. 1992. Labor Relations in Education: An International Perspective. London: Greenwood Press.

Cornfield, D. B. and McCammon, H. J. 2003. "Revitalizing Labor: Global Perspectives and a Research Agenda," In D. B. Cornfield and H. J. McCammon(Eds.) Labor Revitalization: Global Perspectives and New Initiatives. Amsterdam, the Netherlands: Elsevier.

Coser, L. A. 1956. The Functions of Social Conflict. New York: The Free Press.

Cotton, J. L. 1993. Employee Involvement: Methods for Improving Performance and Work Attitudes. London: Sage Publications.

Cousineau, J.−M. and Lacroix, R. 1986. "Imperfect Information and Strikes: An Analysis of Canadian Experience, 1967−82," Industrial and Labor Relations Review. 39(3): 377−387.

Craypo, C. 1986. The Economics of Collective Bargaining: Case Studies in the Private Sector. Washington, D.C.: The Bureau of National Affairs, Inc.

Crouch, C. 1993. Industrial Relations in European State Traditions. Oxford, U.K.: Clarendon Press.

Cummings, T. G. and Worley, C. G. 2005. Organization Development and Change. Mason, OH: Thomson South−Western.

Cutcher−Gershenfeld, J. 1991. "The Impact on Economic Performance of a Transformation in Workplace Relations," Industrial and labor Relations Review. 44(2): 241−260.

Dahrendorf, R. 1959. Class and Class Conflict in Industrial Society. Stanford, CA: Stanford University.

Dale, E. 1949. Greater Productivity through Labor−management Cooperation; Analysis of Company and Union Experience. New York: American Management Association.

Dastmalchian, A., Blyton, P. and Adamson, R. 1991. The Climate of Workplace Relations. London: Routledge.

Dastmalchian, A. 2008. "Industrial Relations Climate," In P. Blyton, N. Bacon, J. Fiorito and E. Heery(Eds.) The Sage Handbook of Industrial Relations. London: SAGE Publication.

Deery, S. and Iverson, R. 2005. "Labor−Management Cooperation: Antecedents and Impact on Organizational Performance," Industrial and Labor Relations

Review. 58(4): 588−609.

Delaney, J. T. 2006. "The Flattening of Industrial Relations," Industrial and Labor Relations Review. 59(3): 497−501.

Delaney, J. T. 2008. "Industrial Relations and Business Performance," In P. Blyton, N. Bacon, J. Fiorito, and E. Heery(Eds.) The SAGE Handbook of Industrial Relations. London: SAGE Publications.

Delery, J. E. and Doty, D. H. 1996. "Modes of Theorizing in Strategic Human Resource Management: Tests of Universalistic, Contingency, and Configurational Performance Predictions," Academy of Management Journal. 39(4): 802−835.

Deyo, F. C. 1981. Dependent Development and Industrial Order: an Asian Case Study. Santa Barbara, CA: Praeger Publishers.

Dickens, L. 1994. "The Business Case for Women's Equality: Is the Carrot Better than the Stick?" Employee Relations. 16(8): 5−18.

Dore, R. 1973. British Factory−Japanese Factory: The Origins of National Diversity in Industrial Relations. Berkeley, CA: University of California Press.

Drago, R. 1996. "Workplace Transformation and the Disposable Workplace: Employee Involvement in Australia," Industrial Relations. 35(4): 526−543.

Dundon, T. and Rollinson, D. 2004. Employment Relations in Non−Union Firms. London: Routledge.

Dunlop, J. T. 1958. Industrial Relations Systems. Boston: Harvard Business School Press.

Ebbinghaus, B. and Visser, J. 1999. "When Institutions Matter: Union Growth and Decline in Western Europe, 1950−1995," European Sociological Review. 15(2): 135−158.

Edwards, P. 2003. "The Employment Relationship and the Field of Industrial Relations," In P. Edwards(Eds.) Industrial Relations: Theory and Practice. Oxford, U.K.: Blackwell.

Edwards, R. 1979. Contested Terrain: The Transformation of the Workplace in the Twentieth Century. London: Heinemann.

Edwards, R., Goronna, P. and Tödtling, F. 1986. Unions in Crisis and Beyond: Perspectives from Six Countries. Dover, MA: Auburn House.

Fine, B. 1992. Women's Employment and the Capitalist Family. London: Routledge.

Fine, J. 2005. <u>Worker Centers: Organizing Communities at the Edge of the Dream</u>. Ithaca, NY: ILR Press.

Fine, J. 2015. "Alternative Labour Protection Movements in the United States: Reshaping Industrial Relations?" <u>International Labor Review</u>. 154(1): 15−26.

Fisher, R. and Ury, W. 1981. <u>Getting to Yes: Negotiating Agreement Without Giving In</u>. Boston, MA: Houghton Mifflin.

Flanagan, R. J. 2008. "The Changing Structure of Collective Bargaining," In P. Blyton, N. Bacon, J. Fiorito and E. Heery(Eds.) <u>The Sage Handbook of Industrial Relations</u>. London: SAGE Publication.

Flanders, A. 1966. <u>The Future of Voluntarism in Industrial Relations</u>. London: Institute of Personnel Management.

Flanders, A. 1974. "The Tradition of Voluntarism," <u>British Journal of Industrial Relations</u>. 12(3): 352−370.

Forth, J. and Millward, N. 2002. "Union Effects on Pay Levels in Britain," <u>Labour Economics</u>. 9(4): 547−561.

Foulkes, F. K. 1980. <u>Personnel Policies in Large Nonunion Companies</u>. Upper Saddle River, NJ: Prentice Hall.

Fox, A. 1966. <u>Industrial Sociology and Industrial Relations</u>. Royal Commission on Trade Unions and Employers' Associations, London: HMSO.

Fox, A. 1974. <u>Beyond Contract: Work, Power, and Trust Relations</u>. London: Faber & Faber.

Fox, A. 1975. "Collective Bargaining, Flanders and Webbs," <u>British Journal of Industrial Relations</u>. 13(2): 151−174.

Fox, A. and Flanders, A. 1969. "The Reform of Collective Bargaining: from Donovan to Durkheim," <u>British Journal of Industrial Relations</u>. 7(2): 151−180.

Franzosi, R. 1989. "One Hundred Years of Strike Statistics: Methodological and Theoretical Issues in Quantitative Strike Research," <u>Industrial and Labor Relatiosn review</u>. 42(3): 348−362.

Freedman, J. 2001. <u>Concepts in the Social Sciences: Feminism</u>. Philadelphia: Open University Press.

Freeman, R. B. 2008. "Labor Market Institutions around the World," In P. Blyton, N. Bacon, J. Fiorito, and E. Heery(Eds.) <u>The Sage Handbook of Industrial Relations</u>. London: SAGE Publication.

Freeman, R. B. and Ichniowski, C. 1988. When Public Sector Workers Unionize. Chicago: The University of Chicago Press.

Freeman, R. B. and Medoff, J. L. 1984. What Do Unions Do? New York: Basic Books.

Frege, C. M. 2002. "A Critical Assessment of the Theoretical and Empirical Research on the German Works Councils," British Journal of Industrial Relations. 40(2): 221−248.

Frege, C. M. 2008. "The History of Industrial Relations as a Field of Study," In P. Blyton, N. Bacon, J. Fiorito and E. Heery(Eds.) The Sage Handbook of Industrial Relations. London: SAGE Publication.

Frege, C. M. and Kelly, J. 2003. "Union Revitalization Strategies in Comparative Perspective," European Journal of Industrial Relations. 9(1): 7−24.

Frege, C. M. and Kelly, J. 2004. "Union Strategies in Comparative Context," In C. Frege and J. Kelly(Eds.) Varieties of Unionism: Strategies for Union Revitalization in a Globalizing Economy. Oxford, U.K.: Oxford University Press.

Frege, C. M. and Kelly, J. 2013. "Theoretical Perspectives on Comparative Employment Relations," In C. Frege and J. Kelly(Eds.) Comparative Employment Relations in the Global Economy. London: Routledge.

Frenkel, S. and Kuruvilla, S. 2002. "Logics of Action, Globalization, and Employment Relations Change in China, India, Malaysia, and the Philippines," Industrial and Labor Relations Review. 55(3): 387−412.

Friedman, M. 1951. "Some Comments on the Economic Significance of Labor Unions for Economic Policy," In D. W. Wright(Eds.) The Impact of the Union. New York: Harcourt Brace.

Friedman, M. and Friedman, R. 1980. Free To Choose. San Diego, CA: Harcourt Brace Jovanovich.

Friedman, R. A. 1994. Front Stage, Backstage: The Dramatic Structure of Labor Negotiations. Cambridge, MA: MIT Press.

Frost, A. C. 2008. "The High Performance Work Systems Literature in Industrial Relations," In P. Blyton, N. Bacon, J. Fiorito, and E. Heery(Eds.) The SAGE Handbook of Industrial Relations. London: SAGE Publications.

Fulmer, W. E. 1982. Union Organizing: Management and Labor Conflict. New

York: Praeger Publisher.

Gall, G. and Hebdon, R. 2008. "Conflict at Work," In P. Blyton, N. Bacon, J. Fiorito, and E. Heery(Eds.) The SAGE Handbook of Industrial Relations. London: SAGE Publications.

Godard, J. 1992. "Strikes as Collective Voice: A Behavioral Analysis of Strike Activity," Industrial and Labor Relations Review. 46(1): 161−175.

Godard, J. 2004. "A Critical Assessment of the High−Performance Paradigm," British Journal of Industrial Relations. 42(2): 349−378.

Godard, J. 2005. Industrial Relations, the Economy and Society. Concord, Ontario, Canada: Captus Press.

Godard, J. 2008. "Union Formation," In P. Blyton, N. Bacon, J. Fiorito and E. Heery(Eds.) The SAGE Handbook of Industrial Relations. London: SAGE Publications.

Godard, J. and Delaney, J. T. 2000. "Reflections on the 'High Performance' Paradigm's Implications for Industrial Relations as a Field," Industrial and Labor Relations Review. 53(3): 482−502.

Goldthorpe, J. H., Lockwood, D., Bechhofer, F. and Platt, J. 1968. The Affluent Worker: Industrial Attitudes and Behaviour. Cambridge, U.K.: Cambridge University Press.

Gooberman, L., Hauptmeier, M. and Heery, E. 2019. "The Decline of Employers' Associations in the UK, 1976−2014," Journal of Industrial Relations. 61(1): 11−32.

Goodpaster, G. 1996. "A Primer on Competitive Bargaining," Journal of Dispute Resolution. 2: 325−377.

Gorz, A. 1967. Strategy for Labor. Boston, MA: Beacon Press.

Gospel, H. F. and Palmer, G. 1993. British Industrial Relations. London: Routledge.

Grant, D. 1993. Business and Politics in Britain. Basingstoke, U.K.: Palgrave.

Gregory, A. and Milner, S. 2009. "Work−Life Balance: A Matter of Choice?," Gender, Work and Organization. 16(1): 1−13.

Guest, D. and Conway, N. 1999. "Peering into the Black Hole: The Downside of the New Employment Relations in the UK," British Journal of Industrial Relations. 37(3): 367−389.

Guest, D. and Hoque, K. 1994. "The Good, the Bad and the Ugly: Employment Relations In New Non-Union Workplaces," Human Resource Management Journal. 5(1): 1−14.

Guest, D. and Peccei, R. 2001. "Partnership at Work: Mutuality and the Balance of Advantage," British Journal of Industrial Relations. 39(2): 207−236.

Guthrie, J. P. 2001. "High−Involvement Work Practices, Turnover, and Productivity: Evidence from New Zealand," Academy of Management Journal. 44(1): 180−190.

Hall, P. and Soskice, D. 2001. Varieties of Capitalism: the Institutional Foundations of Comparative Advantages. Oxford: Oxford University Press.

Hampson, I. 1997. "The End of the Experiment: Corporatism Collapses in Australia," Economic and Industrial Democracy. 18(4): 539−566.

Hara, H. and Kawaguchi, D. 2008. "The Union Wage Effect in Japan," Industrial relations. 47(4): 569−590.

Harbison, F. and Coleman, J. R. 1951. Goals and Strategy in Collective Bargaining. New York: Harper and Row.

Hayter, S. and Lee, C.−H. 2018. Industrial Relations in Emerging Economics: The Quest for Inclusive Development. New York: Harper.

Hebdon, R. and Noh, S. C. 2013. "A Theory of Workplace Conflict Development: From Grievances To Strikes," In G. Gall(Eds.) New Forms and Expressions of Conflict at Work, London: Palgrave.

Hebdon, R. and Stern, R. 2003. "Do Public Sector Strikes Bans Really Prevent Conflict?" Industrial Relations. 42(3): 493−512.

Heckscher, C. and Carré, F. 2006. "Strength in Networks: Employment Rights Organizations and the Problem of Co−Ordination," British Journal of Industrial Relations. 44(4): 605−628.

Heery, E., Abbott, B. and Williams, S. 2012. "The Involvement of Civil Society Organizations in British Industrial Relations: Extent, Origins and Significance," British Journal of Industrial Relations. 50(1): 47−72.

Heery, E., Abbott, B., and Williams, S. 2014. "Civil Society Organizations and Employee Voice," In A. Wilkinson, J. Donaghey, T. Dundon and R. B. Freeman(Eds.) Handbook of Research on Employee Voice. New Work: Edward Elgar.

Heery, E., Blyton, P., Bacon, N. and Fiorito, J. 2008. "Introduction: The Field of Industrial Relations," In P. Blyton, N. Bacon, J. Fiorito and E. Heery(Eds.) The Sage Handbook of Industrial Relations. London: SAGE Publication.

Heery, E. and Frege, C. M. 2006. "New Actors in Industrial Relations," British Journal of Industrial Relations. 44(4): 601−604.

Heidegger, M. 1927. Being and Time. New York: Harper.

Held, D. McGrew, A., Goldblatt, D. and Perraton, J. 2004. Global Transformation: Politics, Economics and Culture. Oxford, Blackwell.

Hibbs, D. 1978. "On the Political Economy of Long−Run Trends in Strike Activity," British Journal of Political Science. 8(2): 153−175.

Hicks, J. R. 1932. The Theory of Wages. New York: Macmillan.

Hirsch, B. T. 2004. "Reconsidering Union Wage Effects: Surveying New Evidence on an Old Topic," Journal of Labor Research. 25(2): 233−266.

Hirshman, A. O. 1970. Exit, Voice and Loyalty. Cambridge, MA: Harvard University Press.

Hirshman, A. O. 1991. The Rhetoric of Reaction: Perversity, Futility, Jeopardy. Cambridge, MA: Harvard University Press.

Holgate, J., Hebson, G. and McBride, A. 2006. "Why Gender and 'Difference' Matters: a Critical Appraisal of Industrial Relations Research," Industrial Relations Journal. 37(4): 310−328.

Huselid, M. A. 1995. "The Impact of Human Resource Management Practices on Turnover, Productivity, and Corporate Financial Performance," Academy of Management Journal. 38(3): 635−672.

Hyman, R. 1989. Strikes. London: Macmillan.

Hyman, R. 2004. "Is Industrial Relations Theory Always Ethnocentric?" In B. E. Kaufman(Eds.) Theoretical Perspectives on Work and the Employment Relationship. Champaign, IL: Industrial Relations Research Association.

Hyman, R. 2008. "The State in Industrial Relations," In P. Blyton, N. Bacon, J. Fiorito and E. Heery(Eds.) The Sage Handbook of Industrial Relations. London: SAGE Publication.

Ichniowski, C., Kochan, T. A., Levine, D., Olson, C. and Strauss, G. 1996. "What Works at Work: Overview and Assessment," Industrial Relations. 35(3): 299−333.

Jackson, P. and Sisson, K. 1976. "Employers' Confederations in Sweden and the U. K. and the Significance of Industrial Infrastructure," British Journal of Industrial Relations. 16(3): 306−322.

Jacoby, S. M. 2004. The Embedded Corporation: Corporate Governance and Employment Relations In Japan and the United States. Princeton, NJ: Princeton University Press.

Jenkins, J. and P. Blyton. 2008. "Works Councils," In P. Blyton, N. Bacon, J. Fiorito and E. Heery(Eds.) The Sage Handbook of Industrial Relations. London: SAGE Publication.

Jennings, N. R., Faratin, P., Lomuscio, A. R., Parsons, S., Wooldridge, M. J. and Sierra, C. 2001. "Automated Negotiation: Prospects, Methods and challenges," Group Decision and Negotiation. 10: 199−215.

Kahn−Freund, O. 1954. "Legal Framework," In A. Flanders and H. A. Clegg(Eds.) The System of Industrial Relations in Great Britain. Oxford, U.K.: Blackwell.

Karier, T. 1985. "Unions and Monopoly Profits," Review of Economics and Statistics. 67(1): 34−42.

Kassalow, E. M. 1969. Trade Unions and Industrial Relations: An International Comparison. New York: Random House.

Katz, H. C. 1993. "The Decentralization of Collective Bargaining: A Literature Review and Comparative Analysis," Industrial and Labor Relations Review. 47(1): 3−22.

Katz, H. C. and Darbishire, O. 2000. Converging Divergences: Worldwide Changes in Employment Systems. Ithaca, NY: Cornell University Press.

Katz, H. C., Kochan, T. A., and Colvin, A. J. S. 2018. Labor Relations in a Globalizing World: An Introduction Focused on Emerging Countries. Ithaca, NY: ILR Press.

Katz, H. C., Kochan, T. A., and Gobeille, K. R. 1983. "Industrial Relations Performance, Economic Performance, and QWL Programs: An Interplant Analysis," Industrial and Labor Relations Review. 37(1): 3−17.

Kaufman, B. E. 1981. "Bargaining Theory, Inflation, and Cyclical Strike Activity in Manufacturing," Industrial and Labor Relations Review. 34(3): 333−355.

Kaufman, B. E. 1993. The Origins and Evolution of the Field of Industrial Relations in the United States. Ithaca, NY: ILR Press.

Kaufman, B. E. 2003. "John R. Commons and the Wisconsin School on Industrial Relations Strategy and Policy," Industrial and Labor Relations Review. 57(1): 3−30.

Kaufman, B. E. 2004a. The Global Evolution of Industrial Relations: Events, Ideas, and the IIRA. Geneva: International Labour Office.

Kaufman, B. E. 2004b. Theoretical Perspectives on Work and the Employment Relationship. Champaign, IL: Industrial Relations Research Association.

Kaufman, B. E. 2008. "Paradigms in Industrial Relations: Original, Modern and Versions In−Between," British Journal of Industrial Relations. 46(2): 314−339.

Kaufman, B. E. and Taras, D. G. 2000. Nonunion Employee Representation: History, Contemporary Practice and Policy. London: Routledge.

Kearney, R. 2008. Labor Relations in the Public Sector. Boca Raton, FL: CRC Press.

Kelly, J. 1998. Rethinking Industrial Relations: Mobilization, Collectivism and Long Waves. London: Routledge.

Kelly, J. 2011. "The Political Economy of Comparative Employment Relations," In M. Barry and A. Wilkinson(Eds.) Research Handbook of Comparative Employment Relations. Cheltenham, U.K.: Edward Elger.

Kelley, M. R. and Harrison, B. 1992. "Unions, Technology and Labor− Management Cooperation," In L. Mishel and P. B. Voos(Eds.) Unions and Economic Competitiveness. New York: M. E.Sharpe.

Kennan, J. 1980. "Pareto Optimality and the Economics of Strike Durations," Journal of Labor Research. 1(1): 77−94.

Kerr, C. 1954. "Industrial Conflict and Its Mediation," American Journal of Sociology. 60: 230−245.

Kerr, C. 1983. The Future Of Industrial Societies: Convergence Or Continuing Diversity? Cambridge, MA: Harvard University Press.

Kerr, C., Dunlop, J. T., Harbison, F. H. and Myers, C. A. 1960. Industrialism and industrial man: The Problem of Labor and Management in Economic Growth. Cambridge, MA: Harvard University Press.

Kim, D.−O. 1993. "Analysis of Labour Disputes in Korea and Japan: The Search for an Alternative Model," European Sociological Review. 9(2): 139−154.

Kim, D.−O. 2006. "Industrial Relations in Asia: Old Regimes and New Orders," In

M. J. Morley, P. Gunnigle and D. G. Collings(Eds.) <u>Global Industrial Relations</u>. London: Routledge.

Kim, D.－O. 2013 "Global Financial Crisis and Industrial Relations: The Case of Korea," Executive Keynote Speech, the 8th Asian Regional Congress of the International Labor and Employment Relations Association, April 9－12, Melbourne, Australia.

Kim, D.－O. 2020. "Exploring Strategies for Labor and Employment Relations as an Academic Field," In D.－O. Kim and M. Rönnmar(Eds.) <u>Global Labour and Employment Relations: Experiences and Challenges</u>. Seoul, Korea: Bak－Young Sa.

Kim, D.－O. and Ahn, J.－Y. 2018. "From Authoritarianism to Democratic Corporatism? The Rise and Decline of Social Dialogue in Korea," <u>Sustainability</u>. 10(12): 1－50.

Kim, D.－O. and Bae, J. 2004. <u>Employment Relations and HRM in Korea</u>. London: Ashgate Publishing Company.

Kim, D.－O., Kang, N., and Shin, M. 2020. "Variety of Civil Society Organisations: Historical Cases of Korea," A Paper To Be Presented at the 10th Asian Regional Congress of International Employment and Labour Relations Association, Dec. 3－4, Quezon City, the Philippines.

Kim, D.－O. and Kim, H.－K. 2004. "A Comparison of the Effectiveness of Unions and Non－union Works Councils in Korea: Can Nonunion Employee Representation Substitute for Trade Unionism?" <u>International Journal of Human Resource Management</u>. 15(6): 1069－1094.

Kim, D.－O. and Kim. K. J. 2018. "Trend Analyses of Employment Relations Studies 1947－2014: Implication for Future Research Strategy," A Paper Presented at the 18th International Labor and Employment Relations Association, 2018 World Congress, Seoul, Korea.

Kim, D.－O. and Kim, S. 2003. "Globalization, Financial Crisis, and Industrial Relations: The Case of Korea," <u>Industrial Relations</u>. 42(3): 341－367.

Kim, D.－O., Kim, Y. H., Voos, P., Suzuki, H. and Kim, Y. D. 2015. "Evaluating Industrial Relations Systems of OECD Countries from 1993 to 2005: A Two－Dimensional Approach," <u>British Journal of Industrial Relations</u>. 53(4): 645－663.

Kirton, G., and Greene, A. M. 2015. <u>The Dynamics of Managing Diversity: A Critical Approach</u>. London: Routledge.

Kleiner, M. M. and Lee, Y.−M. 1997. "Works Councils and Unionization: Lessons from South Korea," <u>Industrial Relations</u>. 36(1): 1−17.

Knight, T. J. 1986. "Feedback and Grievance Initiation," <u>Industrial and Labor Relations Review</u>. 39(4): 585−598.

Kochan, T. A. 1974. "A Theory of Multilateral collective bargaining in City Government," <u>Industrial and Labor Relations Review</u>. 27(4): 525−542.

Kochan, T. A. 2003. "Collective Actors in Industrial Relations: What Future?" Rapporteur's Report at the 13th World Congress of the International Industrial Relations Association, September 8−12, Berlin, Germany.

Kochan, T. A. and Dyer, L. 1976. "A Model of Organizational Change in the Context of Union−Management Relations," <u>The Journal of Applied Behavioral Science</u>. 12(1): 59−78.

Kochan, T. A. and Katz, H. 1988. <u>Collective Bargaining and Industrial Relations</u>. Homewood, IL.: Irwin.

Kochan, T. A., Katz, H. and McKersie, R. 1986. <u>The Transformation of American Industrial Relations</u>. New York: Basic Books.

Kochan, T. A. and Osterman, P. 1994. <u>The Mutual Gains Enterprise</u>. Boston, MA: Havard Business School Press.

Korpi, W. 1982. "The Historical Compromise and Its Dissolution," In B. Ryden and V. Bergstrom(Eds.) <u>Sweden, Choices for Economic and Social Policy in the 1980s</u>. London: George Allen & Unwin.

Kuruvilla, S. 1995. "Economic Development Strategies, Industrial Relations Policies and Workplace IR/HR Practices in Southeast Asia," in K. Wever and L. Tuner(Eds.) <u>The Comparative Economy of Industrial Relations</u>. Madison, WI: Industrial Relations Research Association.

Kuruvilla, S. and Erickson, C. 2002. "Change and Transformation in Asian Industrial Relations," <u>Industrial Relations</u>. 41(2): 171−228.

Kuruvilla, S. and Lakhani, T. 2013. "Globalization," In C. Frege and J. Kelly(Eds.) <u>Comparative Employment Relations in the Global Economy</u>. London: Routledge.

Kuruvilla, S. and Venkataratnam, C. S. 1996. "Economic Development and

Industrial Relations: the Case of South and Southeast Asia," Industrial Relations Journal. 27(1): 9−23.

Lane, D. 1976. The Socialist Industrial State. Boulder, CA: Westview Press.

Lansbury, R. D. and Wailes, N. 2008. "Employee Involvement and Direct Participation," In P. Blyton, N. Bacon, J. Fiorito and E. Heery(Eds.) The SAGE Handbook of Industrial Relations. London: SAGE Publications.

Larson, S. and Nissen, B. 1987. Theories of the Labor Movement. Detroit, MI: Wayne State University Press.

Lash, S. 1985. "The End of Neo−corporatism?: the Breakdown of Centralized Bargaining in Sweden," British Journal of Industrial Relations. 23(2): 215−239.

Lawler, E. E., III. 1988. "Choosing an Involvement Strategy," Academy of Management Executive. 2(3): 197−204.

Lawler, E. E., III and Drexler, J. A., Jr. 1978. "The Dynamics of Establishing Cooperative Quality of Work Life Projects: An Analysis of the Start−Up and Operation of Union−Management Projects Concerned with Restructuring Work," Monthly Labor Review. 101(3): 23−28.

Laybourn, K. 1997. The Rise of Socialism in Britain. Shroud, U.K.: Alan Sutton.

Ledwith, S. 2006. "Feminist praxis in a trade union gender project," Industrial Relations Journal. 37(4): 379−399.

Lenin, V. 1901. On Trade Unions. "What Is To Be Done?" Moscow, USSR: Progress Publishers.

Levine, D. I. and Tyson, L. D. 1990. "Participation, Productivity, and the Firm's Environment," In A. S. Blinder(Eds.) Paying for Productivity. Washington, D.C.: The Brookings Institution.

Lewicki, R. J., Barry, B., and Saunders, D. M. 2016. Essentials of Negotiation. New York: McGraw−Hill Education.

Lewin, D., Feuille, P., Kochan, T. A., and Delaney, J .T. 1988. Public Sector Labor Relations. Lexington, MA: Lexington Books.

Lewin, D. 2008. "Resolving conflict," In P. Blyton, N. Bacon, J. Fiorito and E. Heery(Eds.) The SAGE Handbook of Industrial Relations. London: SAGE Publications.

Lewin, D. and Peterson, R. B. 1988. The Modern Grievance Procedure in the

United States. New York: Quorum.

Lewin, D. and Peterson, R. B. 1999. "Behavioral Outcomes of Grievance Activity," Industrial Relations. 38(4): 554−576.

Lim, S.−H. 2001. "Strategy Matters: a Constructive Approach to the South Korean Social Pact," Doctoral Thesis, University of Wisconsin−Madison.

Lipset, S. M. 1959. Political Man. New York: Doubleday and Company.

MacDuffie, J. P. 1995. "Human Resource Bundles and Manufacturing Performance: Organizational Logic and Flexible Production Systems in the World Auto Industry," Industrial and Labor Relations Review. 48(2): 197−221.

Marx, K. 1867. Capital. Moscow, USSR: Progress Publishers.

Marx, K. and Engels, F. 1848. The Communist Manifesto. Moscow, USSR: Foreign Language Publishing.

Marshall, A. 1920. Principles of Economics. New York: Macmillan.

Maslow, A. H. 1943. "A Theory of Human Motivation," Psychological Review. 50(4): 370−396.

Mayo, E. 1933(Reprinted in 2003). The Human Problems of an Industrial Civilization. Oxfordshire, U.K.: Routledge.

Miller, K. I. and Monge, P. R. 1986. "Participation, Satisfaction, and Productivity: A Meta−Analytic Review," Academy of Management Journal. 29(4): 727−753.

Muller−Jentsch, W. 2004. "Theoretical Approaches to Industrial Relations," In B. E. Kaufman(Eds.) Theoretical Perspectives on Work and the Employment Relationship. Champaign, IL: Industrial Relations Research Association.

Munro, A. 2001. "A Feminist Trade Union Agenda? The Continued Significance of Class, Gender and Race," Gender, Work and Organization. 8(4): 454−471.

Nadler, D. A., Hanlon, M. and Lawler, E. E. Ⅲ. 1980. "Factors Influencing the Success of Labor−Management Quality of Work Life Projects," Journal of Occupational Behavior. 1(1): 53−67.

Neale, M. A. and Bazerman, M. H. 1985. "The Effects of Framing and Negotiator Overconfidence on Bargaining Behaviors and Outcomes," Academy of Management Journal. 28(1): 34−49.

Ng, S., Lansbury, R. D. and Lee, B.−H. 2019. "Perspectives on Asian Unionism as a Regional Pattern," in B.−H. Lee, S. Ng, and R. Lansbury(Eds.) Trade Unions and Labour Movements in the Asia−Pacific Region. New York:

Routledge.

OECD. 2004. Employment Outlook. Paris, France: OECD.

OECD. 2012. Employment Outlook. Paris, France: OECD.

Offe, C. 1984. Contradictions of the Welfare State. London: Hutchinson.

Offe, C. and Wiesenthal, H. 1980. "Two Logics of Collective Action: Theoretical Notes on Social Class and Organizational Form," Political Power and Social Theory. 1: 67−115.

Olson−Buchanan, J. 1996. "Voicing Discontent: What Happens to the Grievance Filers After the Grievance?" Journal of Applied Psychology. 81(1): 52−63.

Osterman, P. 2000. "Work Organization in an Era of Restructuring: Trends in Diffusion and Effects on Employee Welfare," Industrial and Labor Relations Review. 53(2): 179−196.

Parker, M. and Slaughter, J. 1994. Working Smart: A Union Guide to Participating Programs and Reengineering. Detroit, MI: A Labor Notes Book.

Parsons, T. 1951. The Social System. Glencoe, IL: Free Press.

Parsons, T. 1960. Structure and Process in Modern Societies. Glencoe, IL: Free Press.

Paul, J. II. 1981. Laborem Exercens. Document, Vatican.

Perlman, S. 1928. A Theory of the Labor Movement. New York: Augustus.

Piore, M. J. and Sable, C. F. 1986. The Second Industrial Divide: Possibilities for Prosperity. New York: Basic Books.

Piore, M. J. and Safford, S. 2006. "Changing Regimes of Workplace Governance, Shifting Axes of Social Mobilization, and the Challenge to Industrial Relations Theory," Industrial Relations. 45(3): 299−325.

Pizzorno, A. 1978. "Political Exchange and Collective Identity in Industrial Conflict," In C. Crouch and A. Pizzorno(Eds.) The Resurgence of Class Conflict in Western Europe Since 1968. London: Macmillan Press.

Plowman, D. H. 1991. "Management and Industrial Relations," In R. J. Adams(Eds.) Comparative Industrial Relations: Contemporary Research and Theory. London: Harper Collins.

Pocock, B. 1997. "Gender and Australian Industrial Relations Theory and Research Practice," Labour and Industry. 8(1): 1−19.

Poole, M. 1986. Industrial Relations: Origins and Patterns of National Diversity.

New York: Routledge.

Pruitt, D. G. and Carnevale, P. J. 1993. Negotiation in Social Conflict. London: Open University Press.

Purcell, J. 1987. "Mapping Management Styles in Employee Relations," Journal of Management Studies. 24(5): 533−548.

Ramsey, H., Scholarios, D., and Harley. B. 2000. "Employees and High−Performance Work Systems: Testing Inside the Black Box," British Journal of Industrial Relations. 38(4): 501−531.

Regini, M. 1986. "Social Bargaining in Western Europe during the Economic Crisis of the 1980s," In O. Jacobi, B. Jessop, H. Kastendiek and M. Regini(Eds.) Economic Crisis, Trade Unions and the State. London: Croom Helm.

Regini, M. 1997. "Still Engaging in Corporatism? Recent Italian Experience in Comparative Perspective," European Journal of Industrial Relations. 3(3): 259−278.

Roberts, H. S. 1993. Roberts' Dictionary of Industrial Relations. Washington, D.C.: The Bureau of National Affairs.

Rogers, J. and Streeck, W. 1995. Works Councils: Consultation, Representation, and Cooperation in Industrial Relations. Chicago: The University of Chicago.

Rosenfeld, J. and Kleykamp, M. 2012. "Organized Labor and Racial Wage Inequality in the United States," American Journal of Sociology. 117(5): 1460−1502.

Ross. A. M. and Hartman, P. T. 1960. Changing Patterns of Industrial Conflict. New York: John Wiley & Sons.

Sapsford, D. and Turnbull, P. 1994. "Strikes and Industrial Conflict in Britain's Docks," Oxford Bulletin of Economics and Statistics. 56(3): 249−265.

Schmitter, P. C. 1974. "Still the Century of Corporatism?" The Review of Politics. 36(1): 85−131.

Schmitter, P. C. 1989. "Corporatism Is Dead! Long Live Corporatism!" Government and Opposition. 24(1): 54−73.

Schmitter, P. C. and Streeck, W. 1999. "The Organization of Business Interests: Studying the Associative Action of Business in Advanced Industrial Societies," Working Paper, Cologne, Germany: Max−Planck−Institute.

Schuster, M. H. 1984. Union−Management Cooperation: Structure, Process and

Impact. Kalamazoo, MI: W. E. Upjohn Institute for Employment Research.

Selekman, B. H., Fuller, S. H., Kennedy. T., and Baitsell, J. M. 1964. Problems in Labor Relations. New York: McGraw—Hill.

Shorter, E. and Tilly, C. 1974. Strikes in France 1830—1968. Cambridge, U.K.: Cambridge University Press.

Silvia, S. J. and Schroeder, W. 2007. "Why Are German Employers Associations Declining? Arguments and Evidence," Comparative Political Studies. 40(12): 1433—1459.

Simons, H. 1944. "Some Reflections on Syndicalism," Journal of Political Economy. 52: 1—25.

Sisson, K. 1987. The Management of Collective Bargaining: An International Comparison. Oxford, U.K.: Blackwell.

Slomp, H., van Hoof, J., and Moerel, H. 1996. "The Transformation of Industrial Relations in Some Central and Eastern European Countries," In J. van Ruysseveldt and J. Visser(Eds.) Industrial Relations in Europe: Traditions and Transitions. London: Sage Publication.

Snyder, D. 1975. "Institutional Setting and Industrial Conflict: Comparative Analyses of France, Italy and the United States," American Sociological Review. 40(3): 259—278.

Soskice, D. 1990. "Wage Determination: the Changing Role of Institutions in Advanced Industrialized Countries," Oxford Review of Economic Policy. 6(4): 36—61.

Strange, S. 1996. The Retreat of the State: The Diffusion of Power in the World Economy. Cambridge, U.K.: Cambridge University Press.

Streeck, W. 1984. "Neo—corporatist Industrial Relations and the Economic Crisis in West Germany," In J. Goldthorpe(Eds.) Order and Conflict in Contemporary Capitalism. Oxford: Clarendon.

Streeck, W. 1988. "Editorial Introduction to Special Issue on Organizational Democracy of Trade Unions," Economic and Industrial Democracy. 9(3): 307—318.

Streeck, W. and Yamamura, K. 2001. The Origins of Neoliberal Capitalism: Germany and Japan in Comparison. Ithaca, NY: Cornell University Press.

Summers, C. W. 1974. "Public Employee Bargaining: A Political Perspective," The

Yale Law Journal. 83(6): 1156−1200.

Swenson, P. and Pontusson, J. 1996. "Labor, Markets, Production Strategies, and Wage Bargaining Institution," Comparative Political Studies. 29(2): 223−250.

Tachibanaki, T. and Noda T. 2000. The Economic Effects of Trade Unions in Japan. London: Macmillan.

Taylor, F. W. 1911. The Principles of Scientific Management. New York: Harper and Brothers Publishers.

Teulings, C. and Hartog, J. 1998. Corporatism or Competition? An International Comparison of Labor Market Structures and Their Impact on Wage Formation. Cambridge, U.K.: Cambridge University Press.

Thomas, K. E. 1976. "Conflict and Conflict Management," In D. Marvin (Eds.) Handbook of Industrial and Organizational Psychology. Chicago, IL: Rand Mcnally.

Thurley, K. and Wood, S. 1983. Industrial Relations and Management Strategy. Cambridge, U.K.: Cambridge University Press.

Toffoletti, K., and Starr, K. 2016. "Women Academics and Work−Life Balance: Gendered Discourses of Work and Care," Gender, Work and Organization. 23(5): 489−504.

Traxler, F. 2000. "Employers and Employer Organizations in Europe: Membership Strength, Density and Representativeness," Industrial Relations Journal. 31(4): 308−316.

Traxler, F. 2008. "Employer Organizations," In P. Blyton, N. Bacon, J. Fiorito and E. Heery(Eds.) The SAGE Handbook of Industrial Relations. London: SAGE Publications.

Troy, L. 1999. Beyond Unions and Collective Bargaining. New York: M. E. Sharpe.

Ulman, L. 1955. "Marshall and Friedman on Union Strength," Review of Economic and Statistics. 37(4): 384−401.

Van Waarden, F. 1995. "The Organizational Power of Employers' Associations: Cohesion, Comprehensiveness and Organizational Development," In C. Crouch and F. Traxler(Eds.) Organized Industrial Relations: What Future?. Aldershot, U.K.: Avebury Publishing.

Verma, A., Kochan, T. A. and Wood, S. 2002. "Union Decline and Prospects for Revival: Editors' Introduction," British Journal of Industrial Relations. 40(3):

373−384.

Visser, J. 1998. "Two Cheers for Corporatism, One for the Market: Industrial Relations, Wage Moderation and Job Growth in the Netherlands," British Journal of Industrial Relations. 36(2): 269−292.

Vogel, L. 2000. "Domestic Labor Revisited," Science and Society. 64(2): 151−170.

Voos, P. B. 1983. "Union Organizing: Costs and Benefits," Industrial and Labor Relations Review. 36(4): 576−591.

Voos, P. B. 2001. "An IR Perspective on Collective Bargaining," Human Resource Management Review. 11(4): 487−503.

Voos, P. B. and Eaton, A. E. 1989. "The Ability of Unions to Adapt to Innovative Workplace Arrangements," American Economic Review. 79(2): 172−176.

Wajcman, J. 2000. "Feminism Facing Industrial Relations," British Journal of Industrial Relations. 38(2): 183−201.

Walby, S. 2002. "Feminism in a Global Era," Economy and Society. 31(4): 533−557.

Walton, R. E. 1985. "From Control To Commitment in the Workplace," Harvard Business Review. March−April: 77−84.

Walton, R. E. and McKersie, R. B. 1965. A Behavioral Theory of Labor Negotiation. New York: McGraw−Hill.

Walton, R. E., Cutcher−Gershenfeld, J. E., and McKersie, R. B. 2000. Strategic Negotiations: A Theory of Change in Labor−Management Relations. Boston, MA: Harvard Business School.

Webb, S. and Webb, B. 1897. Industrial Democracy. London: Longmans, Green & Co.

Webb, S. and Webb, B. 1898. History of Trade Unionism. Printed by the authors especially for the Amalgamated Society of Engineers.

Weil, D. 2014. The Fissured Workplace: Why Work Became So Bad for So Many and What Can Be Done to Improve It. Cambridge, MA: Harvard University Press.

Wellington, H. H. and Winter, R. K. 1969. "The Limits of Collective Bargaining in Public Employment," The Yale Law Journal. 78(7): 1107−1127.

Whitfield, K. and Strauss, G. 1998. Researching the World of Work. Ithaca, NY: Cornell University Press.

Whitfield, K. and Strauss, G. 2000. "Methods Matter," British Journal of Industrial Relations. 38(1): 141−151.

Wikipedia. 2019. https://en.wikipedia.org/wiki/Industrial_Workers_of_the_World. Assessed on 10/15/2019.

Wilczynski, J. 1983. Comparative Industrial Relations. London: Macmillian.

Windmuller, J. P. and Gladstone, A. 1984. Employers Associations and Industrial Relations: A Comparative Study. New York: Clarendon Press.

Woodworth, W. P. and Meek, C. B. 1995. Creating Labor−Management Partnerships. Boston, MA: Addison−Wesley.

Young, H. P. 1991. Negotiation Analysis. Ann Arbor, MI: University of Michigan Press.

Young, M. C. 2010. "Gender Differences in Precarious Work Settings," Relations Industrielles/Industrial Relations. 65(1): 74−97.

인명색인

내용색인

저자약력

김동원

고려대학교 경영대학 졸업
미국 위스콘신대학교 (매디슨) 대학원 졸업(노사관계학 박사, 1993)
現 고려대학교 경영대학 교수

경력
국제노동고용관계학회(ILERA) 회장
한국고용노사관계학회 회장
고려대학교 경영대학장, 경영전문대학원장, 노동대학원장, 노동문제연구소장, 기획예산처장,
　총무처장
뉴욕주립대학교 경영대학 교수
국민경제자문회의 민간위원
중앙노동위원회 공익위원
행정고등고시 출제위원

주요 저서
[고용관계론] 제2판(박영사, 2019)
[Global Labour and Employment Relations: Experiences and Challenges](Bak-Young Sa, 2020)
[Gainsharing and Goalsharing](Praeger, 2004)
[Employment Relations and HRM in Korea](Ashgate, 2004) 등

고급 고용관계이론

초판발행	2020년 8월 30일
중판발행	2022년 9월 10일

지은이	김동원
펴낸이	안종만 · 안상준

편 집	조보나
기획/마케팅	김한유
표지디자인	박현정
제 작	고철민 · 조영환

펴낸곳	(주) **박영사**
	서울특별시 금천구 가산디지털2로 53, 210호(가산동, 한라시그마밸리)
	등록 1959. 3. 11. 제300-1959-1호(倫)
전 화	02)733-6771
f a x	02)736-4818
e-mail	pys@pybook.co.kr
homepage	www.pybook.co.kr
I S B N	979-11-303-1004-6 93320

정 가   23,000원